D1735575

TRACÉS

Notre mémoire inconsciente est, selon Freud, faite de traces inaltérables, souvent infimes, plutôt que de souvenirs, qui, eux, sont toujours remaniés, reconstruits.

D'une trace à l'autre, se dessinent des tracés multiples, entrecroisés, déroutants. Le tracé de l'écriture tente de leur donner des figures sensibles. Difficulté particulière pour le psychanalyste : comment effectuer le passage de l'oral dans l'écrit sans perdre le vif de la chose ?

Tracés accueille des ouvrages de psychanalyse qui ne prétendent pas présenter une théorie achevée mais retracer un trajet singulier.

Connaissance de l'Inconscient

Collection
dirigée par J.-B. Pontalis

SÉRIE : TRACÉS

WLADIMIR GRANOFF

LACAN, FERENCZI ET FREUD

Postface de Jean-Claude Lavie

GALLIMARD

NOTE DE L'ÉDITEUR

Parmi les nombreux textes de Wladimir Granoff (1924-2000), publiés dans des revues ou demeurés inédits, nous n'en avons retenu que quelques-uns pour constituer ce recueil qui ne prétend donc pas donner une vue d'ensemble des travaux et des intérêts de l'auteur.

Le titre donné à cet ouvrage indique ce qui a motivé le parti que nous avons pris : celui de regrouper les textes choisis autour de trois figures, de trois noms qui ont tout particulièrement marqué le trajet de l'auteur de *Filiations*.

Trois noms. Celui de Lacan d'abord. L'entretien paru dans la revue *L'Infini*, « Propos sur Jacques Lacan », et, à un moindre degré, celui paru dans l'*Agenda de la psychanalyse*, donneront au lecteur, au-delà des informations qu'ils fournissent, une idée de ce que fut la relation, intense, difficile, comme l'est tout amour qui connaît la déception, entre Granoff et Lacan.

Ferenczi : nous sommes quelques-uns à nous souvenir que Granoff fut le premier — c'était en 1958 dans le cadre de la toute jeune et ardente Société française de psychanalyse — à faire connaître en France cet analyste d'exception dont nous pouvons désormais admirer le génie clinique et l'audace théorique. Il me semble qu'entre le Hongrois et le Russe, tous deux peu enclins au conformisme, s'est tissé, à travers le temps, quelque chose comme une amitié.

Freud enfin, qui fut pour Granoff au commencement et dont il resta tout au long de sa vie un lecteur fervent. Sa lecture n'était pas celle d'un universitaire ou d'un « freudologue ». Ce polyglotte à la croisée des langues, également exercé à la pratique du russe, de l'allemand, de l'anglais, du français, se montra singulièrement attentif à la langue de Freud et en conséquence aux problèmes que pose sa traduction, comme si, pour lui, il n'y avait d'autre voie d'accès à la pensée que ce qui s'inscrit dans les langues et voyage à travers elles. Le méconnaître, ce serait déjà s'apprêter à « quitter Freud », ce à quoi Granoff ne se résolut jamais.

On trouvera en fin de volume les hommages rendus à ses deux vieux compagnons de ce qui, à un moment particulièrement chaud de l'histoire de la psychanalyse, s'appela la « troïka » : François Perrier et Serge Leclaire.

J.-B. P.

Signalons que *Filiations*, paru aux Éditions de Minuit en 1975 et aujourd'hui épuisé, est réédité dans la collection « Tel » aux Éditions Gallimard.

Signalons aussi que le même ouvrage paraît en Russie. Le « fil russe » tient toujours...

Enfin, nous remercions les éditeurs et les directeurs de revues ainsi que Geneviève Leclaire de nous avoir autorisés à reprendre ces textes.

Propos sur Jacques Lacan *

Le fil russe

Ce texte est la reprise de l'entretien qui eut lieu chez moi, en janvier 1994, entre Alain-Didier Weill, Emil Weiss, Éric Atlan, Florence Gravas et moi.

Tout en conservant son style et sa forme parlée, il a été mis en conformité avec les exigences de la publication.

Si le projet initial de projection télévisée de ces entretiens se réalisait après cette publication, il convient de signaler que dans ce texte sont rectifiées quelques erreurs commises lors de la discussion.

Il est peut-être plus important de souligner que tous les propos tenus ce jour-là le furent du vivant de Serge Leclaire, au témoignage duquel je faisais appel par endroits.

Il était du nombre des collègues prévus par les auteurs du projet qui visait à collecter et rendre public ce qu'ils pourraient dire de leur rapport avec Jacques Lacan, dix ans après sa mort.

W. G.

* Entretien paru dans la revue L'Infini, n° 58, 1997, Éditions Gallimard. Le texte en a été établi par Martine Bacherich.

Alain-Didier Weill. — Wladimir Granoff, dès qu'on entre dans votre bureau, quelque chose nous avertit du fait que vous illustrez une position paradoxale dans votre rapport à Lacan. Alors que vous êtes celui qui, dans l'histoire du mouvement analytique, avez donné — et c'est votre propre expression — le pire coup qui ait pu être donné à Lacan, vous êtes en même temps celui qui avez sa photo dans votre bureau. Alors qu'en acte vous avez un jour pris très fermement le parti de ses adversaires, vous n'avez jamais, à ma connaissance en tout cas, pris le parti, si fréquent parmi eux, de le diffamer, au contraire, je vous ai souvent entendu évoquer la dette que vous aviez envers lui.

S'il n'y a pas un lien entre le fait que vous avez occupé une position à part dans le mouvement analytique et le fait que cette position fut aussi déterminante, je m'interroge sur ce qui vous a autorisé à dire — et là je vous cite — dans votre *Filiations* paru en 1975 [1] : « Je suis probablement pour notre époque le seul à pouvoir parler du rapport des agirs d'un analyste avec l'analyse elle-même et avec les sociétés qu'elle occasionne. » Et vous ajoutez : « Il est hors de doute que si je n'avais pas été affecté de certains agirs, deux sociétés d'analyse n'auraient, à l'époque, pas vu le jour. » Ce soir, bon, nous allons essayer de démêler ensemble les paramètres qui ont concouru au sens de votre action dans le monde analytique. Est-ce que pour démarrer, je pourrais vous

1. Wladimir Granoff, *Filiations*, Paris, Minuit, 1975. Réédité dans la collection « Tel », Gallimard, 2000.

demander ce qu'a été votre rencontre avec Freud ?
Votre découverte ?

WLADIMIR GRANOFF. — Oui, vous pouvez me le
demander, mais ça ne veut pas dire que je vais vous y
répondre. Parce qu'en fait, entre le moment où nous
nous sommes vus pour nous mettre d'accord pour
cette émission et maintenant, j'ai été tenté de
reprendre mon acceptation pour une raison bien
simple : l'on peut suivre Lacan lorsqu'il dit : « Tant
qu'un sujet parle de lui en analyse, il ne parle pas ;
lorsqu'il parle de vous, il ne parle pas ; c'est lorsqu'il
vous parle que quelque chose se passe. » Il s'agit
d'un homme qui est quand même quelqu'un qui a
entretenu avec la vérité un rapport que je dirais plus
critique que tant d'autres de ses contemporains, et là
je ne veux pas dire qu'il ait été un être plus véri-
dique que d'autres. Je parle ici du rapport critique
avec quelque chose dont il a été finalement le seul
à dire que c'était quelque chose qu'il ne fallait
vraiment pas prendre à la légère. Au sens où ça ne
pouvait se dire qu'à moitié. Je me suis dit alors :
comment garder ce soir le respect minimal de moi
en tant que témoin de cette aventure ? Comment
pourrais-je faire pour vous parler, bien que vous ne
soyez pas ici mon analyste ? Vous parler au sens où il
s'agirait de mentir le moins. Mentir, pas au sens le
plus courant du terme, au sens banal, mais raconter
le moins de craques. Pas au sens de l'exactitude,
l'exactitude entretenant avec la vérité le rapport que
vous connaissez, un rapport strictement antagoniste.
Mais comment faire pour que quelque chose de

l'ordre de ce rapport-là, de ce rapport critique à la vérité ne soit pas trahi ?

La question qui donc se pose à moi dans la perspective de cet entretien, c'est comment faire pour parler de Lacan de la manière la moins frivole, et comment parler de moi de la manière la moins frivole ? Par « frivole », j'entends ici, bien entendu, non les frivolités mais ce qui serait une façon respectable — et je dirais universitairement respectable — de parler de tout cela. J'en vois un petit peu le reflet dans la question que vous me posez : ma rencontre avec Freud. C'est très bien, c'est très classique, c'est très dans l'ordre des choses. Mais, finalement, est-ce que ça, c'est tellement important ? Ma rencontre avec Freud est absolument fortuite : pendant la guerre, dans une ville de province où je suis provisoirement réfugié, je fréquente la bibliothèque municipale, j'y trouve l'œuvre de Freud. Je suis un jeune homme. Dans l'œuvre de Freud, bien sûr, beaucoup de choses qui concernent la sexualité se trouvent pour la première fois exposées, et d'une manière qu'un jeune homme d'avant-guerre ne connaissait pas. Ça m'intéresse, je lis. Et cela reste présent à mon esprit. Lorsque, plus tard, je deviens psychiatre, cela revient à mon esprit. Mais est-ce séparé de la seconde question que vous allez probablement me poser : ma rencontre avec Lacan.

Tout à l'heure, vous avez dit quelque chose qui est à la fois vrai et pas vrai. Mais qui est plutôt pas vrai que vrai. Vous dites que j'ai pris le parti de ses ennemis. Non ! J'ai pris mon parti. Le parti de ses ennemis, je ne l'ai jamais pris jusqu'à aujourd'hui, et ils ne me l'ont jamais pardonné. Alors il arrive que l'on me demande : pourquoi avez-vous suivi Lacan, vous qui, en 1953, étiez un élève finissant, « senior student », comme diraient les Anglo-Saxons, d'un institut de psychanalyse très respectable, de la seule société psychanalytique existant à ce moment-là à Paris ? Je crois qu'il faut d'abord que je réponde par la négative. Je ne sais quand cela s'est passé, mais quelqu'un m'avait déjà posé cette question et avait inscrit ma réponse. Je l'assume pleinement. On m'avait demandé : « Pourquoi avez-vous suivi Lacan ? » Ma réponse fut que, pour ne pas le suivre, il aurait fallu avoir un transfert animal sur son analyste, ce qui n'était pas mon cas, une panique homosexuelle, ce qui n'était pas mon cas non plus, une obnubilation quelconque ou un grand manque de discernement. La question suivante était : « Pourquoi vous a-t-il séduit ? » Je ne vais naturellement pas dire qu'il était un séducteur, c'est une platitude et une imbécillité. Il m'a séduit parce qu'il était séduisant. Il était suprêmement séduisant, et je dirais que, quand il le voulait, il pouvait être irrésistiblement séduisant. C'est, bien sûr, quelque chose qui est de nature à provoquer une trouille monstre chez les jeunes gens et chez des hommes moins jeunes. Je ne vous laisse pas me poser les questions, mais enfin ne m'en veuillez pas. Pourquoi me suis-je trouvé dans le cas de suivre Lacan, au-delà des raisons que je vous donne, alors que je n'étais ni son analysant ni son élève de contrôle ou de séminaire ? Je vais nécessairement faire un détour, une excursus sur ma propre personne. Dans ce milieu analytique parisien, j'étais aussi étranger que je le suis resté dans mon pays d'adoption, bien que j'y sois né. J'étais sous tous les rapports absolument étranger au milieu qui m'entourait. Vous me voyez entouré de photographies, il y a bien sûr celle de Lacan ; il n'y a pas que celle de Lacan ; il y a celle des élèves historiques de Freud. Il y a aussi celle de mon grand-père et celle d'un ami. De l'ami le plus fidèle que j'aie eu dans ma vie. De mon grand-père, parce que ça n'est pas entièrement séparable de ce qui m'est arrivé avec Lacan, non point du tout que j'aie trouvé en Lacan une figure paternelle, je m'empresse de dissiper tout de suite cette illusion-là. Mais le portrait de mon grand-père parce que, d'une certaine façon, il a décisivement contribué à ancrer en moi ce que je n'hésiterai pas à appeler le snobisme qui m'était nécessaire et qui était nécessaire à la composition des comportements et des options qui m'ont dirigé vers Lacan. Je dirai que j'étais trop snob pour ne pas aller vers lui. Mon grand-père était un homme remarquable. J'aime bien son visage, son aspect, j'aime bien aussi — et là je vais m'attirer l'antipathie de plus d'un qui peut-être entendront cet entretien — que le pouvoir impérial ait conféré, en 1911, à cet aïeul ce qu'on appelait le premier degré de noblesse, car c'était un homme d'œuvres ou de préoccupations, ou d'actions sociales (fonctionnement assez semblable au système britannique).

C'est pour cette raison-là qu'il a eu cette promotion. D'ailleurs, en 1918, lorsque les bolcheviques ont pris le pouvoir dans sa ville, il fut interdit à ceux qui opéraient le prélèvement de ce qu'on appelait les surplus bourgeois dans les appartements d'aller dans l'appartement de la veuve Granoff. Car le prestige spirituel, si je puis dire, de cet homme, même auprès des bolcheviques, était tel qu'ils interdisaient que l'on incommode sa veuve. Alors, comment est-ce que ça joue par rapport à Lacan ? Eh bien, voyez-vous, j'étais entouré, dans l'Institut de psychanalyse, de personnages assez semblables aux créatures qui avaient marqué le cours de mes études universitaires. Des professeurs. Or là jouait un élément de mon passé. J'avais rencontré dans mon enfance les professeurs de l'Institut Polytechnique de Saint-Pétersbourg dont mon père était « privat dozent ». Ils étaient, eux, des enseignants. J'avais vu la révérence dont ils étaient entourés. De certains, je me souviens encore, de Struwe, par exemple. Et moi, je n'avais connu que des professeurs sans distinction et sans élévation de pensée. Sans vouloir être désobligeant par rapport à mes aînés de l'époque de l'Institut, je les trouvais un peu quelconques, je dirais un peu vulgaires, à quelques exceptions près, naturellement. Et lorsque Lacan est arrivé, comme ça, un jour, sur le coin d'un trottoir, dans mon horizon, avec cette sorte de distinction, d'élégance et de bon goût qu'il avait alors, il m'a paru tout à fait évident, naturel, de le suivre, lui, et de me détacher de ceux auxquels rien ne me liait.

Alors, vous me direz : « Mais de quel Lacan êtes-vous en train de nous parler ? » Eh bien, là, voyez-vous, il y a un écrit — est-il de lui, n'est-il pas de lui, ça m'est égal, est-il apocryphe ou pas, c'est vers la fin de sa trajectoire — où Lacan s'adresse à ceux qui sont là, en disant : « À ceux qui m'aiment encore. » Ça a fait scandale ce « m'aiment encore ». Apocryphe ou pas, je ne trouve là que ce qu'il y a de plus légitime. Car, suivre Freud pour commencer, puis toute l'histoire de l'analyse, c'est une histoire d'amour. Ça ne traite que de ça. Alors, le Lacan dont les uns et les autres parlent... moi, je vous parlerai du mien. Ça veut dire quoi ? C'est le Lacan que j'aime, ou que j'ai aimé, et je me suis tourné contre lui lorsque j'ai cessé de l'aimer. Celui que j'ai aimé, eh bien voilà, je vous ai fait une petite surprise, c'est une photo, et c'était un Lacan jeune, bien sûr, enfin plus jeune que celui que vous avez connu, un Lacan gai. Et voilà dans quelles conditions nous avons un petit peu vécu ensemble : j'avais à l'époque un petit bateau — ce n'était pas un yacht de grand luxe comme vous pouvez le voir sur cette photographie — mais le Lacan de l'époque n'était pas non plus celui qui avait des cigares tordus et ces fourrures invraisemblables et, à mon avis, d'un goût un peu douteux. Et à bord de ce petit bateau, nous naviguions : il y avait Judith, sa fille, maintenant Mme Miller, qui est en train, là, de fourgonner dans des rillettes avec un petit canif. Un canif de l'armée américaine, que je dois avoir, je l'ai toujours gardé, le voilà, c'était ce que l'armée américaine nous avait amené en 44. Là, c'est la même Judith. Elle avait seize ans. Quant à Lacan, eh bien voilà, c'était cet homme jeune, sympathique, avec cette peau lisse, qui farfouille dans un seau parce qu'il y a des petits poissons dedans. Ce Lacan-là, dans ce qu'on appelait autrefois un « zin-zin », vers trois heures du matin, un peu gai comme on dit, lorsque l'un de nous disait — moi, je crois —, disait : « Et si on allait au bois de Boulogne, qu'on décroche les barques, qui est-ce qui vient avec ? », c'était ce Lacan qui disait : « Moi d'abord. » Voilà Lacan, le Lacan irrésistible, c'est le Lacan, selon moi, non pas clownesque, mais juvénilement aristocratique. C'est ce Lacan-là que j'ai suivi.

Maintenant, je vais un petit peu me ranger à la discipline, et je vais essayer de répondre aux questions que vous voulez me poser. Mais je ne voulais pas que nous nous embarquions dans une sorte, comme ça, enfin de je ne sais quoi, de momification, de fossilisation, à mon goût prématurées, d'une aventure, d'un rapport de personnes. Pour moi, c'est trop tôt, et pour lui je pense qu'on peut... on peut le faire échapper à ce destin. Voilà, allez-y, maintenant !

A.-D. W. — Je trouve superbe le ton que vous donnez à l'entretien. Pour aller un peu dans votre sens, je donne le souvenir d'une anecdote qu'un ami proche m'a racontée. Lacan était à l'étranger, dans une ville étrangère, invité dans une ville où les notabilités de la ville étaient là et, après une conférence, toutes ces notabilités étaient autour de Lacan et le pressaient de questions, demandaient au maître de délivrer son secret, et comme Lacan pouvait être rogue et désagréable, il faisait la gueule, il ne répondait à personne, et il se tourne alors vers la jeune femme charmante qui était à sa gauche et il lui demande à l'oreille : « Est-ce que vous me permettez de vous dire mon secret ? » Cette jeune femme qui était très éloignée de la psychanalyse, mais qui était l'épouse d'un petit analyste, lui dit : « Vraiment, je serais heureuse de l'entendre. » Et Lacan lui dit : « Mon secret, c'est que j'ai cinq ans. » Donc, ce que vous dites, cette juvénilité aristocratique...

W. G. — Absolument.

A.-D. W. — Pour les gens qui ont fréquenté Lacan, c'est extraordinairement parlant.

W. G. — Absolument, oui.

A.-D. W. — Ce n'est pas sans évoquer d'ailleurs les choses que vous avez écrites sur l'amour et sur Ferenczi et, paradoxalement, donc, sur une situation qui s'est introduite entre Lacan et vous sur l'interprétation de l'enfant et de l'enfance.

W. G. — Oui, ça, c'est l'intrusion de l'aventure ferenczienne, je dirais, dans mon destin. Ferenczi, je n'en aurais, en 1957, probablement pas même rencontré le nom si Lacan ne m'y avait pas aiguillé. Cela s'est fait par l'intermédiaire de Michael Balint. En fait, là, ça devient respectable et universitaire, et tant pis, parce que ça devient, comme ça, un petit peu historique. Car, vu dans le sens d'une certaine vérité historique, Balint avait aux yeux de Lacan un mérite qui fut d'ailleurs un mérite tout à fait éphémère. Comme théoricien, je pense que Balint n'a pas été des plus grands — Lacan, assez rapidement par la suite, nous a montré en quoi il n'était pas un aigle, même s'il était un être tout à fait remarquable par son honnêteté, sa

générosité. Mais Balint, pour des raisons tenant, je
pense, à son origine hongroise, avait été très violem-
ment heurté par les mœurs dominantes du milieu
psychanalytique orthodoxe. Et il avait élevé à ce sujet
une protestation politique en écrivant que, finalement, de nos vies d'analystes et de nos vies en institution, de la pratique et de la théorie, il nous manquait
et le vocabulaire et la grammaire. Si mon souvenir ne
me trompe pas, il avait jeté cela, d'une certaine façon,
à la figure des dirigeants de la Société psychanalytique anglaise. Cela avait amené une certaine commo-
tion. Et donc cela servait beaucoup Lacan dans la lutte
qu'il entamait par rapport aux instances dirigeantes
du milieu analytique français. Il avait donc diffusé cet
écrit. Je veux dire qu'il en avait fait une diffusion sans
imprimatur des autorités. De certains écrits politiques de Balint et de leur diffusion, je me souviens
d'élèves de l'Institut psychanalytique de Paris — je
ne les nommerai pas, par charité — qui disaient :
« Mais il s'est livré là à une agression épouvantable
contre nous ! Comment peut-il laisser circuler des
écrits pareils, nous faire lire des choses pareilles, à
nous qui sommes en formation ! », etc. S'agissant des
écrits de Balint ! Et de futurs analystes ! N'est-ce
pas ? Bon ! Or, Balint renvoyait à Ferenczi.

C'est ainsi que je me suis trouvé entrer en contact
avec Ferenczi. Dans l'ouvrage que je viens de préfa-
cer et que Jean Allouch a fait paraître [1], je ne sais pas

1. Sándor Ferenczi, *Les écrits de Budapest*, préface de Wladimir Granoff, introduction de Claude Lorin, Paris, E.P.E.L.,
1994. (Cf. *infra* le texte de cette préface intitulée « Le docteur
Sándor Ferenczi à ses débuts ».)

si vous avez eu vent de la chose, dans l'introduction qu'en fait Claude Lorin, il présente Ferenczi comme quelqu'un de très indiscipliné, de très indépendant, de très intolérant, par rapport à toute image de maître. Là, il se trompe, à mon avis, radicalement. Ferenczi était très attaché à la figure, à la personne, de son maître Freud. Mais il n'était pas quelqu'un que l'on pouvait s'enrouler au bout du doigt. Alors, quand j'ai lu les écrits de Ferenczi, il s'est passé pour moi quelque chose.

Quel que soit le souffle frais que Lacan apportait dans un programme scolaire, un peu abrutissant, un peu abêtissant, pour ceux d'entre nous qui pouvaient avoir, je dirais, une certaine ambition intellectuelle, Ferenczi apportait, comme ça, un autre souffle de liberté et aussi quelque chose à quoi je me suis laissé prendre. Pour une part à tort, et pour une part à raison : Ferenczi était très sensible à ce par rapport à quoi il trouvait que Freud l'était peut-être insuffisamment. C'est-à-dire la souffrance, bien entendu la sienne. Ferenczi était un grand souffrant. Alors, pour Ferenczi s'est toujours posée la question : qui est-ce qui souffre ? Est-ce l'adulte ? Est-ce l'enfant ? Cette question, si on la prend comme ça, au ras des pâquerettes du catéchisme psychanalytique, c'est une question à laquelle évidemment tout le monde a la réponse. Reste assurément que si, dans celui qui se plaint sur le divan, on tient à ne voir que l'adulte, et c'est bien sûr une simplification, on est facilement amené à quelque chose dont même des élèves de Ferenczi, comme Melanie Klein, pouvaient ne pas se dépêtrer. Comme lorsqu'en contrôle, un élève de Melanie Klein faisait état de son contre-transfert et que Melanie Klein répondait : « Si vous avez des contre-transferts, prenez de l'aspirine », Lacan, lui, ne disait pas « prenez de l'aspirine » par rapport aux souffrances de l'adulte, mais, quand même, il tenait à préciser que ce n'est pas un enfant qui vagit sur le divan. Ce n'est tout de même pas tellement simple et je ne pense pas que Lacan ait simplifié. Mais les raisons qu'il avait d'insister sur le fait que ce n'était pas un enfant qui vagissait, c'est, à mon avis, que peut-être, à la différence de la plainte de l'adulte, la plainte de l'enfant est, selon moi, insoutenable.

Alors, par rapport à la situation analytique dont Lacan aura suffisamment dépeint l'horreur, chacun se défend à sa manière. Et là, quant au rapport à cette horreur et à la défense qu'il mobilise, je ferai un pas de côté qui semblera très irrespectueux aux lacaniens purs et durs. Il a pu me sembler — faut-il appeler intuition l'imagination d'une fiction fautive ? — que Lacan menait vers quelque chose qui m'a paru plus tard se concrétiser davantage. Plus tard, il m'a semblé, en effet, qu'avec ce vers quoi il a mené, c'est-à-dire le mathème, Lacan cherchait à inventer une machine — pardonnez la brutalité —, une machine psychique qui permette de ne plus penser. D'une certaine manière, c'est la parenté que je vois entre lui et Wilfred Bion qui, d'ailleurs, a aussi, je crois, inventé ce genre de machine. Natu-rellement, cela impliquait aussi probablement par avance le refus de le suivre au-delà d'un certain point. Dans toutes les prémonitions, il y a cette pointe de paranoïa, de savoir à côté qui fait que chacun des sujets sait sur l'autre quelque chose qui va peut-être, pour lui en tout cas, se vérifier plus tard. Je n'exclus pas que, lorsque j'ai fait cette conférence sur Ferenczi [1], j'ai fait quelque chose qui est tout à fait parent de ce que Ferenczi a fait au monde de la psychanalyse, à Freud, et contre quoi Freud s'est cabré d'une manière que je dirais policière. Eh bien, il n'est pas impossible que Lacan ait vu là, sur un mode prémonitoire, quelque chose qui allait se produire beaucoup plus tard, et peut-être moi aussi, à ma façon. Qui sait si Freud, lui, ne s'est pas trouvé par rapport à Ferenczi dans une situation analogue ? Car, après tout, si Ferenczi n'était pas mort très rapidement après avoir produit son écrit sur la confusion des langues entre l'adulte et l'enfant, qui sait où ça l'aurait mené, et qui sait où cela aurait mené Freud par rapport à lui ?

Je ne sais pas si j'ai répondu à votre question concernant l'aventure ferenczienne dans nos destins.

A.-D. W. — Pour suivre cette hypothèse, que ce qui était au principe de la rupture entre Freud et Ferenczi est peut-être la rupture que Lacan aurait anticipée entre vous et lui, il faudrait préalablement essayer de rendre compte de ceci : si, pour Lacan, l'être souffrant, ce n'est pas l'enfant que l'adulte porte symboliquement en lui, mais l'enfant réel, en quoi est-ce que ça aurait pu avoir le pouvoir de nier catégoriquement son enseignement ?

---

1. Cf. *infra*, p. 145.

W. G. — Il est, je pense, évident qu'il serait tout à fait mensonger de réunir et de centrer sur cet axe les facteurs de ma rupture avec Lacan. Cela rendrait les choses prodigieusement respectables, savantes et, au sens où cela me déplaît, universitaires.

Ma rupture avec Lacan, il est évident qu'elle s'est organisée dans une arborescence de facteurs. Ce dont nous venons de parler, c'est après tout commode pour moi, car enfin cela ne s'est vraiment déployé qu'après coup. Je pourrais pousser les choses très loin une fois encore dans l'ordre de la paranoïa. Si, avec d'autres, en y incluant d'ailleurs finalement Serge Leclaire, j'ai poussé à cette rupture, qui faisait que Lacan, d'une certaine façon, se trouvait émancipé (je me souviens de Lacan disant en 1964 : « Regardez avec qui vous me laissez », car il se sentait abandonné aussi par nous), en prenant les choses à l'intérieur des coordonnées de la névrose, celle de Lacan, la mienne, je dirais que si la trajectoire de Lacan l'a mené là où il est arrivé, tout cela ne peut s'historiser en faisant abstraction d'un fait essentiel : les sortes de compagnonnage ou de contrôle dont il s'est trouvé démuni, débarrassé, ou dépourvu, à un certain moment.

Je ne sais s'il serait arrivé où il est arrivé si nous étions restés avec lui. Je ne sais pas si nous l'aurions laissé aller là-bas. Je ne sais pas si nous l'aurions accompagné. Et je ne sais pas si, ne pouvant pas nous y tirer, il y serait allé, ou allé de ce pas. La rupture, au sens que François Perrier, sur cette autre photographie, qui malheureusement ne peut plus être avec nous, aurait appelée tripale, s'est évidemment organisée pour moi d'une manière beaucoup moins respectable, dirais-je. C'est que dans cette relation, à un moment, il s'est passé quelque chose qui a fait que je ne pouvais plus continuer à aimer Lacan, et je ne pouvais plus continuer à l'aimer parce que Lacan me trahissait. Qu'il me trahissait dans toutes les coordonnées possibles de la trahison. Il me trahissait d'abord sur le plan des effets de cette estime fondamentale que l'on a pour son semblable. Et qui consiste à ne pas le méconnaître. À ne pas méconnaître ce qui en lui est fondamental. Lors d'un déjeuner avec Perrier et Leclaire, nous mangions des huîtres, je me rappelle, Leclaire mangeait des oursins. La situation était déjà très tendue. Lacan, à un moment, a explosé et m'a dit : « Ah ! écoutez Granoff, vraiment vous commencez à me sortir par les oreilles ! » alors que je ne lui parlais pour ainsi dire pas depuis un certain temps ! « Et je dois dire que votre soif de respectabilité bourgeoise vous anéantira ! » Là, Leclaire et Perrier le regardèrent avec surprise et Leclaire lui dit : « Jacques, enfin tout de même, non, pas ça, à Granoff, respectabilité bourgeoise ! Ressaisissez-vous ! — Oui, enfin, je sais ce que je veux dire », etc. C'était une folie, qu'au genre de personnage que j'étais, Lacan parle en ces termes ! Soif de respectabilité bourgeoise ! Alors même que tous ceux dont j'étais entouré m'adjuraient de me rendre bourgeoisement respectable ! Même François Perrier me disait : « Achète-toi des automobiles présentables, tout de même ! » Lacan me prenait donc là pour quelqu'un d'autre et je dirais que Lacan a commencé à délirer à ce moment-là sur mon compte. Je le dis très tranquillement et n'ayant absolument pas le sentiment d'attenter à sa mémoire : nous avons tous en nous la faculté de connaître des moments délirants.

Lorsque, en juillet 1963, j'arrivais à Stockholm pour le Congrès international, j'ai été accueilli, avec Robert Pujol, par Serge Leclaire à l'entrée du Grand Hôtel. Leclaire nous salue et me dit tout de suite : « Je dois t'avertir que Lacan est convaincu que tu es à Stockholm depuis déjà deux ou trois jours et que tu as fait mettre sa chambre sur écoute. » Le climat était tellement pathogène que j'ai vraiment le senti-ment de n'attenter aucunement à la mémoire de Lacan en disant que là, il s'est réellement payé un moment de délire. Nous en sommes tous capables, et je n'ai aucune raison de penser qu'à moi ce n'est jamais arrivé, ou ne m'arrivera jamais, dans d'autres coordonnées, mais tout aussi gravement peut-être. Alors, il y avait ça.

Et il y avait aussi — là nous retournons vers les origines russes —, au même moment, ma prise de contact avec celui qui était à l'époque le président de l'I.P.A. [1]. Sociologiquement parlant, dirais-je, nous n'étions pas du tout du même monde. Ni même géographiquement. Cet homme était originaire de Vitebsk, comme Chagall, dont la famille alors était effectivement amie de la mienne. Et, à Chicago, je suis allé le voir précisément pour travailler à la réaf-filiation de notre société [2] à l'I.P.A. J'ai noué un rap-

---

1. International Psychanalytic Association.
2. La Société française de psychanalyse. *(N.d.É.)*

port en quelque sorte familial avec quelqu'un qui, à ce moment-là, me rendait la confiance, fraternelle j'entends, que Lacan me retirait. Je dis « fraternelle », pourquoi ? Parce que la question de la métaphore paternelle, je préfère la laisser hors du champ. Parce que ce n'est pas ça qui me paraît à proprement parler pertinent par rapport à ce que nous avons à dire. Je rappelle que je n'étais, par rapport à Lacan, ni son analysant ni son contrôlé. Mais un groupe de travail n'empêche pas les transferts de travail. Lacan, pour moi, était un frère aîné. Et par rapport à un frère aîné, il est banal, la tragédie nous le montre, que surgisse un moment où l'on est amené à dégainer. À Chicago, je rencontrai quelqu'un qui était un frère, mais pas frère aîné.

Dans ma névrose, certainement, une composante fait qu'il m'est très facile d'obéir, qu'il ne m'est pas difficile de commander, et la discipline collective est quelque chose à quoi je peux consentir sans avoir à me forcer le moins du monde. C'est là où je dis que des paniques homosexuelles ne produisent pas chez moi des comportements folkloriques. Or nous étions embarqués dans une entreprise où une solidarité, je dirais régimentaire, devait régner entre nous : Leclaire, moi, Lacan, d'autres encore. Lacan rompit ce pacte fraternel et l'équivalent m'en était proposé au même moment par un homme qui était une sorte de cousin éloigné. J'en avais certainement besoin. Cet homme m'a dit : « Nous parlons la même langue, nous appartenons au même milieu, professionnellement parlant, nous sommes du même bord, nous faisons la même chose, nous devrions pouvoir nous fréquenter sans difficulté. Lacan, je ne connais pas, vous, je vous connais. Je vous fais confiance et si vous me dites que Lacan c'est bien, je vous fais confiance, et je soutiendrai votre démarche. » C'est là entre hommes un rapport très important. Sa charge passait de la relation à Lacan à la relation à celui qui était, à ce moment-là, le président de l'Association internationale, Maxwell Gitelson. Il est mort peu après ce rendez-vous. Il n'était pas un astre, mais il était un frère de remplacement. Je crois que la question des rivalités entre frères et entre sœurs est, dans la psychanalyse et dans sa pratique, l'objet, j'irais loin en disant d'une ignorance presque systématique. Je suis frappé, que ce soit dans la pratique des contrôles ou dans la conversation, du peu de présence et du peu d'élaboration, dans l'esprit de nos collègues, de tout ce qui a trait à la rivalité. Et ce n'est pas pour rien que les institutions analytiques sont absolument déchirées précisément par des conflits de cette sorte, qui sont des conflits de rivalité fratricide.

Naturellement, un des aspects de cette problématique a joué dans mon refus de me ranger dans le camp des ennemis de Lacan et de ceux qui ne se sont jamais démentis comme étant les ennemis de Lacan. Ce qui s'est d'ailleurs concrétisé par le fait qu'après la victoire — on reviendra sur cette victoire —, la mienne, cette étrange victoire, cette amère victoire, après donc qu'elle a été inscrite au congrès de l'I.P.A. à Amsterdam en 1965, avec celui qui était à ce moment-là mon alter égo dans cette démarche du côté anglais, Pierre Turquet, j'ai pris l'avion et je me suis sauvé. Pierre s'est tué en voiture quelque temps après. Quant à moi, je ne suis plus revenu à un congrès de l'I.P.A. qu'une seule fois, en 1967, à Copenhague, par politesse. Hier encore, on demandait de-ci, de-là : mais Granoff, qu'est-il devenu ? Où est-il ? Pourquoi ne le voit-on plus ? Non, je n'ai jamais pris le parti des ennemis de Lacan, seulement je suis trop peu occidental pour que, si j'ai essayé, contraint par une nécessité, de poignarder quelqu'un et que la lame a heurté une côte, je la retire en disant : « Oh ! pardon, j'ai glissé et ça a heurté là... » Je recommence, en visant mieux, en essayant de passer, cette fois-ci entre les côtes, ou je la retourne contre moi.

À ce moment-là, entre Lacan et moi, c'était ça. Pour moi, il avait agi de façon impardonnable, que je n'allais pas lui pardonner. Et il ne s'agissait pas de mon père, ni du père au sens où il s'est agi du père pour ceux que j'ai entraînés avec moi, et dont il était le père analytique. S'ils ont, pour la plupart d'entre eux, à mon égard, encore aujourd'hui, cette attitude, trace d'une cicatrice laissée par un moment où se mêlaient la haine et la panique, c'est que je les ai entraînés, que je leur ai rendu possible quelque chose qui est une tentation d'un tout autre ordre, et qu'ils savent naturellement ce que ça leur aurait coûté s'ils avaient eu, eux, à l'accomplir. À moi cela ne coûtait que ce que ça a coûté à eux, toute leur vie durant, dans tous les conflits où ils se sont affrontés avec leurs frères, dans les universités, dans les institutions, dans les sociétés de psychanalyse, dans toutes les candidatures, etc. Alors il n'est pas indifférent de savoir précisément que le complexe d'Œdipe et son avenir, titre qui s'est trouvé donné à un de mes séminaires, est ce qui, en définitive, à l'exclusion de tout autre facteur, continue, selon moi et sans aucun doute possible, à régir la vie des institutions, la vie des analystes en institution, et leur vie entre eux.

A.-D. W. — Cette question de l'Œdipe est aussi prégnante dans les institutions : est-ce que c'est ce qui nous aide à comprendre que ces compagnons de route qui ont été les vôtres, qui attendaient depuis des années d'être affiliés à l'I.P.A., et qui en somme ont été affiliés par votre démarche...

W. G. — Oui.

A.-D. W. — ... le fait qu'ils aient obtenu cette affiliation...

W. G. — Oui.

A.-D. W. — ... est-ce que ce que je vous dis nous aide à comprendre que non seulement ils n'ont pas eu de reconnaissance pour vous, mais que, après, vous avez été celui qui sentait le soufre ?

W. G. — Absolument oui, bien sûr. C'est très exactement ce que vous dites. Mais là, à ce moment-là, il faut à nouveau verser dans ce chaudron tous les autres éléments de la constitution de la conjoncture.

Il faut y reverser à ce moment-là la manière dont
nous étions les uns aux autres étrangers. Eux à moi,
et moi à eux. Cela a pris évidemment toute son
acuité. Et étrangers dans tous les sens du terme,
dans nos options privées, dans nos styles de vie, dans
nos démarches, dans nos goûts. Et je dirais, pardonnez l'immodestie, jusqu'à un certain point, dans nos
apparences. Quelqu'un que tout le monde ne porte
pas dans son cœur, notamment certains psychanalystes français, mais c'est là une autre question, c'est
cependant un auteur qui a de très grands mérites, et
c'est Élisabeth Roudinesco dont je parle maintenant, a fait de moi un portrait qui n'est certainement pas un portrait qui m'incommode. Elle a vu
juste sur un point capital. Précisément sur le rapport entre mon entourage institutionnel et moi. Au
congrès de l'I.P.A. d'Amsterdam, un important psychanalyste du milieu viennois, qui d'ailleurs fut
aussi le dernier médecin de l'Homme aux Loups [1],
m'a dit avec un accent que je ne pourrais vous imi-
ter, mais je me dispense de cette exhibition : « Granoff, écoutez, pensez à Churchill. Les chefs de guerre
ne sont pas forcément les meilleurs chefs en temps
de paix. Vous avez été pour les vôtres un merveilleux
chef de guerre. Maintenant, c'est le temps de paix,
peut-être faudrait-il que vous vous écartiez. » Merci
de l'avertissement ! Je n'en avais pas besoin. Je
l'avais annoncé dans des lettres au défunt Daniel
Lagache. Mais, malgré le fait que j'ai moi-même
proposé de m'écarter, j'ai été écarté avec une très

---

1. S. Freud, *Cinq psychanalyses*, Paris, P.U.F., 1954.

grande énergie, ce qu'Élisabeth Roudinesco a bien vu. Et c'est la raison pour laquelle elle m'a appelé « le samouraï [1] ». Elle parlait naturellement du film *Les sept samouraïs*. Il y avait deux rubriques qui lui donnent raison. La première, c'est la question de l'échec. Il y a dans la tradition japonaise, je dirais une certaine noblesse de l'échec à laquelle je suis très sensible. J'ai donc une sorte d'attachement aux causes perdues. Et dans cette affiliation à l'I.P.A., la part d'échec profond fut plus importante que sa part visible en surface de succès. Je crois que mon existence a été plutôt jalonnée d'échecs. De ces échecs, dans l'ensemble, je suis plus fier que de mes succès. La deuxième raison pour laquelle Élisabeth Roudinesco ne s'est pas trompée, c'est que, parlant du samouraï, elle dit que, lui, il s'écarte finalement. Ce n'est pas lui qui a gagné, ce sont les villageois. Et, en effet, naturellement, si cela passe dans cette télévision, je recevrai une avalanche d'insultes et de propos hostiles. Mais c'est vrai : aussi distingués, intellectuels qu'ils soient, infiniment plus que je ne le suis et que je ne le serai jamais, j'ai fait gagner les villageois, c'est absolument irrécusable.

Emil Weiss. — Est-ce que, dans ce conflit-là, l'enjeu des origines avait une portée quelconque, le fait que vous soyez plutôt un Oriental ?

W. G. — Oui, parmi mes collègues, oui, certai-

---

1. Élisabeth Roudinesco, *Histoire de la psychanalyse en France*, t. II (1986), Paris, Fayard, 1994.

nement. Mais nous parlons de Lacan. Et par rapport
à Lacan, je n'y attache aucune importance. Par rapport à mes collègues, cela n'avait pas une grande
importance pour moi. Parce que je suis allé au lycée
à Strasbourg, ville de langue allemande, bien qu'elle
soit une ville française, bien sûr. Et ce professeur de
français-latin-grec qui en troisième ou quatrième, je
ne sais plus, avec son accent à couper au couteau, me
disait : « Vous, le petit bolchevique, là-bas, voulez-
vous répondre, s'il vous plaît ?... » Bon, donc par
conséquent, ça j'y étais habitué. Mais le rapport de
Lacan à ce monde-là a certainement eu un rôle. Il a
joué en ce sens que je pense qu'un aspect secret de
notre relation était peut-être souterrainement sou-
tenu par ça. Je ne parle pas uniquement de ce qui a
été finalement l'amour de sa vie et son deuxième
mariage, avec Sylvia Bataille. Mais la vie de Lacan a
été marquée par l'intervention de ceux que vous
connaissez, Alexandre Kojève, qui venait de là-bas,
puis deux amis de notre famille : l'un, tout à fait
dans le milieu de mes parents, mais un petit peu
plus jeune, c'est Roman Jakobson, qui, lorsqu'il
venait à Paris, venait toujours porte de Saint-Cloud
où résidait l'émigration russe avec laquelle mes
parents étaient très liés ; et l'autre, c'était Alexandre
Koyré. Tout ceci a joué jusqu'à un certain moment,
je dirais probablement jusqu'au moment où s'est
enclenchée pour lui la phase qui n'était évidemment
pas la dernière, c'est-à-dire la suite de sa rencontre
après la guerre avec Heidegger. Je pense que ce qui a
précédé Heidegger a été déterminant dans la formation de Lacan psychanalyste. S'il n'y avait pas eu

tout ça, Lacan serait resté un psychiatre remarquable, sans plus. Il n'y a pas l'ombre d'un doute
que ce sont eux qui l'ont en fait formé. Formé en
quel sens ? Formé au sens où cela a été déterminant
dans mon attachement à Lacan et dans le fait que je
l'ai suivi. Je veux dire qu'ils ont été pour lui, non
pas des professeurs, ni des moniteurs, mais des
enseignants.

Par enseignants, j'entends quoi ? Si je n'ai jamais
eu le moindre respect pour mes professeurs ou pour
le monde des professeurs, c'est en raison de leur
forme d'existence qui consiste à donner des cours
qui suivent un programme, c'est-à-dire qui leur fait
d'une certaine façon savoir bien à l'avance ce qu'ils
vont dire, vu qu'ils ne peuvent pas éviter de le répéter, à la limite, je dirais, d'une année sur l'autre. Ça
implique un certain mode d'investissement de
quelque chose, dans sa vie, et un certain mode d'investissement de cet objet-là. Si, à propos de Lacan,
on a utilisé un terme odieux — non pas spécialement quand ça vise Lacan, mais quand ça vise n'importe qui, y compris moi d'ailleurs —, si l'on a un
certain moment parlé de charisme, cette ignominie,
en fait, qu'est-ce qu'elle désigne ? Elle désigne
l'ignorance que certains veulent maintenir de leur
conscience du mode d'investissement de l'objet par
l'enseignant. Quand l'objet est investi d'une certaine manière qui n'est pas celle du professeur, eh
bien, celui qui parle devient un enseignant. Lacan en
ce sens l'a été dans ma vie, marquée par une succession falote de professeurs. Alors, y compris naturellement dans l'Institut de la rue Saint-Jacques, où il

y avait des gens très gentils, très honnêtes, la question n'est pas là. Lacan surgissant, surgissait, en ce sens, un enseignant. Et les personnes de Kojève, pas Lévi-Strauss, Kojève, Jakobson et Koyré, ont été, en ce sens, pour lui des enseignants. Ils l'ont fait. Ils ont fait de lui l'analyste qu'il est devenu, exactement comme Lacan a fait de moi l'analyste que je suis devenu, même si je ne l'ai pas suivi jusqu'au bout de son trajet.

A.-D. W. — Est-ce que ce lien très fort avec l'intelligentsia russe, la diaspora russe, est-ce que c'est aussi un des éléments qui permet de comprendre que dans votre intérêt pour l'I.P.A. il y avait l'intérêt d'un polyglotte et aussi d'un immigré qui peut-être avait un certain rapport idéalisé à un type de diaspora internationale...

W. G. — Je vais vous répondre...

A.-D. W. — ... et qui aurait eu une certaine distance par rapport à ce qui peut-être ressemblait à un ghetto français autour de Lacan ?

W. G. — Je vais vous répondre. Absolument. Alors il faut que je précise : être étranger ne suffit pas à cela, parce que des étrangers en France, il y en a eu de toutes sortes, il y a eu également les tout à fait respectables chauffeurs de taxi russes. Il faut faire intervenir le milieu : vous savez que, dans la Russie impériale, les milieux de la cour parlaient l'anglais, le couple impérial échangeait sa correspondance en anglais ; au-dessous, il y avait un milieu francophone — c'était le milieu auquel appartenait mon père —, et puis après un milieu qui était germanophone, c'était le milieu de ma mère. On avait des gouvernantes allemandes, alors que dans le milieu de mon père on avait des gouvernantes françaises. C'est un milieu auquel appartenait également Nabokov. Lorsque mon père est arrivé en Europe occidentale — où il n'avait jamais été, son désir de venir entravé par la guerre en 1914 —, il parlait le français d'une manière qui a fait dire à ceux qui l'entendaient : « Oh ! mais vous, vous ne seriez pas un peu du Massif Central, parce que, par moments, vous roulez un peu les *r* ? » Bon, ma tante, sa sœur, est venue en France en 1960, pour la première fois de sa vie, sortant du goulag du Kazakhstan, où elle était avec Milena, la femme de la vie de Kafka, et madame Margarete Buber-Neumann, cette communiste allemande livrée aux nazis par les Soviétiques [1]. Elles étaient dans le même camp, on leur faisait faire des briques, j'ai tout reconnu. Elle parlait le français. Elle est arrivée à la gare du Nord. Elle faisait une faute en français : elle appelait le frigidaire « réfrigidaire ». C'est tout. Et Nabokov a été un homme qui, comme vous le savez, était un littérateur génial en russe, génial en anglais, superbe en français.

Ma première langue était le russe, c'est ma langue maternelle. Mes deuxièmes langues furent le français

1. Cf. Margarete Buber-Neumann, *Milena*, Paris, Seuil, 1986.

et, en même temps, l'allemand. Puis aussitôt après l'anglais. Ce qui fait que lorsqu'on me demande : « Dans quelle langue pensez-vous ? Dans quelle langue rêvez-vous ? » Ça dépend. Lorsque je tiens dans ma tête des propos offensants, ou lorsque je compte, je les tiens en anglais ; lorsque je me plains et que je m'apitoie sur moi, je me le dis en russe et, lorsque je parle à un auditoire, je le fais en français. Mais lorsque je me chante des chansons de l'enfance, elles sont allemandes, etc. C'est-à-dire qu'il s'agissait là d'un cosmopolitisme, au sens, si vous voulez, d'un internationalisme, relayé par la formation politique que j'avais reçue de mon père. Car mon père était de ceux qui, immanquablement, se trompaient dans leurs options politiques. Toujours. Il s'est trompé en faisant partie de la combinaison du gouvernement provisoire en février 17. Il s'était trompé évidemment. Ils se sont fait lessiver en novembre, en octobre plus exactement, pour reprendre le calendrier officiel. Et il se trompait également en considérant que le siècle de l'éclosion des nationalismes, c'était le xixe siècle, le Risorgimento, Italia fara da se, l'Allemagne, que le xxe allait écraser tout cela. Parce que le socialisme qui inéluctablement finirait par triompher, avec l'internationalisme qu'il amènerait, ferait que toute cette mesquinerie, nationaliste, chauvine, etc., allait se déliter et disparaître.

Alors, pour moi, l'internationalisme psychanalytique était une sorte de passeport. Un passeport que je retrouvais. Car, lorsque, venu de Russie, après un bref passage par la nationalité roumaine, j'ai enfin reçu la nationalité qui me revenait de droit, ça a été le passeport Nansen, passeport dont vous êtes trop jeunes pour connaître le nom et la signification. C'était le passeport dont l'organisation Nansen nantissait les émigrés, les réfugiés. C'était un passeport international, et, dans mon enfance, j'ai un jour chanté quelque chose que j'entendais tout le temps. Je chantais le premier vers de *La Marseillaise* avec un mot que j'entendais tout le temps : « Allons enfants de l'apatride ». Apatride, c'était ce que nous étions tous. Alors, avec l'analyse, revenait pour moi la possibilité de retrouver un passeport Nansen. Car, Français, je ne l'étais que par ma naturalisation. Les Français ont eu la générosité de m'accorder leur nationalité, je les en remercie, je le dis sans ironie, mais c'est quand même une adoption. S'il existait encore, le passeport Nansen m'irait beaucoup mieux. Alors ça revenait et, lorsque tel ou tel autour de moi, mon vieux camarade Smirnoff, né à Petrograd, parlant lui-même un allemand impeccable, ou tel autre, Serge Leclaire en l'occurrence, me disait : « Mais, moi, je ne veux pas être enfermé dans ce ghetto de la société française (l'exception française que nous retrouvons maintenant sous toutes les rubriques), j'ai envie de connaître mes confrères, mes collègues, au large », eh bien, c'était pour moi, en effet, un moyen de retrouver cet espace international pour mes déplacements, pour les déplacements de mon esprit. Je me trompais, naturellement. Je me trompais en quel sens ? Je ne savais pas que cet internationalisme n'existait pas, qu'il n'était que la mise bord à bord, côte à côte, de petits nationalismes, de petits chauvinismes anglo-saxons, sud-américains, italiens, espagnols, peu importe, mais j'imaginais qu'en effet il y avait là un nouveau passeport Nansen. Cela a joué un rôle énorme !

Et je pense que Lacan ne s'y est pas trompé lorsque, dans cette « troïka » historique de ses premiers compagnons, Perrier, Leclaire et moi, il m'envoyait en étrave, dans les réunions internationales. C'était bien sûr parce que aucune langue ne pouvait m'arrêter, mais surtout parce qu'il connaissait ma motivation sous ce rapport. Parce qu'à cela, lui, pouvait s'associer, infiniment plus que n'importe quel autre collègue. Pour cette raison bien simple qu'à la différence des autres, lui, qui n'était pas germanophone, lisait l'allemand avec ardeur, lui, qui n'était pas anglophone, pratiquait l'anglais écrit avec ardeur. Car Lacan ne parlait aucune langue étrangère, ou alors d'une manière ridicule. Il ne pouvait pas, à l'époque tout au moins, prendre la moindre distance dans son cœur, dirais-je, par rapport à ses collègues anglo-saxons : c'était eux qu'il poursuivait dans les congrès, dans les réunions, où il essayait d'entrer par les fenêtres lorsque les portes étaient fermées. Cet internationalisme dans sa vie, Lacan l'a, je pense, d'une certaine façon, rêvé, vécu. Il a eu la nostalgie de quelque chose qu'il n'avait jamais connu et qui, je pense, tendait entre nous des fils secrets.

Éric Atlan. — Vous avez connu Vladimir Nabokov ?

W. G. — J'ai rencontré Nabokov, j'étais alors

enfant. Sa famille, oui, bien sûr, en raison du rôle politique de son père. Mais j'étais trop jeune, évidemment, pour avoir personnellement connu celui qui, dans ce milieu, a joué un rôle importantissime, son père, assassiné [1].

É. A. — Et dans le milieu analytique, sa théorie antipsychanalytique...

W. G. — Dans le milieu psychanalytique, sa théorie — qui n'était pas une théorie — ne m'a aucunement gêné. Je vais vous dire pourquoi : d'abord parce que, comme pour Lacan, il faut vraiment avoir l'esprit très rabougri pour ne pas reconnaître chez Nabokov la distinction, la maîtrise, la finesse, l'élévation de l'esprit. Il avait un préjugé formidable contre la psychanalyse, et ce préjugé n'était pas tellement étranger à son milieu, car l'intelligentsia russe était un milieu d'un tout particulier puritanisme. C'est étranger à notre rencontre, m'est-il permis de dire un mot à ce sujet ? C'était un milieu où, pour ce qui est de la manière de vivre, on était infiniment plus libre que dans les milieux du même genre en Occident, la haute bourgeoisie ou la noblesse intellectuelle. Dans le milieu qui a entouré mon enfance, le mariage n'était pas une exception, mais il n'y était pas la règle. Lorsque les hommes baisaient la main des dames, ils claquaient également-

---

1. Éminente figure de l'intelligentsia russe émigrée à Berlin après la révolution bolchevique. Éditeur, directeur de revue, il fut en 1922 assassiné par des Russes d'extrême droite.

ment les talons, trace dans la vie russe du fait qu'étudiants et lycéens, ils portaient des uniformes, trace de l'influence du style militaire. Alors, le mariage le cas échéant, mais la passion amoureuse en général, avaient une dignité souveraine. Qu'un tel ou une telle s'éprenne d'un tel ou d'une telle et qu'un ménage se brise, cela ne pouvait en aucun cas faire l'objet, je dirais, de cette sorte de condamnation bourgeoise ou de mine attristée que cela suscitait dans le milieu français de mon adoption. Mais c'était un milieu très puritain en ce sens qu'il n'était pas question, quoi que l'on fasse, de parler d'une manière crue, c'est-à-dire, par exemple, qu'avant la guerre de 14, dans un milieu très libre, prononcer le mot « sage-femme » à table pouvait être considéré comme un petit peu risqué. Avec Freud, naturellement, arrive quelque chose qui prend cette couche de puritanisme absolument à contre-poil. Freud dit : il faut, du sexe, parler comme de l'argent, ou de l'argent comme du sexe, c'est-à-dire comme ça : cru, nu. Ah ça, pour les Russes, pas du tout !

Le freudisme est absolument étranger à l'esthétique nabokovienne. Cette question sort du reste du cadre de notre discussion. Et d'ailleurs, quand on veut rendre la psychanalyse visible ou spectaculaire, on fait, à l'exception du film allemand dont a parlé Patrick Lacoste dans un de ses ouvrages, *L'étrange cas du professeur M. La psychanalyse à l'écran* [1], toujours un échec, c'est toujours quelque chose de ridicule.

---

1. Paru dans Connaissance de l'Inconscient, « Curiosités freudiennes », Gallimard, 1990. *(N.d.É.)*

Nabokov n'avait aucune raison d'avoir le moindre respect pour la psychanalyse.

É. A. — On ne va pas rentrer dans le système esthétique.

W. G. — Ça ne pouvait pas y entrer, en aucune façon. Nous pouvons nous faire une idée du profil du héros freudien. Des personnages dont l'éventail va de Cromwell jusqu'à Moïse. Le héros nabokovien est Pnine. Certes pas un « battant », comme on dit de nos jours. Un analyste dirait : beau portrait d'une névrose d'échec. Peut-être. Échec assurément, même s'il est d'un genre radicalement différent de celui d'Oblomov.

E. W. — Tout à l'heure, quand j'ai parlé d'origine, je pensais aussi également aux origines juives. Vous avez fait mention de la femme de Lacan qui était d'origine roumaine. Là, je parle, je ne parle plus de Nabokov, je tourne la page, vous avez parlé de Kojève.

W. G. — Kojevnikov.

E. W. — Kojevnikov, qui n'était pas juif ; la femme de Lacan, elle, l'était.

W. G. — Oui, bien sûr. Je vous dirais que, dans le milieu analytique, il n'y a pas que la sienne qui l'était. La première femme de Lagache aussi l'était.

Alors là, vous savez, il y a plus d'un mariage mixte, si je puis dire, dans ce milieu.

E. W. — Ma question était : est-ce qu'éventuellement l'identité culturelle de quelqu'un pouvait constituer un enjeu, dans la démarche analytique, auprès de Lacan ? Est-ce que cela pouvait être reconnu comme un facteur déterminant ?

W. G. — Par Lacan lui-même, je ne le pense pas, je ne suis pas enclin à le penser, je ne le crois pas. Lacan s'est évidemment, comme n'importe qui, à tel ou tel moment, consterné du fait que les Français étaient français, qu'avec eux il était difficile de faire quoi que ce soit, que les juifs ne le suivaient pas dans la phase première et ascendante de sa trajectoire. Ce qui, oui, fascinait Lacan, c'était la position du juif infidèle. Infidèle religieusement parlant. Il a été fasciné par l'écart entre la position du chrétien infidèle et la position du juif infidèle. Faut-il dire fasciné, je crois que oui, par la figure de Spinoza. Mais cela n'est pas la fascination à proprement parler par ce qui serait juif au sens où sa femme l'était aussi, etc. Non, c'est par quelque chose qui demanderait un tout autre développement concernant les aspects particuliers de l'infidélité, lorsque c'est la position d'un juif. C'est par ça que Lacan a été fasciné. Et lorsque, pour finir, Lacan se dit excommunié, dans une excommunication au sens du *herem* hébraïque et non pas au sens de l'excommunication chrétienne, l'impossibilité de revenir, c'est Spinoza qui est son phare.

E. W. — Mais je visais également quelque chose au-delà de l'apport personnel et de ce groupe cosmopolite ; au-delà de cela je me pose la question de savoir dans quelle mesure, je dirais la portée, la portée universelle d'une technique analytique, dans quelle mesure elle est censée tenir compte de facteurs qui sont des facteurs d'ordre culturel, donc de l'identité de quelqu'un, ou cela n'a pas de sens ?

W. G. — C'est un problème, c'est un débat, une controverse doctrinale qui, à un certain moment, a été fondamentale. Pour ma part, je suis de ceux qui sont absolument opposés à ce type d'abord, à l'abord culturaliste. Je suis de ceux qui sont radicalement opposés à faire de la psychanalyse une affaire juive. Mais je crois que je n'ai pas entièrement réagi à votre question.

E. W. — Parce que la question peut se poser dans une société qui n'est pas patriarcale, mais matriarcale, où l'enfant grandit dans une communauté dans laquelle la question de l'Œdipe peut se poser différemment. Ici j'évoque le contexte culturel dans un sens large avec toutes sortes de spécificités, pas nécessairement celle de la condition juive.

W. G. — À cette question, je vous répondrai d'une manière très brutale : je ne sais pas, et je prétends que personne ne sait, parce que là, les prises de position sont d'un poids strictement équivalent, et sont strictement contraires, en ce sens qu'il y a des auteurs qui diront : oui, mais attention, l'Œdipe dans tel type de société se règle autrement, et il y aura d'autres auteurs qui se pencheront exactement sur les mêmes sociétés pour montrer qu'il n'y a aucune différence. C'est donc par conséquent un débat dans lequel il m'est, à moi, tout à fait important de ne pas entrer.

D'abord, parce que je ne saurai pas m'y comporter avec le minimum de sérieux qu'un tel débat exigerait. Et tant que les Japonais — pourquoi les Japonais, c'est une autre histoire — ne prendront pas position sur ce point et tant qu'ils ne nous auront pas démontré que, chez eux, l'Œdipe se règle autrement que chez nous, je resterai sur une très grande réserve. Personnellement, je pense que les Japonais, le moment venu, verseront au compte de l'universalité des structures mises en évidence par Freud un tombereau d'évidences.

E. W. — Et pour liquider un peu le sujet évoqué, avant de rentrer peut-être dans certains aspects théoriques de l'héritage lacanien, vous avez fait mention de l'importance, dans la formation de Lacan, de Kojève, de Koyré, etc.

W. G. — Oui...

E. W. — Ça m'amène à une question : il me semble évident que la proposition de Lacan, l'inconscient est structuré comme un langage, a un prolongement philosophique évident...

W. G. — Oui.

E. W. — ... qui peut être vu comme une modalité existentielle.

W. G. — Oui.

E. W. — C'est une donnée que la plupart des gens que l'on a rencontrés, le cercle de Lacan, dénigrent cette dimension-là dans le sens strict du terme, comment vous, voyez-vous la chose ?

W. G. — D'abord, il m'est absolument impossible de couper par la pensée un homme en tranches ou de le partager. Que ceux que vous avez vus jusqu'à présent voient en Lacan un thérapeute, je ne peux nécessairement que souscrire à cette façon de voir, au sens où — et là, tout à fait évidemment, je me sépare d'eux — je dirai, pour la commodité du propos, que pendant longtemps Lacan s'est intéressé à la psychanalyse ou à ce que, moi, je considère et je désigne comme étant la psychanalyse. Il en a fait et puis, un beau jour, il a cessé d'en faire. Tant qu'il en faisait, et quand il s'y collait, comme on dit en français, c'était un thérapeute absolument remarquable, et je suis bien placé pour le savoir, sans jamais être allé sur son divan, mais j'ai été suffisamment concerné, familialement dirais-je, par les mérites cliniques de cet homme comme soignant. Qu'en même temps il ait été embarqué dans une aventure, que vous me pardonnerez pour la circonstance d'appeler spirituelle, n'est en aucune façon contradictoire.

Vous remarquerez que je substitue d'autres termes aux vôtres. Vous avez parlé d'aventure existentielle, moi j'ai utilisé à l'instant un autre mot, j'ai mes raisons pour cela. Parce que, aussi, je pense à Freud, comme vous savez, irréligieux, athée, tout ce que vous voulez, parlant de sa variante à lui, de sa version à lui, de son mysticisme. C'est pourquoi je parle d'aventure spirituelle. Alors Lacan a été embarqué dans une aventure spirituelle pour des raisons qu'il m'est impossible de démêler parce que je ne l'ai pas eu sur mon divan.

Mais, en contrepoint à ce que vous venez d'évoquer, je répéterai ce que je vous ai déjà dit : lorsque je suis arrivé à la psychanalyse, pour des raisons qui tenaient également à la proximité des uns et des autres, dans l'émigration russe, je n'étais pas sans quelque familiarité avec l'enseignement d'un certain Georgi Gurdjieff, dont le nom vous est peut-être connu. Il était amené en France par le livre d'un de ses élèves, Peter Ouspenski. C'était un enseignement inconnu et cela m'intéressait. Et un jour, très tôt, très près du début de notre aventure, de notre amitié avec Lacan, de notre camaraderie, de notre amour, si vous voulez, je lui ai dit : « Mais est-ce que vous ne voulez pas nous embarquer dans une aventure du genre de celle de Gurdjieff ? » Il m'a regardé comme ça, il m'a dit : « Ah, vous alors !... » Et lorsque la rupture est arrivée entre nous, le seul reproche qu'il m'ait fait — car il est à remarquer que de même qu'on ne peut trouver, dans ma bouche et sous ma plume, aucun propos offensant ou insultant à son endroit, de même il faut dire que, à ma connaissance tout au moins, à la différence de bien d'autres, de plus d'un de ses suivants, je ne lui connais aucun propos hostile à mon égard — ce seul reproche qu'il m'ait fait, le vrai, c'est au moment où nous nous séparions. Il m'a dit : « Et quand je pense que c'est vous qui, autrefois, m'avez posé cette question dont je me souviens encore : est-ce que vous n'allez pas nous entraîner dans une aventure comme Gurdjieff ? Que vous qui aviez pu me poser cette question, vous me fassiez ça maintenant ! » Alors, vous voyez, il m'est très difficile de vous suivre lorsque vous me dites : les uns voient en Lacan un thérapeute, et les autres un philosophe. Un être humain, c'est tout ça.

FLORENCE GRAVAS. — Je reprends la question à la lueur de ce que nous disions tout à l'heure : ce qui peut sembler inadéquat pour désigner Lacan comme un philosophe, c'est que peut-être la philosophie, comme la littérature d'ailleurs, sont des pratiques accumulatives et que la psychanalyse est une pratique de la dépense.

W. G. — C'est un point de vue que je trouve intéressant, il ne me serait pas venu à l'esprit.

F. G. — Je pensais à Georges Bataille, qui précisément était à la fois le plus proche partisan et adversaire de la psychanalyse et qui est vraiment un théoricien de la dépense.

W. G. — Écoutez, les mots dont vous vous servez

ont vraiment de quoi me toucher pour des raisons que vous connaissez, évidemment, en partie, vu qu'ils se sont esquissés entre nous tout à l'heure. Pour en revenir alors à la question de l'accumulation et de la dépense, je déplacerai l'insertion de ces notions, si vous voulez, en disant que l'accumulation est quelque chose qui, sauf l'accumulation fétichiste, sauf un certain « collectionnisme » dérisoire, l'accumulation comme telle, l'accumulation des biens en particulier, est une chose pour laquelle j'ai une très vive aversion. La dépense, bien sûr, on peut retrouver cela pour moi dans la psychanalyse, mais par un autre biais. Je vais répondre à ma façon à votre question : la dépense est quelque chose que je considère comme un devoir, dans la mesure où je pense que l'analyse aussi mène à ceci qu'un être humain ne se voit que comme le locataire de ses biens et non pas comme leur propriétaire. La dépense est en ce sens un devoir et je dirais qu'elle peut être considérée comme un devoir vis-à-vis de sa communauté. Je vois un effet de cela dans la trajectoire de Freud. Freud était, comme vous savez, avide de certaines jouissances, en particulier des jouissances orales. Il aimait la viande, la viande grasse tout spécialement, et il souffrait de son absence. Il lui fallait de l'argent pour faire face à ses dépenses. Mais l'argent qu'il a effectivement gagné, il l'a dépensé d'une manière qu'aucune Frau Professor bourgeoise n'admettrait, de sorte qu'au lieu de partir riche pour Londres il est parti finalement avec ses vêtements, ses bouquins et quelques statuettes. Dans les institutions analytiques, depuis lors, on s'aperçoit de la difficulté qu'il y a à faire fonctionner les analystes de cette manière. La question de la gestion des biens, de l'accumulation et de la dépense, dans l'ensemble des sociétés d'analyse, a été nettement en décalage par rapport au niveau où, en effet, pourquoi pas, quelque chose de la stature théorique et pratique de l'analyse aurait pu les mener.

F. G. — Il y a quelque chose qui m'a beaucoup frappée, au tout début de ce que vous nous avez dit sur Lacan : manifestement, ce qui vous a séduit chez Lacan, c'est un style, et ça m'a beaucoup intéressée. La psychanalyse est souvent présentée comme une pratique où il s'agit de dévoiler, de retrouver un secret. Il me semble que ce n'est pas tellement ça qui est véritablement important dans ce que Lacan a pu apporter à la psychanalyse, mais davantage l'idée d'un certain style, comme indice de l'être, ne pouvant se révéler que dans le style.

W. G. — Je ne crois pas pouvoir penser à la cure analytique dans cette perspective. Elle me paraîtrait trop arbitrairement théorique. Elle ne me parle pas suffisamment. Quant à la question du style, je pourrais à ce propos vous dire où et en quoi je suis arrêté. Je suis arrêté probablement par ce qui est de l'ordre de mes résistances et de mon puritanisme car, comme tout le monde, j'en ai. On est toujours plus puritain qu'on ne se l'imagine, vous aussi. Alors, Lacan, je pense, a rappelé à certains d'entre nous les mots de Buffon : « Le style est l'homme même. » Il nous a appris que le style n'est pas une superstructure et, en ce sens, il a en effet fait retrouver à la psychanalyse une partie du style que Freud lui avait imprimée, dans ses propos, dans ses écrits, dans sa dégaine, et je dirais même dans sa toilette. Prenez des photographies des congrès de psychanalyse et regardez ! Mais ils ne sont, sauf Freud, Ferenczi et, naturellement, Lou Andreas-Salomé, vraiment pas attrayants ! Enfin, ils sont impossibles ! Bon, alors Lacan ramène dans l'analyse un style qui s'y était perdu.

Je vais situer le contraste à un tout autre plan. Peu importe ce que cela va devenir et, même, si ça doit un jour se projeter ou s'imprimer, je n'y vois pas d'inconvénient. Lorsqu'en 1953, au moment de la crise ouverte par la création de l'Institut de la Société psychanalytique de Paris, nous avons levé, ou plutôt j'ai levé, au niveau des analystes en formation, l'étendard de la révolte, j'ai été immédiatement suivi par d'autres, mais il se fait que le premier étendard de la révolte — et la vérité historique, l'exactitude plutôt, l'exactitude historique commande de le dire — fut un écrit que j'ai fait signer à mes collègues, je l'avais concocté dans le contrôle collectif d'un analyste mort trop tôt pour que nous puissions savoir ce qu'il aurait valu. Je pense qu'il n'aurait pas été un astre, il s'appelait Maurice Bouvet. Mais, enfin, pour l'Institut de la rue Saint-Jacques, c'était certainement le meilleur.

L'écrit que j'ai fait signer au printemps 1953 fut le départ de la protestation étudiante, puis de la révolte. Nous avons été reçus par celui que l'on ne peut pas appeler autrement que le caïd ou le « parrain », si vous préférez, de l'endroit, Sacha Nacht. Il n'était pas un mauvais analyste, disait-on, ni mauvais thérapeute. Sylvia Lacan me disait alors : « Oh ! Sacha Nacht, il connaît quand même son métier, il ne faut pas le dire à Jacques, il ferait un drame. » Oui, il connaissait son métier, mais pour ce qui était du style, c'était une autre affaire. Nous avons donc été accueillis par ce personnage qui a dit avec une pointe d'accent roumain : « Dans l'Institut circule en ce moment une revendication de style quasi syndical. Ceux qui la font circuler semblent avoir très peu de souci de la suite de leur curriculum professionnel. Êtes-vous en train d'oublier (car c'était centré sur l'argent en particulier) que nous vous préparons à un métier très lucratif ? » En 1994, prenez H.E.C., Sup de Co, l'E.S.S.E.C., prenez Polytechnique, prenez, en France ou à l'étranger, n'importe quel institut formateur, à notre époque où, en effet, nous avons vu les « golden boys » dont certains étaient justement sortis de ces écoles-là, ces gamins qui gagnaient des fortunes équivalentes à des budgets d'État, où, de nos jours, oserait-on dire : « Nous vous préparons à une carrière très lucrative, à un métier très lucratif » ? Mais ce n'est pas parce que aujourd'hui personne ne le dirait que, pour autant, avoir dit ça à l'époque, même si cela suivait le conseil de Freud, parler de l'argent comme du sexe et du sexe comme de l'argent, cela faisait stylistiquement quelque chose de très élégant.

Donc, pour ce qui est du style, voilà ce par rapport à quoi Lacan faisait revenir le style de Freud. De l'argent, Freud parlait assez librement. En particulier, dans un cas qui ne marchait vraiment pas bien, il disait : « ... etwas lernen und etwas geld verdienen. » Une consolation. Pour ceux qui ne sont pas germanophones : « ... apprendre un peu et gagner un peu d'argent. » C'était probablement déplacé d'un autre contexte, mais qu'importe, l'idée était là, c'est tout autre chose que de dire : « On vous prépare à quelque chose où vous allez vous en mettre plein les fouilles. » Lacan n'était, d'une certaine façon, pas moins avide, nous l'avons su après, que d'autres, que Freud, bien que pour d'autres causes, mais il se fait que — c'est là que je vais arriver au puritanisme — le style de Lacan est devenu un style où, pour mon puritanisme à moi, il est devenu difficile de le suivre. C'est-à-dire au moment où il s'est mis, lui, à heurter mes résistances.

Lorsque son élégance, selon moi, par manque d'expérience, manque de formation, manque d'horizon, est devenue travestissement clownesque : ça me heurtait. Diable ! pourquoi est-ce que si quelqu'un se montre en clown, il me faut à moi un cirque et qu'il ait un nez rouge ? Pourquoi m'était-il impensable que Lacan se présente pour moi comme un clown ? Je parle aussi de certaines de ses tenues grotesques. Là, quelque chose me devenait insupportable. En ce sens, on peut se demander, en effet, pourquoi ma respectabilité bourgeoise exigeait qu'un clown soit un clown déclaré et de préférence dans un cirque.

Il en va selon moi de même pour ce qui est advenu de sa pratique. On peut naturellement, si l'on veut, je ne dirais pas cultiver le goût du paradoxe, mais faire de Lacan quelqu'un qui a été exemplaire jusqu'au bout. Et dire que le défi qu'il a lancé à tous l'aura mené jusque-là : se présenter d'une façon et faire ce qui, pour tout le monde, ne pouvait qu'être absolument irrecevable. Ce qui ne veut pas dire, naturellement, que les êtres humains ne soient pas prêts à coopérer et à recevoir l'irrecevable. L'expérience de la dernière guerre le montre, et celle de la Shoah en particulier. Lacan est peut-être le seul à l'avoir vraiment pris en compte. Cela n'est absolument pas à voir dans la perspective de ces simplifications avec leur appel stupide au masochisme. On peut même y voir juste le contraire, c'est-à-dire quelque chose qui est du côté de l'espoir, lorsque des gens, sachant qu'ils allaient être anéantis, tendaient la main à ceux qui ne l'étaient pas encore pour qu'ils viennent les rejoindre. Cela montre l'étendue de ce que les êtres humains sont capables d'appeler à eux. Et donc pour ceux qui ont suivi Lacan jusqu'au bout, ce qu'ils se sont mis dans le cas d'accepter à leur insu, et donc dans le cas de reproduire. Je ne suis pas sûr que cela ait été un bien — au sens, je dirais, de ma mystique ou de mon mysticisme. Mais je n'exclus absolument pas que ce soit mon puritanisme qui m'empêche, moi, de suivre l'aventure humaine lorsqu'elle arrive à ce niveau-là de quelque chose où elle va se confondre avec la déchéance et le déchet. Termes naturellement dont Lacan a fait un grand usage.

A.-D. W. — J'ai une question à poser sur un point que je n'ai peut-être pas compris.

W. G. — Allez-y.

A.-D. W. — Qui a trait peut-être à un moment fort de notre entretien, quand vous avez évoqué ce qui, selon vous, aurait été dans le rapport à la cause analytique, l'échec, votre échec : je n'ai peut-être pas compris ce que vous entendez, vous, par votre échec ?

W. G. — Ah bon ! Je vois que j'ai échoué à faire entendre ma glose sur l'échec. Je vais donc en dire à nouveau quelques mots, mais à un niveau directement accessible à l'entendement. Ce que j'entends par mon échec, eh bien, c'est ce que tout réveil amène d'une certaine façon comme échec du rêve. Cet échec a été en tout premier lieu celui d'amener Lacan à prendre une position cohérente et fraternelle avec moi pour faire aboutir la démarche dont il me demandait véritablement le succès. Le deuxième échec a été celui de n'avoir pas pu faire passer en contrebande, si vous voulez, Lacan dans l'Association internationale de psychanalyse. J'ai dit en contrebande, car c'est une activité de frontalier pour laquelle j'ai une grande sympathie. Mon échec a été à un autre niveau, il est l'échec de l'introduction, dans un milieu dont, déjà à ce moment-là, je connaissais la dérive et la sclérose, de l'esprit qui m'avait, avec d'autres, animé pendant dix ans. Des tentatives sont actuellement faites pour dégager l'Association internationale de ce milieu. Je ne crois guère à leur succès. Mais enfin, à ce moment-là, ce milieu international était sur une dérive sinistre, provinciale, petitement bourgeoise, et un des moyens d'arrêter cela était d'y injecter, ou d'y réinjecter, ce qui y avait été, du moins virtuellement jusqu'en 1953, c'est-à-dire ce que Lacan pouvait lui apporter. Lacan, mais aussi nous, je dirais, car j'avais, avec d'autres, pris soin d'organiser la traduction de toutes les œuvres, la sienne et les nôtres — à l'époque, la sienne était extrêmement restreinte — en langue anglaise. Introduire ça dans l'Internationale parce que, après tout ce que Lacan avait fait pour moi, il ne me paraissait pas absolument impossible qu'il ne le puisse pour d'autres ! Vous savez, un jour, j'étais allé écouter une conférence de Benveniste avec un membre illustre de l'émigration russe. D'un côté donc, il y avait cet éminent académicien, André Grabar, Russe de grande lignée, fondateur de la byzantinologie française, professeur au Collège de France. Et, de l'autre côté, il y avait Daniel Lagache. C'était compliqué ce que disait Benveniste et Daniel Lagache dit : « Oh ! c'est compliqué ! mais moi quand je ne comprends pas, j'ai passé l'âge de m'inquiéter. Je me dis que si je ne comprends pas, c'est que c'est mal dit, c'est que c'est confus. » Et Grabar se penche vers moi et me dit : « Moi, c'est juste le contraire ! quand je ne comprends pas, ça m'inquiète et j'essaie de comprendre. » Alors, je ne voyais absolument pas pourquoi Lacan ne pourrait pas faire cela pour d'autres, les amener à comprendre, si vous voulez, et avec tous les guillemets que vous voulez, ce que jusque-là ils n'avaient pas compris. Donc, en ce sens, l'échec de l'introduction de Lacan dans le milieu international était le vrai niveau cuisant de l'échec. Si, tout à l'heure, il a été question de samouraï, je ne rangerais pas Lacan parmi les samouraïs, parce qu'il avait trop peu le sens de la collégialité d'armes et trop de succès. Mais quand même, entre lui, moi, et d'autres, on aurait pu, en tout cas, mener notre milieu vers quelque chose où l'esprit samouraï, l'éthique samouraï, et son style, auraient été plus présents que, pour retrouver le parallèle cinématographique, dans cette victoire des paysans. Ça, c'est mon échec.

Lacanien ou pas * ?

WLADIMIR GRANOFF. — Un jour, le milieu vous inflige une telle humiliation... Pire qu'une humiliation ; d'y avoir contribué éminemment me permet de dire que c'est d'une certaine façon parent de l'assassinat. En 1953, quand nous avons été mis hors la loi par l'Internationale — par la S.P.P. —, quand quelqu'un faisait état d'un projet d'analyse avec nous, ils restaient très sereins. Ils disaient : « Si vous faisiez des études de médecine, vous iriez à Pigier ? au cours du soir ? Non, vous iriez à la Faculté de Médecine. Vous voulez être analyste, vous venez chez nous. » Si cela avait réussi, nous n'aurions plus pu être analystes. Pour certains ç'aurait été une mise à mort. Que ça n'ait tué personne n'est pas la faute de

* *Entretien paru sans titre dans le numéro 2 de* L'Agenda de la psychanalyse *en 1987.* L'Agenda, *animé par Danièle Lévy, n'a publié que deux numéros, aujourd'hui épuisés. Il avait pour objectif, écrit Danièle Lévy, « de dresser un tableau du mouvement psychanalytique français dans son ensemble et d'en problématiser les points de division ». Le numéro 1 recueillait, outre l'entretien avec Wladimir Granoff, des entretiens avec Jean Laplanche, Serge Leclaire, Jacques-Alain Miller, J. D. Nasio, Élisabeth Roudinesco.*

ceux qui l'ont voulu. Ce n'est pas parce qu'à l'époque personne n'est mort que ce à quoi j'ai contribué, en 63-64, était nécessairement plus doux. Ce n'est pas parce que je savais que ça ne tuait pas. En ce sens, la visée n'était pas moins homicide.

Lorsqu'on a été l'objet d'une tentative d'assassinat, et qu'on en réchappe pour diverses raisons, d'abord la maladresse des assassins, leur impuissance, et son propre savoir-faire ou sa résistance, on a traversé une épreuve qui est jusqu'à un certain point initiatique. Ça change l'homme. À partir de là s'est donné libre cours chez Lacan tout ce que je connaissais y être déjà avant. Le Lacan dont certains maintenant se réclament, je ne le connais pas et je ne peux pas en parler, mais je le connais d'une certaine manière, parce qu'il était déjà dans le Lacan d'avant.

Pendant très longtemps, on ne pouvait parler de Lacan et du lacanisme qu'à la condition, c'était un pacte implicite, de ne pas parler de la technique, des séances courtes, de la scansion ; on parlait de tout sauf de ça. Lorsque les choses se sont rapprochées, pour Lacan, du terme ultime, et après, il s'est passé un renversement. Le signe de ralliement de ces générations a été précisément la technique. On a pensé que c'était une technique nouvelle. Mais surtout, c'est la seule chose qui les tient ensemble. Parce qu'ils sont une foule, bigarrée comme toutes les foules. Il y a parmi eux des érudits de la lettre lacanienne, beaucoup qui ignorent totalement la lettre et l'esprit, ou la lettre, ou l'esprit, de ce qu'on peut appeler le lacanisme.

Quant à ce trait commun des séances courtes, il a

une raison bien simple. C'est qu'ils vont tous acheter leur beurre chez le crémier, leur pain chez le boulanger. Ils sont tenus par des impératifs économiques, et ils n'ont pas plus de raisons que n'importe qui d'accepter une baisse dramatique de leurs revenus.

Qu'est-ce alors qu'un analyste lacanien ? Je pense qu'il y a chez les lacaniens des analystes totalement non-lacaniens, et des lacaniens chez les non-lacaniens.

On peut dire qu'un analyste lacanien, c'est un analyste qui pense et règle certaines de ses démarches, ou croit penser et régler certaines de ses démarches, sur une représentation — sans que je sois trop sûr du terme —, idéalisée, qu'il a de Lacan. Cela n'a aucun besoin d'être un Lacan vrai, ou réel, ou authentique, ou en chair et en os. Chacun a son Lacan, un Lacan d'imagination.

Pour moi un analyste lacanien se caractérise tout d'abord négativement. C'est un analyste qui, comme homme, est dans une position d'incrédulité par rapport à certains fétiches. Cela devrait se traduire dans sa conduite avec ses patients mais aussi bien dans la conduite de sa vie. Cela devrait se traduire, d'une façon en somme conforme à ce qu'on enseigne partout, par une façon d'écouter son patient telle qu'on n'est pas entraîné par le film qu'il projette. La caricature en est cet épisode qu'on rapporte, et qui n'est probablement pas inventé, car je ne vois pas pourquoi celui qui le raconte l'aurait inventé. Il, ou elle, aurait parlé pendant des mois à Lacan de son projet de mariage, du futur conjoint ou conjointe. Un beau jour il lui annonce : « Je me marie demain » — et

Lacan : « Hein ? Comment ? Avec qui ? » C'est peut-être une illustration parodique, mais qui tient compte du fait que dès les origines, partout ailleurs que dans la mouvance lacanienne, on avait affaire à une perspective de « human engineering ». C'est Lacan qui l'a dénoncé, mais le mot est parfaitement choisi. C'est, avec les soucis que ça implique, une certaine façon de prendre position et, à l'extrême, de guider la vie des personnes qui se confient à l'analyste.

Est-ce à dire qu'un analyste lacanien n'interviendra jamais dans la vie de son patient ou de sa patiente ? Je ne veux pas dire cela non plus. Il peut être amené à intervenir, mais pas de la position médicale, celle dont la métaphore est médicale, c'est-à-dire, une consigne fondée sur un savoir, avec un versant moral : « il faut que, pour votre bien... »

Il peut y intervenir, mais d'une position différente. Une position qui l'amène à se mouiller, terme vulgaire pour dire : à prendre soi-même des risques. Et les représentations de la respectabilité bourgeoise pourraient dans l'affaire être mises en danger. On pourrait figurer cela comme une descente au ruisseau, pour quelques instants, avec un patient.

Danièle Lévy. — Il ne se conforme pas avec l'idéal de l'analyste ?

W. G. — Les deux idéalisations ne méritent pas d'être mises dans le même sac. Dans un cas, l'idéalisation n'est qu'une position de conservation, un certain pli, celle qui va se retrouver éventuellement chez le lacanien d'aujourd'hui. Celle dont je parlais tout à l'heure à propos de « chacun son Lacan », c'est quelque chose de créateur. Une idéalisation qui peut avoir une vertu poétique. Elle peut faire trouver aux gens des formes que leur destinée n'aurait peut-être pas croisées autrement.

D. L. — Un analyste « I.P.A. » ne descend jamais au ruisseau ?

W. G. — Non, il ne descend jamais au ruisseau. Et c'est parce qu'il n'y descend jamais qu'il est très friand de quelque chose dont il a peut-être contaminé certains jeunes lacaniens. Un discours que je n'essaierai pas de définir, mais que j'ai entendu un beau jour. « Alors, quand mon patient m'a dit ça, je l'ai pris en plein dans le buffet, ça m'a pris là, tu vois, ça m'a... et tout de suite, au plexus, j'ai senti la bête, la chose, là, je me suis mis à transpirer, j'ai cru que j'allais tomber dans les pommes », etc.

Cela, ce n'est pas chez Lacan. Ce n'est pas la descente au ruisseau. Vous le rencontrerez aussi bien à l'I.P.A., où on se réclamera d'une filiation winnicottienne par exemple. Ils font état d'un vécu fantastiquement intéressant, avec même un « Carry over », même encore la nuit, peut-être même le lendemain matin, mais au total... comme sur les plumes d'un canard. Cette position a dû s'engendrer à la suite du fait que la position de l'analyste a perdu ce qu'elle avait de socialement héroïque, d'aventureux. L'aventure de l'homme moderne, dit-on, ce ne sont plus les croisades, c'est son couple. De la même manière, l'aventure de l'analyste, ce sera quand ses patients lui auront gâché l'appétit le soir. Je crois qu'un analyste lacanien — celui auquel je pense — n'en fait pas ses choux gras.

De même à propos de ce qu'on appelle « dangereux ». Il ne se trompera pas trop sur l'utilisation de ce vocable. Il y a effectivement des choses dangereuses, mais il ne faut pas utiliser le terme à tout propos.

D. L. — Je n'ai toujours pas vraiment compris ce qu'est la descente au ruisseau.

W. G. — Un beau jour, Freud a inventé une nouvelle démarche. De grandes choses dans de toutes petites ; reconnaître son erreur : « Je me suis trompé. » Mais c'est à Ferenczi qu'est due la mise en perspective de cette reconnaissance : « Et n'ajoutez pas maintenant à votre démonstration de supériorité cette toute dernière touche qui consiste à l'illustrer en reconnaissant vos erreurs. »

On est plus près de la descente au ruisseau avec quelque chose qui réellement produisait les formes de la mise en danger de quelque chose de fondamental dans la position de l'analyste et sa pratique : l'invention de l'« analyse mutuelle » par Ferenczi : « Je vais me mettre sur le divan, il va se mettre sur le fauteuil, j'ai envie de lui parler... » Cette invention se heurte à quoi ? Une fois passé les obstacles de la première instance, à ceci : qu'est-ce qui va advenir du secret professionnel ? Si je joue le jeu, je vais lui parler aussi bien de ma pratique que de mes patients :

j'ouvre une brèche dans un des éléments qui assure la possibilité même du dispositif analytique.

« Vous pouvez dire tout ce qui vous vient à l'esprit, parce que ça ne sera suivi d'aucune conséquence au niveau pratique, et il est inutile de dire que vous pouvez parler parce que ça ne sortira pas d'ici. » Si je ne vous donne pas ces deux garanties, vous ne pouvez pas parler. Au début de ma carrière, j'ai dû faire état de deux patients, ou d'un. Je n'ai, comme Lacan d'ailleurs, jamais rien publié. Vous me direz que quand même, de temps en temps... Freud a fait le tour de la question. Cela ne met pas en cause le secret professionnel. La confidence de l'analyste sur l'oreiller non plus, c'est autre chose. Au niveau des principes, il y a le secret. Le dispositif imaginé par Ferenczi faisait évidemment que ça s'effondrait. Parce que si je me mets sur le divan et que je joue le jeu, je ne vais pas faire le détour autour des pensées qui concernent les analysants que j'ai en cure.

La tentative de Ferenczi est infiniment séduisante et raccrocheuse, pourquoi ? Parce qu'il est très difficile de ne pas se trouver pris, à un moment ou à un autre, dans un certain jeu, un peu superficiel, de la pensée avec certains thèmes comme celui de la vérité — ne parlons pas de la mort. C'est la vérité, qu'on est pareils, qu'on a un inconscient l'un et l'autre, qu'en faisant ton analyse je fais en même temps la mienne, etc., et que par conséquent il y a des points de butée qui sont engendrés par ma résistance et non par la tienne. En poussant à son terme logique cette vérité-là, même dans une forme dépouillée de toute dramatisation triviale liée à des enjeux d'un autre

niveau, défi, rivalité, amour-propre, séduction, excitation, honneur..., on arrive à la mise en impossibilité de l'analyse, bien qu'on ait vraiment pris un
risque. C'est de ce côté-là que se situe ce que j'appelle la descente au ruisseau.

Ceci est en rapport étroit avec la représentation de
la respectabilité et spécifiquement de la respectabilité bourgeoise. Il ne s'agit pas du tout de l'utilisation ou du refus d'utiliser les aises que le statut économique de la bourgeoisie lui permet de mettre à
son service. Cela veut dire autre chose, y compris
dans le rapport à l'argent, et aussi dans l'idée qu'on
se fait de l'acte, ce qu'on considérera comme *acting
out*.

Assez couramment, on situe l'*acting out* d'une
façon tout à fait analphabète. À tel point qu'on a pu
y opposer, phénomène strictement français, l'*acting
in*, une stupidité sans nom, mais qui a cours. L'*acting out* serait l'agir en dehors de l'analyse, et l'*acting in* à l'intérieur de l'analyse. C'est stupide, car
to act out veut dire tout simplement agir au sens
où *to fill out* veut dire remplir complètement mais
exactement et, en allemand, *ausführen* ne veut pas
dire conduire dehors, mais achever. Ce qu'on entend
en général par *acting out* est un agir qui se situe
dans un moment du transfert, et qui en règle générale prend des formes qui se dénoncent en quelque
sorte elles-mêmes par leur côté extrême, ou qui
tirent l'œil. Il y a là une méconnaissance dont seuls
les lacaniens, tels que je les comprends, moi, ont
pu se détacher en situant l'agir dans une perspective que je crois plus authentiquement freudienne.

D'une certaine façon, l'analyste lacanien, c'est —
Ancien Testament, Nouveau Testament : « Non, je
ne viens pas pour l'abolir, je viens pour l'accomplir »
— celui qui vient pour une part accomplir l'annonce
freudienne.

Selon cette « annonce », l'agir est la réponse la plus
adéquate, pour l'espèce humaine en tant qu'espèce
parlante, à la question de l'inconscient. C'est ce qui y
répond le plus adéquatement, et en même temps
l'écrase. L'*acting out*, l'agir le plus redoutable pour
l'analyse prendra de manière tout à fait privilégiée les
formes que le corps social promeut et approuve : les
réussites, la progression des familles, les chères têtes
blondes... C'est ce qui met le plus efficacement en
panne une démarche analytique.

Dans cette perspective, le rapport à l'argent cadrera
difficilement avec ce qui est prescrit, surtout maintenant, à l'ère Tapie de la France qui gagne. Cette
perspective analytique, freudienne, exclut l'argent
de ce dont il est très difficile de l'extraire, à savoir,
les biens. L'argent garde, bien sûr, sa valeur d'usage,
mais aussi sa valeur d'utilité, comme moyen d'entrer
dans un rapport différent avec des objets causes du
désir, ou simplement désirés. Mais il y a des positions par rapport à cet argent qu'il sera moins évident de prendre. Il sera difficile de se fixer des règles
gagées sur une « décence », qui se cherche des relais
du côté d'une éthique politique, par exemple. À
l'extrême limite, si l'analyste s'égarait là-dedans, il
pourrait se proposer comme modèle de vertu civique
à un analysant ; il pourrait considérer comme infamant que l'analysant puisse le soupçonner par

exemple de fraude fiscale, et essayer de lui démontrer que ce n'est pas le cas ! Au niveau de l'acquisition de l'argent, Lacan personnellement, de façon exemplaire, à su dégager l'analyste des démarches de la respectabilité. Et si l'argent est acquis « décemment », au sens politique du terme, avec tous les guillemets que l'on voudra, « à la sueur de son front », il devra également être dépensé décemment. L'analyste ne vivra pas « au-dessus de ses moyens », etc., ni trop pauvrement. Si l'argent est ce qu'il est d'après Freud, quelque chose dont l'une des faces est l'argent et l'autre le sexe ; si on peut dire, avec Lacan, que l'espèce humaine est relativement raisonnable sauf dans deux domaines où elle est vraiment folle comme des lapins, le sexe et l'argent ; alors il est tout aussi vain de vouloir s'attacher à des témoignages de décence au niveau de l'argent — de décence bourgeoise — qu'au niveau du sexe.

Cela bien entendu n'a jamais, dans mon esprit, pas plus que dans celui de Lacan, signifié qu'il y ait quelque valeur à ne pouvoir baiser autrement qu'en égorgeant un pigeon et en criant je ne sais quoi, hosanna ou banzaï. Toute une collectivité de jeunes gens et de jeunes filles, compte tenu de ce dont ils sortaient, de quelle était leur formation d'êtres humains, s'est égarée autour de phrases lacaniennes comme « celui qui ne cède pas sur son désir », « la guérison par surcroît », etc., qui ont donné lieu à tout un folklore imbécile.

On pourrait aussi parler du rapport lacanien de l'analyse à l'institution. Je pense qu'un analyste lacanien est freudien, au sens où il a été longtemps fidèle à la position freudienne, qui ne cherchait pas le pouvoir dans le suffrage de la majorité. Là s'ouvre le drame insondable du rapport du lacanisme avec la question juive, insondable dans la mesure où je dirais que partout ailleurs prévaut une position que par laxité de langage et par structure j'appellerai antisémite. Freud n'a jamais récusé les visées du pouvoir, mais pas d'un pouvoir démocratiquement conféré. Il savait, comme Lacan l'a toujours su, que la majorité en quelque circonstance que ce soit a toujours tort. Elle est toujours du même côté, du côté du commun dénominateur, des refoulements, etc. Donc, l'avis de la majorité et les bons avis en général : nuls et non avenus. Quand les bons conseillers lui disaient : garde-toi à droite, garde-toi à gauche, fais attention à Untel, Freud répondait : j'ai d'autres manières de connaître les choses. Lacan, pareil.

Cela fait qu'un analyste lacanien, pour moi, a toujours un rapport critique à l'institution quelle qu'elle soit. Sitôt qu'une parcelle de responsabilité lui est confiée, il peut très facilement être dans le cas de la mettre en panne. Non qu'il ait cette visée, mais sa non-conformité par rapport aux édits de l'institution peut faire qu'il agisse à rebours de la consigne institutionnelle. En ce sens, on peut évidemment se demander ce qui s'est passé. Lacan a fait l'expérience de l'impossibilité de cette position. Alors, après l'expérience initiatique d'avoir survécu à la tentative d'assassinat, il a imaginé changer la vie des analystes, changer leurs institutions. Il s'est mis à rêver d'une institution. Et celle-là, il s'est mis à s'imaginer que sa position était de la renforcer, non de la miner.

Sans rien reconnaître de ce qui a pu être dit, écrit, pensé sur la passe [1], je dis que le Lacan d'avant l'initiation n'aurait jamais pensé à la nécessité de dissoudre l'institution. Puisqu'il y avait une certaine forme de rapport possible à l'institution, qui visait à ramener toujours son fonctionnement, d'une certaine façon, à la parodie. Quand il a fait la sienne, il ne pouvait plus en faire une parodie d'institution ; c'est devenu en quelque sorte une vraie institution. Et c'est parce que c'était devenu une vraie institution, qu'on peut le créditer, quoi qu'on ait pu penser entre Melman, Miller, etc., du souhait de la dissoudre.

D. L. — L'analyste de l'Institut se définit systématiquement à l'inverse ?

W. G. — On peut dire que, pour chacune des rubriques qu'on pourrait imaginer, l'analyste de l'Institut ou de l'Internationale se définit à l'inverse, quelle que soit le cas échéant sa protestation.

Dès leur sortie de la domination personnelle de Freud, les analystes de l'Establishment, « ipéistes », comme dit Élisabeth Roudinesco, ont été frénétiquement agités du besoin de limiter mutuellement

---

1. La passe : désigne le temps du passage de la position d'« analysant » à celle d'analyste. Cette procédure complexe fut inventée par Lacan qui la mit en œuvre dans son école. Elle suscita des débats passionnés avant que Lacan lui-même ne conclue à son échec. *(N.d.É.)*

leur pouvoir. Ils ont créé toute une série de dispositifs pour que personne ne puisse se procurer...

D. L. — Pour empêcher qu'il y ait un nouveau
Freud ?

W. G. — Évidemment, mais ils ne l'ont pas dit
comme ça. Ils se méfient des « personnages charis-
matiques », par exemple, notion profondément
haïssable dans la bouche de gens mentalement per-
clus. Ainsi, j'ai entendu, puis lu tout un discours
d'un ancien président de l'Internationale sur la
nécessité et les moyens d'empêcher l'apparition de
« Prima Donna » dans les milieux analytiques. Pour
cela, il fallait veiller à ce que personne n'ait plus de
« tant » d'analysants...

Par rapport à cet Establishment, l'analyste lacanien ne peut qu'être vécu comme une créature scandaleuse.

C'est assez amusant, parce que les mêmes digni-
taires, préoccupés de ces soucis, en même temps ne
refuseront jamais de prendre quelqu'un en contrôle.
Ils se trouveront ainsi facilement à la tête d'une
quinzaine de contrôles, vieille pratique constatée
depuis longtemps dans ces sociétés. C'est d'abord,
en soi-même, une monstruosité ; et surtout, c'est
une démarche de conquête de pouvoir — seulement
pas dans les formes antérieurement admises et repé-
rées. Alors, ils commencent à se guetter l'un l'autre,
et le but avoué de l'institution devient d'empêcher
qu'il y ait une tête qui dépasse. Ça a été dit comme
ça à l'A.P.F. même.

Naturellement, dans cette préoccupation viennent se prendre quantité de phobies, et bien entendu tout ce qui fonctionne comme non réglé au niveau de l'homosexualité — passive bien sûr : « Je ne vais pas me laisser faire, mettre, par Untel. » D'où une certaine monotonie, une stérilité dans la production, mal cachée par le rendement de l'ère Tapie. L'analyste lacanien est scandaleux parce qu'il a accepté quelque chose dont c'est le credo de nos sociétés d'être « guéris » : « Il n'y a parmi nous aucun qui puisse... On est gentils et tolérants. » Mon œil !

Lacan a-t-il vraiment écrit « l'école de mes élèves, ceux qui m'aiment encore » ? J'ai entendu certains dire : « Lacan n'a pas pu dire ça. » Les analystes lacaniens ont pu accepter cela et dire : « Oui, on l'aime, et c'est cela qui nous unit. » Ça a été certainement une expérience décisive, voire définitive, ça l'a assurément été pour moi. Et en ce sens, je crois qu'ils ont, pour quelque chose qui a un certain rapport à l'homosexualité, c'est bête, une avance que les analystes de l'I.P.A. ne rattraperont jamais.

Ferenczi : faux problème
ou vrai malentendu * ?

Un fait : on ne dispose pas de renseignements suffisants sur Ferenczi. « On » désigne ici la collectivité analytique. Ces renseignements plus ou moins dignes de foi doivent bien reposer enfouis quelque part, mais à la population analytique il n'en revient que des propos chuchotés de bouche à oreille.

Consulter ses proches ? Sur ce qu'ils savent, ils seraient réticents. Ses contemporains ? Que diront-ils qu'on n'ait entendu ? Et leur nombre n'est guère grand. Les générations passent, le passé s'oublie. Bientôt on ne saura plus rien. Et le personnage de Ferenczi, c'est-à-dire à la fois le souvenir d'un homme et l'attitude adoptée vis-à-vis de sa mémoire entrent dans les conventions reçues.

Voilà une cascade d'affirmations. Le procédé peut paraître cavalier. Il découle cependant de la nature

* Conférence prononcée en 1958 à la Société française de psychanalyse (dissoute en 1963), parue dans le numéro 6 de la revue La Psychanalyse (P.U.F.) en 1961, et republiée sans modifications, selon le vœu de l'auteur qui y voyait une « œuvre de jeunesse », dans le Bloc-notes de la psychanalyse (n° 4, 1984, Éditions Georg).

des choses. Il n'y a plus rien à supposer, plus d'hypothèse à avancer. Il reste à constater. Celui qui avance
dans une contrée ignorée peut avoir tous les doutes
et être prudent. Si peu qu'il avance cependant dans
le désert, il s'engage irréversiblement.

Par rapport à Ferenczi, tout analyste est également bien placé pour former son opinion. Elle sera
nouvelle. Car précisément, il ne semble pas qu'il y
en ait. Or le personnage est inévitable. Autant et
plus que ses pairs. On s'en débarrasse par l'admira-
tion due aux grands hommes, quant à l'œuvre dans
son ensemble, et par quelques coups de goupillon
attristés, réprobateurs, mais avec indulgence, quant
au personnage et à ses dernières années.

De-ci de-là on le cite et dans ce volume on le traduit [1], mais à de rarissimes exceptions, contrairement
à Abraham que l'on adopte, à Rank que l'on exclut,
on le laisse comme en marge. Ou l'on déplore sa fin,
comme si la mort l'avait cueilli en pleine jeunesse, à
l'âge des espoirs qui ne se sont pas encore réalisés.
Comme s'il avait beaucoup promis, mais n'avait pas
tenu. C'est faux. Ferenczi, à sa mort, était peut-être
un homme fini, mais il avait fini aussi de parcourir
une boucle inexorable dont la fin était l'aboutissement. Que la vie du corps et celle de l'esprit aient
comme scandé l'une de l'autre l'évolution, nous
pouvons le constater, nous en émouvoir, interpréter
— nous ne pouvons nier les faits et les niant nous
rassurer : le pauvre était bien malade.

---

1. Référence est ici faite au volume 6 de !a revue *La Psychanalyse*, P.U.F., 1961. *(N.d.É.)*

On parle pour le citer, mais pas trop, des œuvres isolées. Et cependant l'on y pense. C'est ainsi qu'il devient ce qu'il est devenu : un mythe. Jusqu'au moment où un remous, une crise, le fait réapparaître. Ou bien encore, c'est le troisième volume de la biographie de Freud par Jones qui le fait surgir de l'oubli.

Mais là, aussitôt, les choses se compliquent car une polémique courtoise s'engage entre l'auteur maintenant défunt et l'exécuteur testamentaire de Ferenczi, Michael Balint. Courtoise certes, mais assez violente pour que tout le monde analytique soit pris à témoin.

Quel rôle une sorte d'inconscient collectif analytique fait-il jouer au seul héros vraiment controversé ? Et non admis, exclu ou répudié. Un rôle ambigu mais somme toute rassurant. Celui du méchant garçon gentil dans le fond. De l'exemple à ne pas suivre. Du pécheur repenti, mais qui a mal tourné quand même. Encore que cela n'ait pas été de sa faute.

Il joue le rôle de compas à mesurer l'ampleur des écarts permis et par là il témoigne de leur possibilité. Il apporte un brin de poésie. Est-ce donc que le besoin s'en fait sentir ?

Mais, en fait, il est plus encore. Une sorte de pierre de touche. Il est troublant de constater que la réaction à l'évocation de Ferenczi divise le monde analytique en deux catégories. Ceux qui sont tranquilles et ceux qui le sont moins. Ces derniers sont une minorité. Il est bien entendu que l'analyse ne manque pas de citoyens inquiets. Qui s'inquiètent de l'organisation de la profession, de sa politique, de sa police. Mais ils sont tranquilles quant au fond de l'affaire ! « Elle est saine » — comme on dit dans les affaires précisément. Et pour ceux-là, aujourd'hui, Ferenczi est un pionnier fort admirable et bien respectable qui a eu quelques démêlés — paraît-il — avec les autorités de l'époque, mais cela ne regarde que les intéressés, comme on dit. De toute façon, il n'y a plus à y revenir, l'affaire est classée depuis longtemps.

Pour les autres, la minorité, Ferenczi reste étrangement présent, actuel, et la courbe de son destin leur pose sa troublante question. Car ils savent ou pressentent qu'avec Ferenczi il est question du fond même des choses de l'analyse, ce fond qu'il est difficile de ne pas scruter à s'en donner le vertige.

Ce à quoi prétend ce volume vaut ce que valent ses prétentions, mais Ferenczi y a sa place. Il suffit de consulter le sommaire. Et nous avons dans l'analyse une notion particulière du hasard.

En effet, ce n'est pas un hasard si Ferenczi occupe une partie aussi considérable d'un volume consacré à une réunion qui, contrairement aux congrès axés en général sur des travaux limités ou marginaux, s'est proposé comme thème de réflexion les sujets centraux de la psychanalyse, à savoir : la personne et la situation analytique.

Car le versant anecdotique, avec quoi la recherche ou le souvenir de Ferenczi a fini par se confondre, n'est que l'alibi de la vérité et de la réalité des faits. Il a été et il est toujours le personnage central de la psychanalyse. Central au sens où Freud, son inventeur, est en dehors. Ou inversement, si Freud est l'analyse, Ferenczi en est le Moi. En cela il demeure à sa place après son trépas, au-delà de sa disparition physique. À ce titre aussi, il est dans la psychanalyse une fonction constante, méconnue et invisible.

Je suis loin d'être le seul à avoir trébuché sur Ferenczi et à ne m'en être pas relevé. D'autres que moi ont entrepris d'étudier le phénomène de Ferenczi dans l'analyse sans plus de succès. J'ai appris notamment qu'aux États-Unis un auteur avait abouti à des conclusions qui ont été les miennes pendant un temps. À savoir qu'il était impossible de progresser dans cette étude sans avoir les meilleures informations sur la personne de Ferenczi et sur ses relations avec Freud en particulier.

Le troisième volume de la biographie de Freud par Jones est bien fait pour nous donner ce sentiment.

Cependant cet abord paraît quelque peu étonnant à la réflexion, dans une méthode où l'anamnèse joue principalement comme toile de fond, dont le discours du patient fera apparaître les trous. Elle est posée par définition comme devant être lacunaire.

La question technique même de savoir s'il faut ou non avoir une anamnèse vraiment fouillée avant une analyse est loin d'être résolue. De sorte que, conformément à notre méthode, il m'a semblé qu'il fallait se contenter des dires pour autant qu'on en dispose. Entre autres ceux de Freud.

Pour fixer le cadre de l'histoire, il faut se servir du témoignage involontairement apporté par Jones. En effet, pour autant que l'on adopte vis-à-vis de l'analyse une attitude différenciée et totalement exempte de tiédeur, il semble fatal d'aboutir à la limite à cette alternative : faire comme Jones, ou faire comme Ferenczi.

Comme Jones qui a vécu pour faire la biographie de Freud et n'est mort qu'après l'avoir fait paraître. Il a vécu pour parler de son maître. Dans la réalité des faits, il s'est occupé de lui. Comme Ferenczi qui a vécu pour se séparer de son maître, car il a vécu, a parlé avec lui. Dire qu'il en a été l'élève préféré est une interprétation fausse. Il a été en face de lui, le seul. De cela les preuves, pour autant qu'il puisse s'agir de preuves en analyse, seront données.

Le troisième volume de la biographie est le témoignage de l'amertume, tournée en résignation, de la rivalité tournée en acceptation du rival ; de la lutte de Jones contre ses rivaux dans l'affection de Freud — Ferenczi principalement.

Il peut être opportun ici de souligner qu'à part Freud qui attachait aux publications une importance capitale, c'est probablement Ferenczi qui, avec Jones, s'en est à l'origine préoccupé le plus. Je ne parle pas ici de Rank car j'ai en vue un texte important où se trouvent rassemblés le thème des publications et celui de la présidence de l'Association internationale. Car là encore l'histoire de l'analyse nous apprend que très significativement Freud ne l'a jamais occupée et qu'en fait la question de la présidence a toujours été une question brûlante entre Ferenczi et Jones. Tous les autres noms qui ont pu être évoqués (ou ceux qui, en fait, ont assuré la présidence) n'ont été en vérité que des intérimaires (sauf Jung). Intérimaire, en fait, comme Abraham de 1914 à 1918, parce qu'on ne le discutait pas. *Integer vitae scelerisque purus.* Ou Eitingon, un pur aussi, un dévoué. Or, c'est Ferenczi qui a été le créateur de l'Association internationale et, si la présidence de l'Association par Ferenczi a été une question brûlante, il ne l'a en fait jamais occupée. Par contre, Jones l'a occupée plus longtemps que quiconque.

Le texte dont je fais état est l'éditorial du premier numéro de l'*International Journal*. En effet, le n° 1 du premier volume commence par une lettre ouverte de Ferenczi datée d'octobre 1919 à Budapest. Courte lettre dont j'extrais la dernière phrase à laquelle le reste sert d'introduction. En effet, après avoir annoncé le projet de création d'un organe officiel de l'Association en anglais et constaté l'importance prise par le public de langue anglaise, il écrit :

« J'ai pour ces raisons demandé à un de nos éditeurs actuels, le Dr E. Jones, qui en vertu de sa position géographique centrale et de sa connaissance de la situation semble la personne la plus adéquate, de se charger de cette tâche, ce qu'il a consenti à faire. Je lui ai également demandé de me remplacer à la présidence de l'Association jusqu'au prochain congrès. (En anglais : *to act for me*, ce qui signifie : je le délègue.) Je laisse entre ses mains, etc. Signé : Ferenczi, président de l'Association psychanalytique internationale. » En effet, il avait été, au congrès de Budapest, élu à la présidence pour ne pas l'occuper.

Le commentaire de Jones ne laisse guère de doute quant à la façon dont il faut comprendre le rôle des personnages. Son insistance à souligner son rôle de nourricier de Freud se manifeste tout au long de son ouvrage. Elle apparaît dans un relief particulier dans une situation à trois personnages [1].

« En novembre, j'ai engagé un dentiste américain à braver les rigueurs de Vienne. Il ne payerait que les honoraires modérés de cinq dollars, mais Freud fit ce commentaire qu'il était juste qu'il ne paye que moitié prix car il n'était qu'à moitié américain : l'autre moitié était juive hongroise. En mars, je lui envoyais un Anglais qui payait une guinée. Freud me dit que, sans ces patients, il n'aurait pas pu joindre les deux bouts. Et il demanda à Ferenczi : " Que me serait-il arrivé si Jones n'avait pas été capable de m'envoyer des patients ? " »

Et que faisait pendant ce temps le Juif hongrois à part entière, celui qui donc ne peut rien payer, c'est-à-dire Ferenczi ?

La réponse de Jones est nette, je la condense : il se conduisait comme un enfant. Il s'était fait élire président de l'Association. On avait l'impression que le centre de gravité de l'analyse en Europe allait se déplacer à Budapest. Il ne savait guère se tenir. Il embrassait Freud et Jones sur les deux joues. Mais la vérité allait éclater. Tous ces Juifs hongrois — Rado, Roheim et Ferenczi — conduits par ce dernier allaient foncer tête baissée dans la collaboration avec les bolcheviques, dont cependant Freud a dit à Jones ce qu'il en pensait, et recevoir des titres de profes-

---

1. Cf. E. Jones, *La vie et l'œuvre de Sigmund Freud*, t. III, p. 4, P.U.F. *(N.d.É.)*

seurs avec ce résultat que, lors de la vague d'antisé-
mitisme qui succéda, le glorieux Ferenczi ne pouvait
même plus sortir de chez lui. On dirait presque :
c'est bien fait !

Quant à la présidence de l'Association qu'il a bien
dû céder, il l'a toujours regrettée et en a toujours
voulu à Jones de la lui avoir ravie. Enfin, dans la
suite de l'œuvre, il apparaît clairement que Jones
considère Ferenczi comme l'âme damnée de Freud,
mais qu'un jour la lumière se fera et justice sera
faite. Lui, Jones, nourrira envers et contre tout. Il
faut reconnaître que son grand mérite est de l'avoir
effectivement fait.

Une autre source de documents aussi féconds est à
rechercher dans les nécrologies écrites par Freud.

Freud a écrit les nécrologies de Putnam, Breuer,
Tausk, Abraham, Lou Andreas-Salomé et Ferenczi.
Trois doivent être étudiées comparativement : Abra-
ham, Tausk et Ferenczi.

Quelque juste réticence que l'on ait à l'endroit de
l'analyse littéraire, on garde, je pense, vis-à-vis des
textes écrits le droit d'interpréter.

Après le suicide de Tausk, Freud, écrivant le récit
d'une vie tourmentée d'un homme riche en dons et
en talent, conclut : « In der Geschichte der Psychoa-
nalyse und ihrer *ersten Kämpfe* ist ihm ein ehrenvolles
Andenken sicher. » (Dans l'histoire de la psychanalyse et dans ses *premiers combats* un souvenir d'honneur lui est assuré.)

Pour Tausk un souvenir d'honneur dans l'histoire,
en relation avec les premiers combats. Un peu à la
façon des pantalons rouges de 1914.

Pour Abraham, il n'est pas fait mention de l'histoire. C'est un événement difficile à historiser de l'intérieur comme les affaires de famille. Abraham est un jeune collègue qui meurt, une partie de l'avenir amputé. C'est la mort de l'enfant. D'un enfant aimé et méritant. Dans le texte : « Pardonnez-moi — *das Ich keinen weiteren Versuch mache, schwer Sagbarem Ausdruck su geben* — de ne pas tenter davantage d'exprimer ce qui se dit à peine. »

Ce qui ne se dit pas. Le mot *Geschichte* — histoire — est absent dans tout le texte. Par contre : « *Nur noch ein Name* neben seinem genannt werden konnte. » (*Un seul nom* pourrait être nommé à côté du sien, si grande était sa valeur.)

Lequel ? Celui de Ferenczi. Une connaissance élémentaire du mouvement permet de répondre à la question.

Avant la nécrologie de Ferenczi, une lettre de félicitations pour son cinquantième anniversaire est à considérer. Nous y trouvons, d'abord, une remarque fort appréciative de son effort sous le régime bolchevique et mention du fait que les étudiants s'écrasaient pour l'écouter. Cela contredit l'esprit de l'appréciation de Jones. Mais il s'y trouve surtout une mention qu'il n'a jamais faite par écrit pour aucun de ses contemporains : après avoir été élève, le voilà maintenant lui-même devenu un maître. Pour nous, cependant, le point le plus important à remarquer est le troisième. Ferenczi a eu un fort « Bruderkomplex ». Un complexe de frère. L'analyse qu'il a faite (avec Freud) lui a permis de devenir « ein tadelloser älterer Bruder, ein gütiger Erzieher ». Un frère aîné, sans reproches, un bon éducateur. La mention de Bruderkomplex ne saurait trop retenir lorsque l'on sait le rôle joué dans la névrose freudienne par le même Bruderkomplex, en l'espèce ses relations à son frère aîné.

Peu après cet anniversaire, Freud en souhaite un autre, celui de Jones, auquel il décerne ce qui doit répondre à l'attente de ce dernier, c'est-à-dire une série de bons points et une mention au tableau d'honneur.

Ces notes préalables permettent d'aborder l'examen de la nécrologie de Ferenczi écrite par Freud, en mai 1933.

Cette nécrologie constitue un morceau intrigant et non négligeable de la littérature freudienne. Dans son ton, elle ne ressemble guère au ton de l'éloge funèbre. Contrairement à l'hommage rendu à Abraham, il ne s'y exprime pas de regrets.

Ces pages commencent par une histoire. Un sultan demande à deux devins de lui faire son horoscope. Le premier lui annonce : « Heureux Maître, il est écrit dans les étoiles que tu verras mourir toute ta parenté. » Il est exécuté. Le deuxième lui annonce : « Heureux Maître, il est écrit dans les étoiles que tu survivras à toute ta parenté. » Il obtient une récompense.

Relatant leur séjour aux États-Unis, Freud extrait l'épisode où, se promenant dans l'Université, il demandait à Ferenczi de lui suggérer un sujet de conférence. Ce dernier lui fit le canevas de ce sur quoi Freud improvisa, une demi-heure plus tard. Bien des thèmes évoqués lors des vacances d'automne, qu'ils passèrent ensemble en Italie plusieurs années de suite, sont entrés dans la littérature « unter seinem oder meinem Namen » (sous son nom ou le mien).

Puis, ce passage hautement significatif. « Notre sentiment de *sicheren Zusammengehörigkeit* » (intraduisible : littéralement notre sentiment assuré d'appartenir ensemble — mot étrange en vérité qui implique ensemble et l'un à l'autre) « ne fut pas troublé lorsque, hélas ! tard dans la vie, il s'unit à la femme remarquable qui, aujourd'hui veuve, porte son deuil ».

L'évocation de la rupture possible du lien d'appartenance mutuelle lorsqu'une femme surgit ne peut nous laisser insensible. Surtout lorsqu'elle arrive dans un éloge funèbre, écrit par Freud. La veuve de Ferenczi est la seule veuve mentionnée dans un article nécrologique d'ailleurs.

Je laisserai pour la suite l'examen de l'opinion de Freud sur ce qu'il considère comme étant la principale contribution de Ferenczi, pour passer à la dernière phrase de l'éloge : « Es ist nicht glaublich, das die Geschichte unserer Wissenschaft seiner vergessen wird. » « Il n'est pas croyable que l'histoire de notre science oubliera jamais le sien » — c'est-à-dire celui qui appartient à cette histoire même. À nouveau, le mot Geschichte est présent, mais là, dans un contexte clair. Ce n'est pas la science qui n'oubliera pas les siens, comme la Patrie, c'est l'histoire de la science.

Je hasarderai une opinion et dirai que Ferenczi est

cette histoire. Qu'aussi bien elle l'a bel et bien oublié, mais qu'elle n'a jamais arrêté de *le* revivre.

De l'éloge lui-même, il est possible de retirer l'impression insolite que l'on peut trouver dans la relation de Freud avec Arthur Schnitzler. Mais si avec ce dernier les choses sont restées à l'état de pressentiment, avec Ferenczi il semble bien qu'elles aient été vécues jusqu'à leur aboutissement mortel. Quelque chose qui pourrait s'exprimer ainsi : « J'ai eu avec Ferenczi une relation pas ordinaire, il fallait bien que l'un des deux meure et, finalement, je ne peux pas dire que je sois mécontent que ce fût lui. »

L'économie des rapports de Freud et de Ferenczi semble avoir été sans équivalent à ce moment de l'histoire des deux hommes. Et cette réciprocité fermée et sans espoir qui se manifeste encore dans la proposition que Ferenczi, analysé de Freud, fait à ce dernier, lorsqu'il s'offre pour venir à Vienne faire un peu de travail analytique avec Freud qui souffre d'une affection passagère que Ferenczi croit de nature psychosomatique, s'est résolue par l'évanouissement du plus faible. Pour nous, analystes, il peut être permis de dire que ce n'est pas un hasard s'il est mort en 1933 et Freud plus tard, bien que plus âgé et ayant de très bonnes raisons de mourir moins vieux. En dépit de ce que cette phrase semble devoir à M. de La Palisse.

Je continuerai en disant que, si Freud a inventé la psychanalyse, Ferenczi a fait de la psychanalyse. Plus encore, qu'il a fait l'analyse pour autant qu'elle est pulsation vivante. Nous, pour notre part, nous sommes depuis devenus beaucoup plus prudents.

D'autres s'y étant brûlés, leur expérience nous avertit et leur verbalisation nous permet de garder le silence.

Leur expérience nous avertit au sens où l'évocation du traumatisme peut le renouveler. Pour nous, Moi plus solidement accroché à des identifications, son évocation, ne nous surprenant pas *hilflos* (sans ressort), joue à peine le rôle de signal. Nous sommes même si à l'opposé de la *Hilflosigkeit* (*helplessness*) que nous dirigeons tout notre parcours à distance respectueuse des signaux. Cet état d'être averti n'est pas pour peu dans l'oubli où Ferenczi semble être tombé.

Quelque appréhension que l'on ait à s'engager dans le vif de l'étude proposée, il n'est cependant pas possible de l'éviter.

Poser l'identité de Ferenczi avec la psychanalyse, c'est essayer d'exorciser le maléfice de cette identité, tenter de se faire croire un instant que, pour l'avoir dit, il deviendra possible de traiter de Ferenczi sans entraîner toute l'analyse dans la tentative. Certes, à ce moment, la tentation est grande d'exprimer son propre témoignage dans la forme qui lui sied le mieux, la mienne à proprement parler est de faire ici un acte. Acte de présence.

Allant plus loin, je dirai que cette présence devrait être silencieuse, mais là nous retrouvons Ferenczi dans sa technique des séances silencieuses (silence du malade) et, lui emboîtant le pas, nous allons parler pour nous justifier.

Justifier les buts d'abord, puis ce qui tient lieu de méthode. Il est impossible de s'acquitter de cette

tâche simple sans faillir. Nous y faillirons donc. En
effet, ce travail vise à suppléer l'absence d'informations. Or, pour que cet exposé apporte quelque
lumière, il faudrait que nous ayons tous une connaissance égale de l'œuvre dont il sera traité. Ce qui n'a
aucune raison d'être. D'autre part, l'exposé métho-
dique se révèle impraticable, car il doit rendre
compte d'une œuvre construite avec un appareil
conceptuel abracadabrant, invraisemblable, chao-
tique et dont la méthode reste à se chercher elle-
même. Rendre compte du chaos ne se peut que dans
le chaos. Nous avons essayé plusieurs clivages dans
le sujet. Tous sont arbitraires, se recoupent entre
eux, séparent des pans dont l'exposition exige la
reprise de l'ensemble.

Nous ne les présenterons pas ainsi. Pourquoi
alors, au lieu de rester homogène au sujet, n'avoir
pas choisi une méthode hétérogène ? Pourquoi ? en
effet.

*

Nous ne procéderons donc pas dans l'ordre chro-
nologique, nous avons déjà donné ailleurs [1] une
coupe de la bibliographie de ses œuvres.

Parmi ses élèves, Michael Balint, à l'occasion du
quinzième anniversaire de sa mort, en 1948, ramène
le problème au malentendu entre enfants et adultes,
tel que Ferenczi l'incarne dans sa vie et pose *Tha-*

---

1. Séminaire de psychopathologie clinique, année scolaire
1957-1958.

lassa comme son expression intéressante mais oubliée [1]. Nous nous séparons de cet auteur quant au fil directeur qu'il suit, ou plutôt quant à l'interprétation qu'il donne et préférons nous laisser guider par Freud dans notre tentative d'appréciation.

À lire l'éloge dont nous avons déjà cité des extraits, aucun doute ne semble permis. L'œuvre capitale est *Thalassa*. « Seine glänzendste, gedankenreichste Leistung » (son œuvre la plus brillante, la plus riche par sa pensée). « Vielleicht die kühnste Aufwendung der Analyse » (peut-être l'explication la plus osée, la plus courageuse de l'analyse qui ait jamais été tentée). À lire *Thalassa*, le lecteur se dit : c'est trop pour une fois, j'en reprendrai la lecture plus tard, remarque Freud qui souligne qu'un jour il y aura sans doute une bio-analyse et que, ce jour, elle devra se reporter à l'œuvre de Ferenczi.

Pour apprécier pleinement la portée de l'appréciation de Freud, il convient de rappeler que *Thalassa* est contemporain de l'*Au-delà du principe du plaisir* — c'est le moment où l'œuvre des deux hommes prend son plein essor vers ce qu'on appellera plus tard des spéculations abstraites. Et le jugement de Freud est de 1933. Il a eu le temps de prendre du recul. De plus, il n'a jamais été un lecteur pusillanime. Or, qu'est *Thalassa* ? En grec, la mer. Si je devais résumer en français *Thalassa*, vous ne pourriez, à aucun moment, comprendre ou savoir s'il est question de la mer *Thalassa* ou de la mère *Meter*.

---

1. S. Ferenczi, *Thalassa, Versuch einer Genitaltheorie*, 1924 ; trad. fr. in *Œuvres complètes*, t. III, 1974, Payot. *(N.d.É.)*

Quelle signification donner à ce qui paraît comme une perpétuelle équivoque, un jeu de mots ? Surtout lorsque le mérite principal de l'œuvre est, selon Freud, de souligner la nature conservative de la pulsion, de reconnaître la valeur des symboles en tant que témoins de corrélations passées. *Thalassa* renvoie à ce que nous pourrions peut-être appeler le signifiant en tant que tel. En vertu de quoi Ferenczi aboutit à la contemplation des corps, purs signifiants dont il verra la vie. Des corps « Versuch einer Genital Theorie », c'est-à-dire *Thalassa* signifie la vie, le désir. L'œuvre est le phallus de son pur signifiant. Jeux de mots. Oui. Mais aussi interprétation. Or, cette interprétation, si même elle est possible, est loin d'être — faut-il s'empresser d'ajouter — la seule envisageable.

Si *Au-delà du principe du plaisir* donne la direction que suit la pensée freudienne, Ferenczi, dans *Thalassa*, entre dans l'épaisseur des fourrés d'où peut-être Freud se dégage et pose sa notion de « catastrophes » :

Catastrophe : émergence des continents.

Catastrophe : menace de dessiccation de la cellule.

Catastrophe : séparation du germen et du soma.

Catastrophe : la nécessité de copuler qui s'ensuit.

Catastrophe : constituée par l'ère glaciaire traduite par la période de latence.

Thalassa par la théorie des catastrophes aboutit à la promotion du trauma qui est un des thèmes centraux de son œuvre et du même coup de cette étude. Mais promotion du trauma en quel sens ?

Peut-être verrons-nous, si nous arrivons à discerner le rôle de *Thalassa* dans l'économie de l'œuvre, que la réponse à cette question n'a pas été apportée. Et toutes les discussions sur les névroses et les psychoses et leurs différences en restent encore imprégnées.

En effet, si la périgenèse que Ferenczi ajoute à l'onto et phylogenèse est une récapitulation, l'histoire de la protection du germen, elle, se construit à partir de l'observation des névroses et des rêves au niveau de l'individu. Les changements de sens symboliques selon Ferenczi s'y révèlent dans une perspective dont il souligne l'analogie avec l'étude philologique qui découvre des fragments d'histoire. Pour Ferenczi, il s'agira d'un « fragment signifiant de l'histoire de l'espèce ».

« Dans la génitalité se trouvent l'expression et peut-être l'abréaction retardée non seulement d'une catastrophe ontogénique, mais phylogénique aussi bien. »

Mais à cette bio-analyse, il faut rendre une élémentaire justice comme le commentaire de Freud nous y invite. Par la même occasion, on est amené à reconsidérer le versant biologisant de l'œuvre de Freud. Il n'a en fait jamais été question pour ces auteurs de décalquer les schémas physiologiques.

Freud n'est pas davantage fautif du fait que les progrès ultérieurs de la physiologie nerveuse aient perfectionné les schémas existants. Il s'agit, en effet, de vues « bio-analytiques ». Même si le langage scientifique de Ferenczi est, selon Balint même, assurément horrifiant à l'oreille du puriste. La physiologie classique a été une physiologie de l'usage,

Ferenczi veut la compléter par une physiologie du plaisir.

Physiologie du plaisir — ou physiologie du désir ? Là est la question. Le point de vue dit économique se place dans la première perspective. Son représentant type, son « exposant » diraient les Anglais, sera Fenichel. Physiologie du désir, si ce couplage a encore un sens, c'est peut-être les travaux de l'école ici représentée qui l'approfondiront un jour. Mais pouvons-nous là parler de physiologie ?

Quoi qu'il en soit, si le sens des symptômes manifestes dans la vie organique est enfoui à une profondeur jusque-là insoupçonnée (Ferenczi est un précurseur de la médecine psychosomatique, un admirateur de Groddeck, qu'il est allé voir pour lui-même), « nous devons, dira-t-il, compléter une science à deux dimensions par une troisième, la biologie des profondeurs ».

« Et en convenant les " symboles " (entre guillemets par l'auteur) — non pas comme une expression fortuite ou sportive de l'activité fantasmatique, mais plutôt comme des traces historiquement signifiantes de situations biologiques " réprimées ", nous arriverons à une conception nouvelle et peut-être pas totalement erronée de la génitalité et de ses manifestations. »

Seulement, chez Ferenczi, le désir empruntera ses caractéristiques à la fois au *Trieb* et à la volition, « un fort vouloir », dira-t-il à l'occasion. Ce qui fait que lorsqu'il se prévaudra (« Je peux me vanter », dit-il) de l'accord de Freud pour estimer que le rôle joué par le désir comme facteur d'évolution rend pour la première fois compréhensible la théorie d'adaptation de Lamarck, il restera loin d'avoir éclairci le débat.

Une définition claire comme celle que Leclaire, avec Lacan, nous proposait récemment est-elle possible ? Laissons cette question sans réponse, mais le besoin d'un repérage ternaire se fait sentir. Au niveau de la génitalité, Ferenczi n'y échappera pas.

« La génitalité elle-même est apparemment une rétrogression à la tendance originale et à sa gratification qui est maintenant obtenue hallucinatoirement, symboliquement et en réalité. Les trois en même temps. »

Et « le membre mâle et sa fonction apparaissent comme les symboles organiques (dirons-nous le *signifiant* ?) de la restauration (partielle cependant) de l'union fœtale avec la mère et en même temps de son prototype géologique, la vie dans la mer ». Dirons-nous du désir ?

Or, en matière de symboles et quant à leur étude, Ferenczi n'était pas un profane. Dès 1912, année marquée par ses travaux sur la suggestion, il étudie la représentation symbolique des principes de plaisir et de réalité dans le mythe d'Œdipe. Le 10 novembre de cette même année, il écrit à Freud une lettre où il traite du rôle du langage dans le symbole et du rôle du symbole dans la sexualité. Il fait cette remarque selon lui fondamentale que le symbole est à envisager *avant et après* le refoulement. Il introduit deux néologismes : Phanérosymbolisme et Cryptosymbolisme. À juger l'exemple donné, on y retrouve une appréhension des effets appelés par Lacan, Métaphorique et Métonymique.

Chez certains Hindous, attiser le feu se dit : ferti-
liser. Les deux baguettes qui servent pour ce faire
s'appellent testicules : Métaphore.

Tous les signifiants renvoient aux organes génitaux ; on s'extasiera sur un bel arbre ou une crevasse
profonde : Métonymie.

*

Tels sont beaucoup trop succinctement conden-
sés les principaux points de repère doctrinaux de
Ferenczi.

Examiner ce que fut sa pratique et la théorie qu'il
échafauda pour la justifier sera maintenant notre
visée.

Nous en indiquons d'emblée la ligne générale. La
promotion particulière du trauma dans sa théorie,
appuyée secondairement sur la position doctrinale
de catastrophes périgénétiques, amène Ferenczi à
l'abandon de la position complexuelle, si difficile à
tenir comme l'histoire l'a prouvé. Elle le mène à une
position explicative fondée sur la notion de traumatogenèse et d'environnement. La catharsis dans son
expression corporelle sera l'aboutissement dans cette
direction.

Quelle conception se fait-il de la traumatogenèse
et quelle place va-t-il lui attribuer ?

Il importe préalablement de noter que toute la
notion du trauma n'est pas aisée à manipuler. Si
Freud a spécifié qu'il s'agissait d'un « seelisches
Trauma », il n'a pas pour autant écarté entièrement
les inconvénients inhérents à l'utilisation d'un terme

d'usage médical (il existe en médecine une spécialité : la traumatologie).

Trauma de l'esprit. Traumatisme psychique, dirons-nous. Mais qu'est-ce qu'un trauma ? Bien qu'ayant développé ou donné au problème une de ses formulations les plus extrêmes — en l'occurrence : une stimulation trop forte dans un temps trop court — Fenichel ne peut pour autant se dispenser de constater que la notion reste très ambiguë.

Or, si en dehors de la médecine traumatologique la notion de trauma n'a pas de sens, elle doit ici être précisée. Le trauma n'a de sens simple qu'au physique. Pour nous la question est : qu'est-ce que la situation traumatique (*traumatische Situation*) ?

Pour y répondre selon que l'on parte de la notion de complexe ou de celle d'environnement, on aboutit à des réponses fort différentes. Cette différence se traduira au niveau de la technique.

Entre ces deux extrêmes, les positions, mixtes, mitigées, intermédiaires, seront en fait innombrables. C'est ainsi, je crois, que toutes les carrières analytiques viennent en un point croiser la trajectoire ferenczienne.

La traumatogenèse de Ferenczi recouvre-t-elle la même notion que la situation traumatique de Freud ?

Prenons-la, telle que Freud l'articule avec l'angoisse, dans : *Inhibition, symptôme et angoisse* [1].

« In beiden Hinsichten, sowohl als automatisches Phänomen wie als rettendes Signal, zeigt sich die

---

1. Citations empruntées aux *Gesammelte Werke*, vol. XIV.

Angst als Produkt der *psychischer Hilflosigkeit* des Saüglings, welche das selbstverständliche Gegenstück seiner biologischen *Hilflosigkeit ist.* » (Comme phénomène automatique et signal sauveur, l'angoisse se montre, de ses deux points de vue, comme un produit de la *helplessness* psychique du nourrisson, qui est la contrepartie bien compréhensible de sa *helplessness* biologique — je traduis *Hilflosigkeit* par *helplessness*.)

Hilflos est celui qui n'est plus en état de se secourir, qui n'est plus en état d'assurer *ses besoins*. Il ne s'agit pas ici de la demande ni du désir, mais du *besoin*.

Je préfère cela à la traduction par incapacité psychique ou impuissance du Moi.

L'angoisse signalera le danger.

Was aber ist eine « Gefahr » ? Mais qu'est-ce qu'un « danger » ? — entre guillemets. Qu'est-ce qui va servir pour former le signal de la « Gefahr Situation » ? de la situation dangereuse ?

Une réponse simple est difficile. Rank l'a tentée. Mais Freud repousse la théorie de Rank car, d'une part, la naissance ne peut avoir aucun contenu psychique, d'autre part il n'y a pas de documents cliniques permettant d'évaluer l'incidence de ce qui survient à ce moment du point de vue psychique. Et, dit Freud, il est peu probable que nous en ayons jamais.

Der eigentliche Kern der « Gefahr » — le vrai noyau du danger — est le moment (et non le fait, comme le traduit l'édition française) où l'analogie de la situation de la naissance réalise la répétition d'une situation dangereuse. Quelle est cette situation ? Celle où les quantités d'excitation atteignent un niveau désagréable, sans pouvoir être contrôlées dans une utilisation psychique et sans trouver de décharge, causant ainsi une non-satisfaction. Non-satisfaction de quoi ? Est-ce encore des besoins ?

La réponse de Rank permet de connaître *la ligne* du rapport entre ce danger (la castration), et les éléments antérieurs de la situation dangereuse.

Car in Sinne Ferenczis — au sens de Ferenczi — l'organe génital remplace (*ersetzt*) maintenant toute la personne de l'individu qui voulait se faire représenter par son organe génital en vue de son retour dans le corps maternel.

C'est la ligne du rapport du besoin au désir. Or « Die Beraubung dieses Gliedes ist so viel wie eine neuerliche Trennung von der Mutter, bedeutet also wiederum, einer unlustvollen Bedürfnisspanung (wie bei der Geburt) hilflos ausgeliefert zu sein. » (Le rapt de ce membre, tout comme une séparation renouvelée d'avec la mère signifie donc à son tour être exposé, livré, *hilflos* [sans possibilité d'être secouru] à un accroissement déplaisant de la tension des besoins.)

Quels besoins ? « Ein Spezialisiertes. » Un besoin spécialisé. « Das der Genitalen Libido. » Celui de la libido génitale.

La libido génitale aurait-elle des besoins ? Les besoins sont spécifiés par un objet électif — le sucre pour l'hypoglycémie, l'eau pour la déshydratation, etc. Leclaire nous l'a rappelé. La libido génitale dont les objets sont la mère, le père, la sœur, la pantoufle, la perruque, le canard, la chèvre ou les franges des replis du péritoine des petites filles qui portent des rubans roses dans les cheveux, peut-elle avoir des besoins ?

Nous sommes dans un profond embarras. D'autant plus que « Die Gefahr des psychischen Hilflosigkeit past zur Lebenzeit der unreife Ichs ». (Le danger de cet état de ne pouvoir satisfaire ses besoins correspond à chaque âge du Moi immaturé.)

Avec les besoins, nous sommes dans l'ordre du mesurable, les méthodes quantitatives seront de mise et justifieront strictement l'abord économique, même si l'appréciation quantitative reste vague.

Or, si l'assertion selon laquelle l'angoisse s'installe par un processus économique mérite, écrit Freud, à peine d'être signalée et s'il annule ainsi complètement une formulation antérieure, car maintenant, dit-il, nous sommes affranchis de cette servitude économique ayant posé l'angoisse comme un signal intentionnel du Moi, il estime néanmoins que ce sont des relations quantitatives qui décideront si les névroses infantiles auront ou non une suite.

Que sera donc la situation dangereuse, réitère Freud. « Was ist der Kern, die Bedeutung der Gefahrsituation ? » Son noyau, sa signification, c'est la menace de notre *Hilflosigkeit* vis-à-vis du danger. Face au danger réel, *Hilflosigkeit* matérielle ; vis-à-vis du danger pulsionnel « Triebgefahr » : une *Hilflosigkeit* psychique. Notre jugement sera guidé par nos expériences antérieures. Que nous nous trompions ne change rien au résultat.

« Heissen wir eine solche erlebte Situation von

Hilflosigkeit eine traumatische. » (Appelons une pareille situation, vécue comme impossibilité d'être secouru, situation traumatique.)

Ce qui lui permettra, quelques pages plus loin, de dire dans *Angst, Schmerz und Trauer* [1] : « Die Situation in der er die Mutter vermist ist infolge seines Misverständnisses für ihn keine gefahrsituation, sondern eine traumatische oder richtiger sie ist eine traumatische wenn er in diesem Moment eine Bedürfnis verspürt, das die Mutter befriedigen soll. Sie wandelt sich zur Gefahrsituation wenn dies Bedürfnis nicht aktuell ist. »

([Pour le nourrisson :] La situation où la mère lui manque est, en raison de l'erreur de compréhension qu'il fait, pour lui non pas une situation dangereuse, mais une situation traumatique, ou plus exactement elle est traumatique si à ce moment il ressent un besoin que sa mère doit apaiser. Elle se change en situation dangereuse quand le besoin n'est pas actuel.)

Seulement, pourquoi Freud a-t-il fait reposer sa théorie sur une réfutation des théories de Rank ? Si la question centrale reste de savoir de quoi le nourrisson se souvient, pourquoi faut-il que Freud nous dise que, vu le peu de chances qu'il y a d'avoir sur ce point des documents, on peut en attendant négliger cet aspect des choses ?

En l'occurrence, la direction générale de la doctrine freudienne ne sera pas affectée par les sinuosi-

---

1. « Angoisse, douleur et deuil », titre de l'*Addendum C* de *Inhibition, symptôme et angoisse. (N.d.É.)*

tés de son cours. Il faut cependant noter que la sûreté des hypothèses de travail peut reposer sur des affirmations dont on peut dire qu'elles restent ouvertes à la discussion.

Dans ce sens un effort, à la sincérité duquel il faut rendre hommage, a été tenté par Phyllis Greenacre [1].

L'analyse des réactions de l'enfant à la contention forcée, telle qu'expérimentalement elle peut être réalisée, ne donne pas de résultats concluants. La contention que réalisent des coutumes populaires chez les Indiens américains Chinooks, allant jusqu'à un littéral laminage de la boîte crânienne, ne semble rien donner de constatable. Pas plus que l'étude faite en 1934, par les Viennoises Lotte Danziger et Liselotte Frankl, en Albanie. Encore qu'un fait mérite d'être relevé dans leurs observations, qui semble ne pas les avoir intéressées davantage. Les enfants albanais sont emmaillotés et abandonnés à l'obscurité dans un recoin de la demeure paysanne, pour n'en être extraits que le soir, lors de la réunion vespérale de la famille ou la veillée. Ces auteurs semblent avoir été bien plus préoccupées par le côté peu hygiénique de la chose que par le fait qu'à cette occasion les nourrissons recevaient leur part d'apostrophes, de caresses, de stimulations, etc., de la constellation familiale. À cette série de travaux sur le nourrisson se rattachent les travaux de Dennis déjà cités par Lacan.

---

1. Phyllis Greenacre, *Trauma, Growth and Personality*, International University Press, 1952, chap. III. Les travaux auxquels il est fait référence ci-dessous sont cités par Phyllis Greenacre dans cet ouvrage. *(N.d.É.)*

Autrement féconds en résultats, même si leur critique reste à faire, sont les travaux concernant la prédisposition à l'anxiété. Ceux que la question intéresse pourront se reporter aux tableaux dressés par Halverson et Shirley. Il semble que les conditions de la grossesse, de l'accouchement, la nature des premiers soins influent d'une manière plus repérable que Freud ne le pensait. Quelle que soit la méfiance que l'on ait à l'égard de l'expérimentation en ces matières, il nous semble difficile d'en rejeter a priori les conclusions, en l'absence d'une critique rigoureuse.

Citant ces résultats, Phyllis Greenacre rappelle que, pour Freud et Ferenczi, la vie post-natale prolonge la vie intra-utérine. Sans vouloir, insiste-t-elle, ramener en les habillant au goût du jour les vues de Rank, elle se demande ce qu'il faut entendre par l'absence de réalité psychologique à cette étape de la vie, compte tenu des travaux qu'elle expose. Nous y ajouterons que si la première des objections de Freud à Rank concernant les impressions visuelles reste intacte, la seconde touchant la possibilité d'apprécier les situations traumatisantes devient moins valable. Même si pour ce qui est des phobies témoins d'une organisation déjà plus poussée la valeur explicative de ces travaux reste nulle.

Quoi qu'il en soit, Ferenczi, suivant son idée des catastrophes, aborde le problème du trauma sous un angle différent. Enjambant l'articulation de l'angoisse avec la situation traumatique, Ferenczi nous fait déboucher droit sur cette dernière, qui ne semble garder des situations décrites par Freud que la *Objektlosigkeit*, « l'absence d'objet ».

Ferenczi, en effet, caractérise tout autrement la situation traumatique. J'étais arrivé à la conclusion que, selon lui, le trauma réalise un moment psychotique au sens de la théorisation habituelle aujourd'hui, lorsque, à une lecture ultérieure, je suis tombé sur une page que j'avais oubliée ou sautée, dans laquelle Ferenczi l'exprime dans ces termes mêmes. Il se produit selon lui un éclatement — Ferenczi pousse l'image de l'éclatement jusqu'à la fragmentation et même l'atomisation. Cet éclatement n'a plus rien de la perspective fixée par Freud, du clivage de l'ego dans le processus de défense, pas plus qu'il ne correspond aux caractères de la *Hilflosigkeit* telle que Freud la décrit.

Cette image de l'effritement du Moi bénéficia ultérieurement d'une plus grande fortune dans la théorie des psychoses, telle qu'elle s'est faite corrélativement à celle des frustrations précoces. À cette étape de la théorisation correspond un traitement des psychoses par une méthode d'inspiration analytique, mais utilisée dans une perspective fondamentalement différente de l'analyse, laissant quant au fond intacte l'opinion de Freud concernant l'inaccessibilité des psychoses par l'analyse.

Pareillement, le traitement de la névrose traumatique à ses débuts ne sera non plus une psychanalyse, mais un traitement dont l'analogie avec les traitements des psychoses de cette étape récente est certaine.

Cette orientation constitue par rapport à l'abord

complexuel un virage vers une explication environ-
nementale. Si Freud pose l'angoisse comme élément
sine qua non à la compréhension de la formation du
symptôme, Ferenczi pose le trauma comme condition sine qua non de la névrose.

Mais quel trauma ? Un trauma sexuel.

Cette précision correspond en réalité à la « hair-
breadth » — l'épaisseur d'un cheveu — dont parle
Balint à propos des relations de Ferenczi avec Freud,
à la nuance qui l'a malgré tout maintenu dans le
sillage freudien.

Car au niveau de *Principe de relaxation et néocatharsis* [1], il est au point extrême de son éloignement du
freudisme. Je cite trois passages :

« On peut certes penser que les précautions de
l'hystérique, les évitements de l'obsédé s'expliquent
par des formations de fantasmes. Néanmoins, le premier pas vers un développement anormal trouve sa
source dans un trauma psychique réel et un conflit
avec l'environnement. »

« Aucune analyse ne peut être considérée comme
complète si nous n'avons pas réussi à accéder au
matériel traumatique. »

« Il devient clair que c'est plus rarement le résultat d'une hypersensibilité constitutionnelle des
enfants (qui les ferait réagir névrotiquement à des
expériences banales et inévitables) qu'un traitement

---

1. Ce texte qui date de 1929 figure dans le tome IV de
l'édition française des *Œuvres complètes* de Ferenczi, *op. cit.*
(N.d.É.)

inadéquat, inintelligent, capricieux, sans tact, ou effectivement cruel. »

Emporté par son désir de guérir, Ferenczi s'efforce d'obtenir la remontée de l'événement dans le traitement autant de fois qu'il sera nécessaire, jusqu'à ce qu'il ait ce caractère de « feeling of reality and concreteness », ce caractère de réalité concrète.

Or, dans la transe thérapeutique où ces événements dramatiques se reproduisent, le médecin est « the only bridge between the patient and reality » (le seul pont entre le patient et la réalité). Il devient donc l'échantillon de cette réalité et ce à travers quoi — ou celui à travers qui — elle peut être rejointe. Nous connaissons l'opinion de Lacan sur cette façon d'envisager les choses.

Il peut être utile de remarquer que ce n'est pas à partir de la promotion du Moi au centre de la situation que Ferenczi arrive à cette formulation. Bien au contraire, il avait dénoncé la tendance qui faisait de l'ego de l'analyste la mesure de l'ego de son patient donnant à l'analyse son caractère chagrin et endoctrinant.

En effet, nous lisons : « Je m'engageais à la suite de Freud dans l'*ego-analysis*. Or, cette analyse quelque peu unilatérale, où trop peu d'attention était accordée à la *libido* (précédemment considérée toute-puissante), menait à une relation d'instituteur à élève. »

Pour se dégager de cette impasse, il inventa la technique de la « Nachgiebigkeit » — celle de l'indulgence.

Il n'y a pas lieu de faire ici l'inventaire des procé-

dés techniques imaginés par Ferenczi. Ils sont suffisamment connus de tous. De plus, les œuvres de
Ferenczi sont d'une lecture assez attrayante, pour
qu'il n'y ait pas lieu de fournir un guide au lecteur.
Je préférerai, si je le puis, le guider dans la découverte de leur portée.

Principe de relaxation et néocatharsis semble sceller
l'abandon de la notion de complexe, en 1929.

Or, deux ans plus tard, par un de ces retours fou-
droyants que Balint met en évidence dans l'article
consacré à Ferenczi [1] où il souligne ses retraites, son
isolement et ses fulgurantes réapparitions, peu avant
sa mort, en 1931, et juste avant de mourir en 1933,
il fait paraître respectivement *Analyse des enfants dans
l'analyse des adultes*, et *Confusion des langues entre les
adultes et l'enfant*.

Ces articles consacrent la ruine des positions théoriques de *Principe de relaxation et néocatharsis*, et réins-
tallent le complexe dans son rôle central. Phyllis
Greenacre avait remarqué que certains enfants semblent comme spécialement voués et prédisposés à
subir des traumatismes sexuels. La constatation n'est
pas négligeable. Et si dans *Principe de relaxation et
néocatharsis* Ferenczi, malgré ses affirmations, nous
semblait avoir renoncé au complexe, donc aussi à le
résoudre, c'est à une évidence clinique de cet ordre
qu'il obéit lorsqu'il ramène la notion de trauma à
celle de traumatisme de sens sexuel et qu'il souligne
ses deux voies :

1. Cf. M. Balint, « Sándor Ferenczi as a psychoanalyst »,
Internat. four. Psychoanalysis, 1934. *(N.d.É.)*

— le trauma survient au cours d'une activité éro-
tique.

— il est constitué par un forçage prématuré de
sensations génitales.

Sur la lancée où il se trouve, il continuera son
plaidoyer en faveur de la réalité de l'épisode clef, sur
le nombre de séductions sexuelles effectives, d'actes
sexuels consommés entre adultes et enfant — pluriel
et singulier respectivement, cela a son importance
— même, comme il y insiste, dans les meilleures
familles.

Mais surtout et c'est en quoi il réintroduit le
complexe, il s'aperçoit que l'enfant joue un rôle
capital dans l'économie libidinale de l'adulte, lequel
dirigera vers lui des désirs inassouvis dans son commerce avec d'autres adultes. Les parents trouvent
dans leurs relations avec l'enfant des gratifications
d'ordre pathologique, comme on l'entend dire parfois.

Est-ce donc la sensation génitale forcée par une
manipulation dont il va s'agir ? À l'occasion certes
oui, personne ne songera à le nier. Cela posera un
problème de diagnostic concernant l'adulte. Mais
une manœuvre n'est pas le seul forçage possible.

Elle sera forcée par l'évolution libidinale. Au sens
du « Bedürfnis der sexuale Libido ». C'est bien ce
que la notion de complexe nous donne, y compris
son caractère inéluctable. L'adulte réagira en fonction des angoisses ou de la culpabilité qui est exigée
en lui, au moment où l'enfant pourra le moins le
comprendre. C'est la confusion.

Mais, comme aveuglé par la redécouverte du

complexe au bout d'une longue carrière, Ferenczi est pris dans cette image de l'enfant qu'il doit retrouver dans son patient. Et on peut dire que sa quête ne s'arrêtera pas tant qu'elle ne sera pas satisfaite. Son désir de guérir se confondra alors avec le désir de retrouver cet enfant. Sur le plan de la pratique, cela se traduira par le soin accru qu'il accordera à sa nouvelle technique. Elle succéda à la technique active et ses aléas, et le fit, contrairement à la précédente, fort significativement tomber sous le coup de l'accusation d'avoir abandonné l'analyse.

Comment rendre compte du cours, en apparence zigzagant, de sa destinée ?

Freud propose une explication : le désir de guérir, résultat d'un drainage imparfait de ses sources affectives. Qui était censé les drainer ? Son analyste, Freud.

Son désir de guérir a conditionné son expérience pratique. Sa pratique l'a mené à des recherches techniques. Sa théorie en est la justification.

Était-ce accidentel au sens de regrettable ? Était-ce évitable ? D'autres semblent l'avoir évité. Mais n'ont-ils pas évité du même coup ce qui n'est peut-être pas évitable dans l'analyse : son malentendu ? C'est-à-dire le cœur même de l'expérience vécue qu'elle constitue.

C'est le dernier thème qu'il nous faut aborder. Ferenczi a avancé des propositions, les a retirées, il s'est dédit, puis il a démenti ses dénégations, pour démentir le démenti ; mais à travers toutes ces affirmations contraires, l'on peut discerner et formuler ainsi son sentiment : « J'ai eu tort de dire ce que j'ai dit. Mais ce que j'ai dit, peut-être mal dit, n'est pas faux pour autant. »

« Le succès de ce que j'ai pu dire ne m'est pas nécessairement très agréable. C'est plutôt le contraire qui serait vrai. »

Je reprendrai à mon compte cette dernière proposition. Je ne sais si mes conclusions plairont, mais je ne suis pas sûr d'être en accord avec le genre d'accueil favorable qu'elles pourraient recevoir.

Je considère le mouvement analytique dans le monde et l'expérience qu'il a constituée. Je mets à part Freud et son rôle de guide. Il indique la direction, il remet un ordre de marche, une feuille de route. Même si, dans l'épaisseur de l'action, elle ne peut pas être aisément suivie. L'indication est-elle fausse pour autant ou insuivable ? En principe non, mais est-ce que l'on ne sent pas, à lire Freud, comme une sorte de colère à l'endroit de sa propre création ?

Au reste, la feuille de route est-elle au moment où elle est donnée telle quelle facile à lire ou susceptible d'être suivie sans précisément faire des crochets ?

La tendance réaliste, elle existe chez Freud. Les écueils auxquels peuvent mener les approches quantitatives, il y a lui-même donné. Il y en a des traces dans sa théorie de l'angoisse. Sa critique de Rank repose en partie sur une hypothèse et il faut tenir compte de documents nouveaux.

Certes, cela n'affecte pas l'économie de l'ensemble de l'œuvre, mais en tant qu'enseignants, pouvons-nous, avons-nous le droit de présenter la démarche de Freud comme un cours rectiligne ?

Ferenczi incarne tout le cours de l'analyse. Le

terme imposé au traitement ? Freud l'a fait comme Ferenczi, il s'en est repenti. Seul, Rank n'a pas abjuré.

La correction dans la relation analytique même d'accidents anciens, c'est Alexander qui les tente après lui. La notion qui paraît critiquable à certains de la « bonté » de l'analyste, énoncée par Nacht de nos jours ? Elle est en toutes lettres dans Ferenczi. L'analyse, selon Nacht, serait un *bundling* avec le grand méchant loup, dit-on dans une boutade.

Ce n'est pas une boutade. Ferenczi l'a fait dans ses séances de silence plus particulièrement. Le patient, dit-il, doit oublier la « troisième personne ». Est-il possible dans de pareilles conditions de parler d'une orientation voire de déviations spécifiquement contemporaines dans l'analyse ? Pour ma part, je ne le crois pas. Les formes se renouvellent peut-être, le fond demeure inchangé.

Et si Lacan nous dit : que jamais un patient ne se met à vagir vraiment sur le divan, d'outre-tombe Ferenczi lui réplique — en italiques — que pour qu'une analyse en soit vraiment une, il faut que le patient se montre ce qu'à ce moment il peut devenir : *indeed a child. Er ist wirklich ein Kind.* Toute l'équivoque du mot *wirklich* se retrouve. Est-ce réellement ou vraiment ? Est-ce que la confusion est évitable dans la pratique ? La question demeure.

Ferenczi a fait, dirons-nous aujourd'hui, toutes les erreurs. À commencer peut-être par l'organisation de l'Internationale dont il a proposé les statuts au congrès de Nuremberg, en 1911. Il a inventé les techniques les plus effarantes. Mais il a aussi réfléchi aux rapports entre l'esprit et les machines mathématiques. Mathématiques = instinct, a-t-il écrit, et encore Mathématiques supérieures = symbolisme.

Cet homme inaugurait ses relations avec Freud, en 1908, par les mots : « J'expose votre méthode. » En 1929, il parlait des droits que lui donnait sa position de maître et d'élève. En 1932, il espérait se faire élire à la présidence de l'Internationale. Freud a dit de lui : « La Hongrie n'a donné à l'analyse qu'un adepte, mais qui fait le poids de toute une société. » Le professeur Saro, que j'ai questionné, m'en a dit ces simples mots : « C'était un homme fraternel. » Toujours les mêmes mots. Jones l'a salué à sa mort par ces paroles de regret : « On n'en verra plus de pareil. » Qu'est-ce à dire ? Qu'il est mort et enterré. Et qu'il ne ressuscitera pas. Est-ce tellement sûr ? Est-il vrai qu'il ne sommeille pas en tout un chacun ?

Il s'est préoccupé de technique et a parlé du tact. Nous clouons au pilori ceux qui parlent de flair de l'analyste. Il en a parlé en 1927 pour le démystifier. Y est-il parvenu ? Que le lecteur juge. Il a proposé la notion d'élasticité de la technique. Sous le nom de *flexibility* nous la retrouvons dans les écrits contemporains.

Pourquoi cette flexibilité ? Il a tenté de répondre à cette question. Ayant constaté que pas une seule fois il n'avait pu mener une analyse, sans être amené (comment et pourquoi, la question est là) à violer une des règles techniques dictées par Freud, il a été soudain frappé par une révélation. Freud avait donné ces règles pour éviter les pires erreurs aux débutants. Quels débutants ? Ceux d'avant l'époque où l'analyse didactique est devenue une condition absolue, avant qu'elle ne soit devenue un instrument de formation d'une sûreté absolue.

Tout l'édifice technique ferenczien se noue dans l'ultima ratio de l'analyse des analystes. Nous avons maintenant un nouveau recul de trente ans. L'expérience a-t-elle été convaincante ? Trente ans d'application d'une méthode marquée par son inévitable malentendu ont-ils tellement éclairci les choses ?

Et si, aujourd'hui, on parle à nouveau de la bonté de l'analyste, est-ce tellement nouveau qu'il faille s'en étonner ? Ferenczi n'écrivait-il pas que toute la méthode semble tellement « inamicale » ?

Il considérait que l'analyse est une rééducation. Que, par conséquent, autant il y aura de pupilles, autant il y aura de variantes. Certes, Freud a posé l'unité de la technique. Mais c'était tant qu'on ne disposait pas du pur cristal de l'analyse didactique qui fait tout apparaître sans erreur.

Nous laisserons de côté un angle sous lequel corrélativement cette étude aurait pu être abordée. Celui de la suggestion. Y trouverions-nous de quoi nous éclairer ? Certes, Freud a dit que l'analyse se bornait à fournir au Moi toutes les données du problème, mais qu'après, s'il voulait s'en détourner à nouveau et opter pour la maladie, nous n'y pouvions rien. Et là, comme Nacht aujourd'hui qui conseille de ne pas manquer le moment favorable pour l'arrêt du traitement, de pousser le malade vers la vie, Ferenczi s'est posé la question. « Est-ce que la suggestion (healing — c'est-à-dire l'effort, le désir de guérir) est nécessaire après ou même pendant l'analyse ? »

Car Ferenczi a voulu renforcer le vouloir du patient de guérir. De quoi, ce vouloir du patient, ce désir de l'analyste, ce fort vouloir par quoi il explique la théorie de Lamarck et l'origine de l'homme, est-il la traduction ? Une névrose mal liquidée, dit Freud. Donc il n'a pas satisfait aux standards qu'il a lui-même fixés.

Mais ce désir de guérir le patient dont il est dit qu'il ne faut pas l'avoir, est-il le désir de soulager les maux de l'humanité souffrante dont Freud avait chez lui-même constaté le défaut ? Désir de guérir son patient, est-ce là une formule si heureuse ? Car ce désir est-il cette simple visée thérapeutique qu'il faudrait ne pas avoir ? Est-ce ignorance ou pudeur qui fait passer sous silence le désir de ne pas guérir son patient, voire de l'empêcher de guérir, que toute expérience sérieuse de l'analyse nous montre aussi important que le désir de guérir ?

Ne pas entrer en compétition avec le patient, tel est de nos jours le conseil de Martin Grotjahn. Ferenczi, pour sa part, attirait l'attention sur la situation particulière créée par le fait que les patients étaient de son temps mieux analysés que leur analyste.

Et ce désir de guérir, Freud, dans ses « Observations sur l'amour de transfert », nous montre ce qu'il convient d'en penser.

Il ne me paraît pas tellement heureux, en définitive, de mettre en garde les analystes contre le désir de guérir leur patient. Combien plus prudent et

plus pertinent me semble le conseil de Daniel
Lagache de ne pas chercher trop de satisfactions dans
l'exercice de son métier. Car, enfin, il semble que
nous contribuions à perpétuer le malentendu. Le
conseil de ne pas vouloir guérir est donné par des
analystes pour lesquels, au moment où ils font la
théorie de la psychanalyse, l'analyse didactique est la
principale préoccupation. Ils ne veulent peut-être
pas guérir, mais assurément ils cherchent à former
des élèves. On ne guérira plus que par procuration.
En formant des analystes qui pourront guérir. Guérir au sens de l'analyse, soit. Mais il n'y aura personne pour prétendre qu'au niveau de la formation
des analystes, les formateurs auront été sans désir.
Désir qu'ils se sont efforcés de satisfaire avec passion.

Nous savons par ses contemporains que Ferenczi
était considéré comme un thérapeute hors pair. Le
sauveteur des échecs des autres, le spécialiste des cas
limites. Cela peut nous expliquer un peu ses
recherches techniques et ses observations cliniques
qui semblent souvent être des relations de cas
limites.

Comment cela a-t-il été possible ?

Au fond, est-ce seulement le besoin, la demande,
le désir de son patient au milieu de quoi il ne s'est
pas retrouvé, ou sa propre question posée à son
malade qui l'a égaré ? Mais cela, à la lueur de ce qui
est advenu de ses vues optimistes sur l'analyse didactique, n'est-ce pas le fond permanent du malentendu essentiel à l'analyse freudienne ?

Si l'on croit possible d'échapper au malentendu,

non pas de la découverte ni de la visée freudienne, mais de la pratique de la méthode qu'il a léguée, que l'on ne s'y méprenne pas, il s'agira d'une néo-psychanalyse ou d'une analyse méta-freudienne au sens où tous les chercheurs d'envergure ont cherché sans y parvenir à parachever la découverte de Freud.

Entre la doctrine, la théorie et la pratique, surgit fatalement cette relation de confusion qui existe entre la théorie freudienne et la pratique contemporaine de l'analyse. Ferenczi l'a appelée confusion, il l'a appelée hypocrisie. Il l'a vue dans les rapports entre les adultes et l'enfant parce qu'il a eu ce sentiment dans sa pratique. Donc, il ne faut en général pas répondre. Qui en est capable ? Ni Ferenczi, ni Freud, en fait ; ses observations nous le montrent. Et si peu qu'on réponde que fait-on ?

Ferenczi a invité les analystes de demain, donc d'aujourd'hui, à risquer dans leurs analyses de devenir hystériques pour un temps, car il est possible d'en guérir. Peut-être est-ce obsédés qu'ils sont devenus et ils n'en ont pas guéri.

Des gens non analysés, donc pas malades peut-être, n'ont pas guéri certains patients. Depuis, ceux qui selon la formule de Lacan doivent avoir la guérison comme bénéfice de surcroît, dont on sait à quel point le Destin est avare, c'est-à-dire des malades, guérissent paraît-il d'autres malades.

Oui ou non ? Que ceux qui croient pouvoir répondre le fassent. Dans ces lignes, j'ai essayé de reprendre contre Ferenczi le reproche de Freud. Je l'ai formulé comme lui ; il a échoué parce qu'il était un homme.

J'ai essayé aussi de faire parler les esprits et j'ai échoué. Cet échec est, selon moi, l'échec de la psychanalyse.

Pour conclure, je justifierai ici le reproche d'être parfois allusif dans mes exposés. Aussi bien j'achèverai, sans m'en expliquer, cette trop brève étude par un fragment de l'œuvre de Ferenczi.

Il s'appelle : *Sur les rêves que l'on peut diriger.* (Il s'agit de ces rêves qui occupent entre le fantasme et les rêves ordinaires une place particulière.)

Un homme qui a, selon l'expression courante, progressé dans l'échelle sociale rêve qu'il est dans une brillante réunion mondaine. Soudain son père entre, minablement habillé. Honte et confusion.

Non ! se dit-il, il faut changer cela.

Et il rêve : il est dans une brillante réunion mondaine. Son père entre, *vêtu somptueusement.*

Les enjeux et les conséquences *

Le travail fait en France sur Ferenczi n'a, je pense, pas d'égal dans le monde, où que ce soit, et ce depuis la parution de la *Correspondance* [1], comme auparavant déjà. Pour s'en convaincre, il suffit de lire certains travaux du Coq Héron [2]. Le travail fait est simplement gigantesque, et d'un mérite, à mon avis, inégalable. En tout cas, depuis les communications faites pour ce colloque [3], je suis sûr que sur l'ensemble de la question on pourrait faire le tour du

* *Paru dans la revue* Études freudiennes, *n° 34, 1993. Communication orale dont le texte a été établi par la rédaction de la revue.*

1. La correspondance entre Freud et Ferenczi a été publiée en français par les Éditions Calmann-Lévy (trois volumes). *(N.d.É.)*

2. *Le Coq Héron*, avant de devenir une revue, fut le bulletin d'un groupe d'études du Centre Étienne Marcel à Paris. Animé par Judith Dupont, nièce de Michael Balint, *Le Coq Héron* a consacré plusieurs de ses numéros à l'histoire de la psychanalyse hongroise, à ce qu'on a pu appeler l'école de Budapest et plus particulièrement à la figure de Ferenczi. *(N.d.É.)*

3. Colloque des « Journées Études freudiennes », Freud-Ferenczi (26-27 septembre 1992). *(N.d.É.)*

monde des sociétés psychanalytiques sans rien trouver de semblable.

Cela étant, je me trouve amené à parler après
qu'énormément de personnes se sont prononcées sur
un sujet qui, comme tout autre, n'est pas inépuisable. De sorte que je suis très tenté de dire que je
vais en avoir pour cinq minutes, n'ayant plus rien à
dire.

Quoi dire, sans véritablement répéter ? En particulier, je pensais devoir prendre des gants pour dire
quelque chose qu'Allouch a dit ce matin, d'une
manière différente, mais splendide à mon avis, à
savoir que dans cette *Correspondance* je n'avais rien
appris. Je n'avais rien appris, sauf ce que je ne savais
pas y apprendre, bien sûr, en tout cas à la première
lecture, avant que ne se passent certaines choses
dont je tenterai de témoigner.

Dans les très remarquables communications d'hier
et de ce matin, qu'ai-je appris ? J'ai assurément tous
les défauts, c'est connu, sauf un : on ne m'a jamais
dit que j'étais grossier ou discourtois. Que les
auteurs des communications que j'ai entendues ne
prennent pas donc en mauvaise part un propos qui
ne les vise pas et qui ne les concerne pas. J'ai été saisi
par quelque chose dont, semble-t-il, seul Jean-
Jacques Moscovitz fait état, à savoir la question de
l'inadéquation entre notre mode de travailler cette
sorte de problématique ou de question, et son
essence. Nous avons, nous — « nous » ce n'est pas
« je », « je » va venir —, fait institution ; j'en
entends un écho dans le propos d'Allouch s'adressant à un groupe assez nombreux pour faire institu-

tion. Et dans cette institution, je dirais que nous avons fait jury, jury à la façon dont les lacaniens entendaient la chose ou l'entendent toujours. Or, pour me servir d'une heureuse trouvaille de Jean-Jacques Moscovitz, dans un écrit, il est vrai, plus ancien et remontant à 1984 ou 1986, il y a là, comme dans la transmission, une situation où l'institution confisque quelque chose.

Cela confisque, et « S.F.-S.F. », Sigmund Freud — l'autre « S.F. » étant dans l'ordre inverse, « F.S. », Ferenczi Sándor —, « S.F.-S.F. » c'est « je-je » dans la *Correspondance*. Et l'essence en est confisquée dans la communication, dans le discours universitaire. C'est l'acte donné d'un embarras. Je vais donc faire à mon tour de membre du jury — que mes collègues du jury pendant ce temps aillent prendre des rafraîchissements, ou posent leur tête au creux du bras, qu'ils se reposent les oreilles — ce qui me reste à faire, c'est-à-dire que je redirai tout ce qu'ils ont dit, tout ce qui a été dit, le juif, la langue, le féminin, le transfert, mais à ma manière, c'est-à-dire moins savante. Et puis *je* parlerai, c'est-à-dire que je dirai « je ». Vous me direz que vous ne venez pas écouter mes états d'âme. Encore que, depuis ce matin, je sois un petit peu moins timide sur cette question : nous avons entendu Conrad, nous avons entendu Allouch [1]. Seulement, j'avais oublié les conséquences, j'avais oublié d'ajouter la suite, parce que les conséquences ou les suites, c'est aujourd'hui. « Je » suis une conséquence, et les suites jouent en moi. L'actualité

1. Conrad Stein, Jean Allouch. *(N.d.É.)*

de Ferenczi, c'est, pour moi aussi, en temps réel, et j'ai découvert, redécouvert, l'effet du temps. Le temps pour comprendre, pour entendre aussi. Mais enfin il faut que, tout à fait modestement, je fasse d'abord le travail institutionnel.

Je dis travail institutionnel, d'autant plus qu'une partie des notes que j'ai ici ont été constituées avant même que la *Correspondance* ne paraisse.

Alors, est-ce parce que Jones et Jung étaient des gentils, des « goys » comme disaient les deux S.F., et que le second, malgré les excuses qu'on a pu lui trouver ou les alibis qu'on lui a peut-être inventés, a fait faux bond... est-ce parce que le second s'est commis avec l'Allemagne nazie et que le premier, médecin anglais, a fait de Freud un portrait que depuis lors on n'arrête pas de retoucher, de commenter, dont on n'arrête pas de corriger les contours... est-ce parce qu'on leur a fait à eux — les deux « goys » — cette place-là, au fond, à part... qu'il faut ranger tous les juifs dans le même compartiment ? Pour illustrer le fait qu'il ne faut pas les ranger dans le même compartiment, je vais avec frivolité passer par la voie des anecdotes, des *practical jokes*, n'est-ce pas. Il s'agit d'histoires juives, bien sûr. La première, c'est une histoire, je dirais, judéo-freudienne. Elle exprime ce qui pouvait agiter les communautés dont Freud émanait.

C'est celle que vous connaissez : « Pourquoi me dis-tu que tu vas à Varsovie, alors que tu vas à Varsovie ? Est-ce pour que je pense que si tu me dis que tu vas à Varsovie, c'est pour que je pense que tu ne veux pas que je sache que tu vas à Minsk ? » C'est la plaisanterie connue.

L'autre l'est moins. Ce n'est pas celle des judéo-freudiens. C'est celle des juifs hongrois. Que les Hongrois ici éventuellement m'excusent ou me corrigent. Voilà : À la gare de Poc, Schlomo monte dans le compartiment où se trouve Izzik qui, lui, vient de Miskolc. Le train repart. Cinq minutes passent et Izzik dit à Schlomo : « Comment allez-vous, monsieur Kovacs ? » Réponse étonnée : « D'où savez-vous que je m'appelle Kovacs ? » Réponse : « C'est simple, qui peut à Poc monter dans le train et qui a l'air d'un juif ? Il y a les mendiants, ils ne prennent pas le train. À Poc, comme juif capable de prendre le train, il y a Moshe, le cabaretier qui ne quitte jamais sa taverne, et Sender Srul le marchand. Donc c'est Srul. Et si c'est Srul, aujourd'hui il s'appelle Kovacs. Donc je dis bonjour monsieur Kovacs. »

Je veux par là indiquer plus d'une chose, mais en premier lieu celle-ci. Si pour tous ces juifs, l'allemand, la langue d'usage en Autriche-Hongrie, à Vienne, était celle des publications, c'était la forme supposée parfaite d'une langue dont leur famille dans le passé a pratiqué une version supposée abâtardie, mineure, par eux-mêmes appelée jargon. Bref, une langue, l'allemand, élégante et belle alors que leurs pères jargonnaient. C'était donc pour eux l'accession à la pratique accomplie, brillante dans le cas du judéo-freudien. En revanche, la pratique du hongrois, elle, n'était pas une ascension, c'était un passage. Un passage vers un monde nouveau, comme pour d'autres le passage à travers l'Atlantique. Car pour prise qu'elle fût dans l'empire des Habsbourg, la Hongrie était et demeurait dans cette Europe centrale un isolat. Un lieu particulier, comme elle l'est encore linguistiquement. Et si un élève de Ferenczi donna à un moment tournant dans les cures un nom vraiment stupéfiant, à savoir celui de « nouveau commencement [1] », je me dis que cette notion d'une logique à vrai dire chancelante a vu le jour parce que la logique d'une renaissance s'est trouvée inscrite par le fondateur de la psychanalyse hongroise, dans sa lignée, sa langue, son œuvre et son destin.

Et cela, à soi seul, si vous en inscrivez l'incidence signifiante en tête de votre réflexion, vous offrira d'emblée le cadre à l'intérieur duquel nous pourrons réfléchir ensemble sur le nœud, la conjoncture critique qui s'organise lorsque dans une discipline comme l'analyse vient surgir, avec un effet d'étrave, la temporalité inhérente à une logique de naissance renouvelée.

À l'analyse freudienne née à Vienne — freudiennement, ce fait est un pivot, inamovible, c'est le centre et l'origine — on pourra penser que les analystes indiens, japonais, etc., pourraient, le cas échéant, apporter des contributions qui latéralement montreraient leur intérêt. Là, en l'occurrence, avec les Hongrois, rien de tel. En 1981, un Hongrois

---

1. *New beginning* : notion introduite par Balint en 1932, l'année où Ferenczi écrit *Confusion des langues*. À propos du *new beginning*, Ferenczi écrit : « Cette idée prend son origine dans *Thalassa* ; Balint a repris les choses là où je suis tombé en panne. » Cf. M. Balint, *Amour primaire et technique psychanalytique*, Éditions Payot, 1972. *(N.d.É.)*

questionne un élève direct de Ferenczi, Imre Hermann. Nous avons cet échange. — Le Hongrois : on
dit aussi que la vraie patrie de l'analyse freudienne,
c'est la Hongrie. — Imre Hermann : c'est en partie
vrai. Au 5ᵉ Congrès organisé à Budapest, Freud
considérait effectivement qu'en Europe le mouvement se déplaçait vers Budapest. — Le même Hongrois : Ferenczi, selon Freud, était un grand patriote
hongrois.

Cela veut dire quoi ? Cela veut dire que Freud,
Viennois anti-Viennois dans la Vienne où éclate une
crise du langage, théorique et pratique, une Vienne
guindée et grincheuse vis-à-vis de l'analyse — que
Freud soutient de l'intérieur de cet Empire allemand —, que Freud salue l'accueil enthousiaste fait
à l'analyse par une intelligentsia de langue non allemande dans une ville entreprenante et gaie, dont le
patriotisme n'a d'autre sens que d'être anti-Habs-
bourg, anti-Allemand, anti ce qui régissait l'espace
où l'analyse avait surgi.

Et la crise du langage dans la Vienne impériale,
justement soulignée dans l'article d'Arpad Ajtony,
sous le titre : « Freud et le progressisme hongrois »,
cette crise où la langue va être considérée comme
devenue inapte à soutenir le sujet dans sa problématique vitale, où Fritz Mautner parle de la philosophie comme suicide de la langue, cette crise est
contemporaine du développement à Budapest d'un
investissement de l'activité, voire d'un activisme
politique et social plein d'espoir. « La Hongrie sera
socialiste ou ne sera pas » : propos d'avant 1914,
bien sûr. Je ne peux m'étendre davantage. Lisez les

livraisons du Coq Héron, de 1982, 1984, 1986. Et enfin allez à Budapest. C'est à deux pas de Vienne, et c'est une autre planète.

Mais retournons aux débuts, au début des débuts, de l'analyse de l'école hongroise, et aux miens aussi.

Balint, élève direct de Ferenczi, meurt à Londres. À sa mémoire, en mars 1991, Harold Stewart prononce un discours où il remarque, notation assez banale, que dans la régression le patient agit ou répète plutôt que de se souvenir ou de se remémorer. Et il ajoute, je le cite — ne faites pas les fines bouches devant cette lourdeur un peu candide qui fait qu'il y a un tel contraste entre la sophistication francophone émanée des subtils raffinements de notre parisianité — « De façon générale, cela s'observe chez des patientes hystériques, avec des analystes masculins ».

De n'être pas marqué par la consigne lacanienne du retour à Freud fait que Stewart ne se trouve pas dans le cas de dire ou de reconnaître qu'il vient de rappeler les circonstances très précises de la naissance de l'analyse. Celle où, avec la *talking cure* dans la filière lacanienne, nous devrons rappeler que c'est l'hystérique, la femme bien entendu, qui a enseigné l'analyse à son découvreur.

Stewart, lui, prend d'emblée un chemin différent, où se trouvera évoqué le risque encouru par le thérapeute. Ferenczi n'hésitait pas à prendre les plus grands risques sur le plan clinique car il acceptait de traiter des cas où d'autres avaient échoué. Chacun ses risques... S.F., l'autre, celui de Vienne, avait pris les siens. Les risques personnels pris à soutenir sa

pensée théorique, son développement et ses conséquences. Ses conséquences sur lui-même notamment ! Psychiques, physiques, sociales, profession-
nelles. Métier à risque, donc.

Et ce risque, pris dans son acception globale, va
creuser un abîme dans la problématique du rapport
de la pratique à la théorie. On en a eu un écho, bien
sûr, dans les communications d'hier. C'est, par-delà
les plus intéressantes, les plus importantes, les plus
méritoires, les plus brillantes, les plus fécondes, que
sais-je encore, considérations sur *das Wesen* de la psychanalyse, son trait majeur et constitutif. Il en fut
ainsi dès ses premiers instants. Quant à la polémique anti-freudienne, contre-analytique, au sens
où l'on parlera de menées contre-révolutionnaires, la
part de cette polémique la plus vive, la plus aiguë,
celle qui agit de l'intérieur du champ dont elle se
réclame, prend maintenant pour caution Ferenczi
pour porter ses coups en ce lieu initial du drame du
rapport pratique-théorie, à savoir le renoncement de
Freud à sa *neurotica* initiale. Au carrefour du débat, il
y a : réalité du traumatisme ou fantasme. Caution
sollicitée chez Ferenczi pour cette contre-analyse,
donc, comme en témoigne caricaturalement l'apos-
trophe que me valut mon travail ancien sur Ferenczi,
de la part du défunt Léon Chertok : « Alors quoi ?
tu as commencé et tu n'as pas osé continuer. Tu as eu
peur ? Tu t'es dégonflé. » Et la même, mais absolument la même, dans un style plus lisse, assurément,
par Roustang. L'un et l'autre ont abandonné l'analyse, comme nous le savons, et pourquoi pas ! Le
premier depuis des lustres, le deuxième depuis peu

et, pour les deux, c'est le retour à l'hypnose. Cette conjoncture critique — pratique-théorie — crée l'espace, puis le creuse, là où, à grand bruit ou dans le silence total, vont faire rage la question, le débat et ses conséquences. Jusqu'à ce jour évidemment.

Et cela, même dans les zones supposées les plus quiètes de notre corporation. Mais il n'est pas sûr que le découpage des zones quiètes et de celles qui ne le sont pas soit le même que, avec Lacan, nous voyions il y a quarante ans à peu près. C'est ainsi que dans le n° 37 du *Bulletin de la Fédération européenne* de l'I.P.A., dans le message de la nouvelle présidente, en 1991, sous la plume donc de Mme Terttu Eskalinen de Folch, nous lisons — encore une fois ne sourions pas trop du style un tantinet pesant, absence de nos élégances parisiennes — ces lignes : « La transmission pose le problème de l'enseignement de la psychanalyse du fait du fossé existant entre la théorie et la technique. »

Qu'est-ce à dire, sinon que la transmission qui se fait par l'analyse du futur analyste peut le mettre dans une situation où la théorie qu'il devra étudier va le conduire à un point où il ne saura comment rendre compte de son expérience vécue ? Car, est-il écrit un peu plus bas, « il est fréquent de rencontrer des analystes qui dans leur pratique vont au-delà de leurs positions théoriques ». De quel au-delà peut-il s'agir ? Qu'est-ce que cette formulation vise en tant que telle ? Qu'est-ce qu'elle vise à l'insu même de qui la profère ? Quelle est la logique d'un tel propos ? Qu'y a-t-il au-delà de la théorie comme telle ? Cet au-delà peut-il être au niveau d'une pratique ? De ce fait, peut-on rendre compte d'une façon théoriquement acceptable ou « existe-t-il là un réel écart », je cite Mme de Folch, « qui doit faire l'objet d'une investigation » ?

Laissons la personne de Mme de Folch que je n'ai pas la faveur de connaître. Il reste que sa phrase, par sa tonalité même — cette sorte d'emprunt à un autre mode de sentir et de penser —, trahit une impuissance à maintenir par la pensée un objet ainsi posé et, du même coup, trahit une forte alarme. Et la suite du fascicule, dans la cohérence qui se tisse, souterrainement, est consacrée au thème des derniers conclaves des héritiers du découvreur de la *talking cure*, à savoir : « Au-delà des mots », c'est-à-dire la signification de la communication non verbale dans le processus analytique. Sur ces facteurs non verbaux, je reviendrai. Mais avant cela j'aimerais ramener l'attention — celle des plus anciens d'entre vous, au moins — sur ce que la déclaration de la présidente plus haut nommée représente comme pas quant au fossé entre théorie et technique. Je ne me prononce pas sur la direction de ce pas. Car, en effet, mesurez ce qu'il implique d'usure, de délitement des structures qui, au niveau de la psyché, de la pensée, de l'idéologie même, faisaient obstacle à l'admission d'un tel constat. Et donc aussi de ce qui, n'admettant pas un tel constat, en déniait aussi la pertinence, le bien-fondé, la réalité même. Et de la sorte maintenait dans le champ une tension consubstantielle peut-être à la discipline même !

Je reviens à mes débuts une fois encore. Je me suis engagé dans une pratique vite devenue considérable, comme cela se pouvait en ces temps reculés où nous étions bien peu nombreux. Et, plus j'avance en expérience, plus je m'interroge sur ce à quoi j'ai affaire. Car je suis aux prises avec la problématique du rapport pratique-théorie. Et quelle théorie ! Après les échos français, dans la Société psychanalytique de Paris, de l'ego-psychologie de la troïka new-yorkaise, Hartmann, Kris et Loewenstein, le retour à Freud prôné par Lacan ! Et vous ne pouvez vous imaginer la violence, la véhémence méprisante avec laquelle il balayait, mettait au rebut, jetait aux ordures, les facteurs non verbaux, traités en grande pompe en 1991.

En 1991, Stewart, rapporteur à ce Congrès, pose la question en termes simples, voire simplistes, dans son travail en mémoire de Ferenczi. Freud, dit-il, n'avait pas de doute : à la régression du patient, dont le modèle est la patiente hystérique chez l'analyste masculin, c'est-à-dire la conjoncture fondatrice de l'analyse (mon rappel), la frustration, je cite, « constituait la seule réponse. Et les interprétations devaient être les seuls instruments thérapeutiques et les seules sources de gratification ». Mais ces patients veulent obtenir des gratifications, depuis les plus innocentes en apparence jusqu'à « des exigences d'un contact physique effectif ». Et ils réagissent en devenant « dévitalisés, désespérés ou légèrement psychotiques, rien ne pouvant plus les aider. Ces réactions ont amené Sándor Ferenczi, à Budapest, à réfléchir à ces problèmes ». J'arrête la citation.

Quelles voies s'offrent au psychanalyste face à la

question, dont l'aspect clinique mis en avant par Stewart ne constitue qu'une forme limite ? Vous connaissez la plaisanterie : « Ne pouvant changer la constitution et dissoudre l'assemblée, il décida de dissoudre le peuple. » La difficulté doit être résolue : si le patient doit être guéri, ou à tout le moins soigné ou au minimum aidé, il faut changer les paramètres de la situation, à savoir changer la pratique, changer la théorie, ou changer le praticien. Il y a en plus de cela l'échappatoire connue, qui est une cousine dévoyée de la troisième voie, à savoir changer le praticien : au lieu de changer le praticien, changer de praticien. Je ne fais, vous le voyez, qu'ânonner des lieux communs. Changer d'analyste permet évidemment de ne poser aucune question. Et remarquez que lorsque l'élégance contemporaine nous fait dire en guise de commentaire approbateur, parlant de tel ou tel : « ... l'analyse qu'il a faite avec ses ou son patient... », c'est-à-dire l'analyse que lui, analyste, a faite avec ses patients, on ne fait que remettre dans le circuit des cogitations la version la plus apprivoisée, donc inquiétante a minima, de la troisième voie : changer le praticien.

De ces trois voies, revenons donc aux deux premières : changer la pratique ou changer la théorie.

Je ne m'étendrai pas sur la première, car pour la commodité et la nécessaire brièveté, je dirai que son champ se définit par ses confins. Pensons aux changements proposés par Ferenczi dans sa technique active, approuvée initialement par Freud, c'est-à-dire aux changements sans principe. Impérissable souvenir de la question posée jadis à notre gourou

ès-technique — certains ici savent qui je désigne :
« Pourquoi faites-vous cela ? » Réponse : « Parce
que — avec un petit clin d'œil et une trace d'accent
roumain — parce que ça fait vingt ans que je travaille. » Là, rien ne bouge au niveau de la théorie.

Alors, changer la théorie ? Y changer quoi ? Il
serait vain de nier que, dans sa praxis, la théorie s'est
assigné deux objets. Le processus analytique : qu'est-
ce qui y est effectif ? quel est le ressort de son effet
mutatif ? Cette question étant déjà dans la zone
d'interférence avec la visée qui questionne le second
objet, à savoir l'appareil psychique. De cette question, la ligne d'horizon est donnée par l'anthropolo-
gie analytique. De la réponse à la question : comment l'appareil psychique se constitue-t-il ? dépend
la réponse à la question : qui avons-nous sur notre
divan ? Qui ? C'est le nœud de la question. À l'origine de laquelle je reviens, à son origine dans ma
pratique et dans mon trajet.

Où en étais-je en 1958 ? À la réserve de l'âge
près, là où Ferenczi arrivait en 1930. À ceci près que
changer la pratique était hors de question. Car,
d'une part, je savais que lui, Ferenczi, avait essayé et
renoncé et que pour ce changement, en 1958, pour
nous, dans la Société française de psychanalyse, la
place était tenue par Lacan. D'une façon qui, d'être
consubstantielle à la fondation même de cette
société, en interdisait la fréquentation. Je parle évidemment du temps des séances. C'était son acte, son
domaine et son empire dans sa forme première. Il
suffit de voir ce qu'il en advint lorsque ce premier
empire s'abolit en 1964-1965.

C'est-à-dire que je me suis — ayant lu Ferenczi, ou ce dont je disposais à l'époque — mis dans le cas de poser sa question avec ce mot clef, ce mot explosif, *wirklich* : « vraiment ». Nous connaissons, mieux qu'à l'époque, la complexité théorique de la question posée par le *wirklich* et la *Wirklichkeit*. Lacan la connaissait fort bien. Il reste que lorsque je faisais état, sans la voiler, de mon incertitude quant à la réponse à donner à la question : le patient est-il vraiment l'enfant qui se plaint sur notre divan ? Lacan, qui avait par avance et ailleurs répondu : « Vous vous foutez de notre gueule, vous n'allez tout de même pas nous faire croire que c'est un nourrisson qui vagit sur votre divan », Lacan, donc, devint furieux, me tourna le dos et refusa, ce soir-là, de me serrer la main. Premier coup de tonnerre dans le ciel jusque-là serein de mes relations avec Lacan. Je venais à mon insu de faire ce que Ferenczi avait fait dans l'article que je produisais au même moment, sans l'avoir moi-même traduit — c'était ma femme qui le traduisait —, à savoir la « Confusion de langue », qui valut à Ferenczi censure et condamnation. Pour la même raison que je ne connaissais pas, Freud dit : « L'article est sans intérêt et bête en plus. » Bien sûr, si ce que le patient amène, c'est la réalité du mauvais traitement dont il a été l'objet, mauvais traitement initial, fondamental et décisif, c'est de toute l'analyse freudienne que la pertinence est en danger. Et si tel est le cas, c'est tout l'enseignement de Lacan, de cette époque, qui s'en va en fumée.

Je ne pense pas avoir jamais trempé dans cette

sorte particulièrement sournoise de complot ourdi contre Freud sous l'invocation et l'excuse de l'« inanalysé » de Freud. Je n'en suis que plus à l'aise pour ne pas écarter, dans ma réflexion sur les œuvres, les circonstances nécessairement hypothétiques de la vie de leurs auteurs. Ne pas disposer de leurs éléments signifiants, ne disposer que de leurs approches (et pour les signifiants il n'y a ni approche, ni approximation) ne m'empêchera pas de faire une remarque.

Freud est, vous le savez, le premier-né d'une mère, dont on connaît certains propos, et d'un drapier ruiné, dans un isolat au cœur de la Bohême, transplanté dans une médiocrité viennoise. Il est patent que dans son œuvre, jusqu'en 1930 au moins, la relation de la mère à l'enfant, tout exposée qu'elle soit au plus grand drame, reste pour ce qui est de l'amour réciproque indiscutable, sans ambiguïté et indiscutée. Ferenczi est né dans une famille nombreuse, dans une librairie où l'on allait et venait, les visiteurs entraient et sortaient et, comme il se doit en Hongrie, ça parlait, ça parlait... Lui, pour ce qui est du rapport de l'adulte à l'enfant, en tant que tels, il n'est certain de rien. Le pire est possible. L'article pour Wiesbaden censuré par Freud est fondé sur ce doute et ce soupçon. Il convoque à nouveau les parents sous des espèces que la renonciation freudienne à la première *neurotica* avait congédiées, fondant ainsi l'espace où sa découverte va pouvoir se déployer, déployer ses effets. *Vade retro*, par conséquent. Par rapport à quoi la vacillation ferenczienne produira elle aussi des effets, qui, via Balint notamment, trouveront un espace pour se déployer, à

Londres, dans le groupe dit « indépendant » ou
groupe du milieu. Le fameux Middle Group. Indépendant par rapport à l'autorité des deux impéra-
trices rivales et mortellement ennemies, quant à la
mise en forme théorique des débuts psychiques de
l'humain, mais inflexiblement freudiennes sur le
point où Ferenczi vacille. Dans ce groupe, Winnicott, pour lequel l'environnement de l'enfant et le
soin maternel sont comme vous le savez essentiels à
la théorie.

Encore une fois, avec un brin d'analyse sauvage, il
est piquant de voir que les deux femmes, profession-
nelles, si l'on peut dire, de l'analyse d'enfants, pour
ce qui est de leur vie intime laissent une trace absolument stupéfiante. Anna, pour ce qui est d'être
mère, ne s'est pas approchée des voies qui mènent à
l'enfant, ou plutôt à concevoir l'enfant ; quant à
Melanie, elle a été, comme mère, totalement désas-
treuse ; tout cela vous le savez.

Dans ce milieu, des groupes, des théories et des
certitudes. Winnicott, pour ce qui est du soin maternel, restera prudent. Qu'il soit suffisant devrait suffire. Balint aussi reste dans cet entre-deux, prudent
théoriquement. Il postule ce qu'il appellera un défaut
fondamental. Quant au contact physique, vous pouvez y aller, dit-il. Et même, il se moquait. Il se
moquait de nous, jeunes. Je l'ai entendu. Il s'adressait
à nous et il nous disait : « Alors, vous non plus, vous
ne touchez jamais à vos patients ? » Mais lui ? Il se
laisse toucher. Quoi ? Un doigt, la main, il se la laisse
tenir. Soit. Ça peut suffire, dit-il. Mais si ça peut suffire, était-ce nécessaire ? Personne ne répond à la

question, lui non plus. Il dit : « Je l'ai fait. » Winnicott, lui — Margaret Little nous le raconte —, l'a gardée parfois une heure et demie, il lui tenait les mains, les avant-bras, les coudes, la tête... et en même temps, il la poussait à devenir psychanalyste.

L'appareil de la Société britannique ne les a laissés ni l'un ni l'autre, remarquez-le, ni Balint, ni Winnicott, s'approcher des responsabilités dites politiques... jusqu'à la veille de leur mort, où, pour n'en pas faire des présidents post mortem, on leur a, in extremis, accordé cet honneur. Ne parlons pas de l'I.P.A. J'ai vu Balint, poussé par ses amis, faire acte de candidature simplement pour son exécutif. Il a fait un de ces scores, je ne sais pas, quatre voix peut-être, face aux apparatchiks tranquilles, petits besogneux de la pensée théorique qui emportaient les suffrages.

Il n'en demeure pas moins que ces deux auteurs, héritiers de Ferenczi chacun à sa manière, ont chacun de son côté détendu ce qui s'était au début des années trente noué de façon intenable. Winnicott, en faisant baisser la tension sexuelle, en désexualisant ses formulations, désexualisation que sa structure lui permettait et même, je dirais, le mettait dans l'obligation de faire, je n'insiste pas, il se ménageait ainsi un espace disponible pour sa théorisation. Balint, par une sorte de ruse théorique qui aidait à transcender l'avatar singulier. Et bien que tenus à l'écart des leviers de l'influence — ou supposés tels —, ils ne furent ni l'un ni l'autre diabolisés.

Car le *vade retro* de l'aporie du rapport pratique-théorie se reporta, avec l'aide puissante de Jones, sur

Ferenczi. Nous sommes libres de supposer à Jones les plus puissants motifs pour avoir agi de la sorte. Il estimait qu'il y avait chez Ferenczi une face sombre, *a dark side*, toujours là, et que ses dernières années ne faisaient que révéler. Là encore, Ferenczi, métonyme de la psychanalyse, car la *dark side* était bien celle de l'abîme dans le rapport pratique-théorie que Ferenczi ouvrait béant sous les pas de ses contemporains.

Ces motifs, il les avait, Jones. Car enfin, rendons-lui la monnaie de sa pièce, la psychanalyse, pour lui, était la planche de salut ! Cela aussi a été rappelé hier. La planche de salut, à condition qu'elle ne sombre pas, qu'elle ne verse pas dans le démoniaque pratique et théorique, dont il venait, lui justement, Jones, de sortir ! S'attacher à l'analyse freudienne, c'était pour Jones — rendons hommage à la force de son intelligence, génialement autothérapique — en même temps, professionnellement et socialement, salvateur pour un médecin quittant le Canada, fuyant devant les menaces et les poursuites, devant les suites d'accusations non sans fondements de subornation, voire de viol de patientes et d'enfants... C'est bien pourquoi il faut prendre les dires au pied de la lettre.

Face noire pour les uns, enfant terrible de la psychanalyse pour d'autres. Pourquoi enfant ? Sinon qu'il rendait présent quelque chose de l'enfance dans sa personne même déjà, et donc aussi de ce qui, de l'enfance, est le côté terrible, terrifiant et terrifié.

Et comme l'enfant travaille ses parents, travaille sur la personne et le comportement des parents, pilote la relation parent-enfant comme les études contemporaines nous l'ont bien montré, Ferenczi s'est très tôt affairé sur la personne du parent analyste. Pas d'étonnement, nul paradoxe à ce que Ferenczi, ce libéral, ce fantaisiste, ce poète de la relation soit l'auteur de la plus sévère exigence vis-à-vis de l'analyste. C'est-à-dire l'initiateur de l'exigence de l'analyse de formation. Par rapport à quoi Freud, cela a été rappelé aussi, était bien plus tiède, presque indifférent. Mais pour Freud, ancré dans la certitude de l'amour de sa mère, aider, guérir n'était pas un souci premier. Même dans la pratique, si rien ne marchait, nous le savons, il l'a écrit, j'y reviendrai, il l'a écrit dans une lettre : « Etwas lernen und etwas Geld verdienen... » : apprendre un peu et gagner un peu d'argent. Bon, il est vrai que c'est transposé d'autre chose, c'est « etwas Geld verdienen », pris dans un contexte juif, « Etwas Torah lernen » : apprendre un peu de la Torah, mais qu'importe.

Freud n'était pas contre la didactique, il en a vite vu l'intérêt, il l'a recommandée, il en a conseillé la reprise périodique. Mais la tonalité est différente. Car Ferenczi est l'initiateur de la préoccupation concernant le contre-transfert. Freud, on le sait, n'était pas passionné par la question. Quant à Lacan, à l'époque, le terme lui faisait horreur. Il a véritablement enjambé cet embarras, en lançant la fusée de la question du désir de l'analyste. Quant au désir, c'est, vous le savez, « ce sur quoi l'analyste ne cède pas ». Il n'y a dans cela nulle moquerie de ma part. Mais mon affirmation tranquille et catégorique que pour ce qui est de changer l'analyste, c'est-à-dire se changer soi, le lustre et le tumulte du trajet de Lacan, l'éclat de son destin, n'empêchent qu'il n'en ait fait peut-être que les gestes, voire la gesticulation. Et même cela est méritoire !

Car la question du changement pour l'analyste ne s'est peut-être jamais incarnée avec la radicalité dont le travail est observable dans la vie des deux S.F. Pour Ferenczi, le cadet, nous l'avons appris. Le chemin d'une certaine connaissance où l'a mené, en 1932, sa pratique, voire son expérimentation, lui fait écrire ces mots qui énoncent l'alternative, j'y reviendrai : « Se réaménager ou mourir. » Ayons l'esprit assez libre et souple pour évoquer à ce propos ce dont j'ai déjà donné une évocation sous le signe de la spécificité hongroise, à savoir le « nouveau commencement » de Balint. N'a-t-il pas, comme Winnicott, mais avant lui, voulu renégocier les mêmes impasses, contourner les mêmes butées ?

Pour Balint : réaménager, certes, mais sans se brouiller avec Freud, sans risques de mourir et sans risques pris formellement pour l'analysant. Que l'on soit d'abord sûr soi-même. Alors ce sera le nouveau commencement.

Quant à l'aîné, Freud, son changement est éloquemment inscrit dans ce que l'on ne peut même appeler le prix, puisque cette transaction avec l'exigence de vérité n'eut ni trêve ni rémission, étant menée par la constante remise en cause, en chantier, de chaque pas, de chaque pensée nouvelle.

Et ce qui range à part ces deux hommes, Freud et Ferenczi, créateurs d'un discours nouveau qui s'atteste dans cette relation unique quant à l'invention de la psychanalyse ou l'ouverture de nouveaux aperçus, c'est que les édifications théoriques nouvelles nécessitaient après coup un travail de mise en ordre, littéralement d'étiquetage pour établir les attributions. Quels qu'aient été l'œuvre, l'idée, l'apport de l'un ou de l'autre, l'œuvre était commune. Ce qui les rend évidemment différents des autres peut également se lire. Précisément dans ce qu'ils nous ont laissé lire quand ils ne l'ont pas détruit. À savoir le *Journal* [1]. Cette question, le *Journal*, a fait l'objet d'un ample développement dans un important travail de Brigitte Galtier, dont il faut espérer qu'il sera édité un jour [2].

Ils ont, l'un et l'autre, tenu un journal. Pour Ferenczi, c'est présent à l'esprit de tous. Pour Freud, l'on y pense moins. Mais tout de même, souvenons-nous, il tint un journal de jeunesse qu'il détruisit en 1885, un journal avec Martha, détenu aux Archives Freud, un second journal dont on ne sait s'il fut ou non détruit en 1907, un journal de la cure de l'Homme aux rats. Ensuite, Mme Moreau-Ricaud a vu au Musée de Londres un journal commencé au lendemain de l'attribution du prix Nobel [3]. Enfin, Freud étudia des journaux de Haitzmann, de Grete Lainer, etc. Ne pas confondre naturellement avec le « journal d'une analyse » — effet de relance d'une analyse — Salomé, Spielrein, Blanton, Doolittle, etc.

1. Ferenczi, *Journal clinique*, Payot, 1985. *(N.d.É.)*
2. Il s'agit d'une thèse, *L'écrit des jours*, soutenue en 1991 à l'Université Paris III.
3. Cf. S. Freud, *Chronique la plus brève, 1929-1939*, Albin Michel, 1992. À la première ligne de cet agenda on lit : « Pas de prix Nobel » (31 oct. 1929).

Or le journal est une méthode. Celui qui le rédige s'écrit à lui-même. Dire que le sujet et l'objet sont le même est un préjugé réducteur. C'est le scripteur et le destinataire qui sont le même. Ce trait-là en fait une écriture à part. L'échange est à l'intérieur du sujet, qui est interne au procès. C'est en quoi le journal s'oppose à l'autobiographie. Celle-ci est une narration introspective dont le destinataire est ailleurs. Le journal est une chronographie adressée à soi-même, autre différence l'opposant à l'autobiographie et concernant le temps.

À la liste, j'ajouterai, pour ce qui est de Freud, les *Nouvelles conférences*. Le paradoxe n'est qu'apparent. C'est précisément parce qu'il écrit « Meine Damen und Herren », veuillez bien m'écouter, alors qu'il ne peut plus ni les voir, ni leur parler, qu'il s'écrit à lui-même comme il se parle de lui-même parlant. Et parmi ses écrits, les *Nouvelles conférences* sont peut-être les textes où résonne le plus clairement le procès de son cheminement. Sans doute d'autant plus que s'y éprouve l'expérience nouvelle du parleur qui ne peut plus parler. Pour Ferenczi, l'épreuve se porte à son comble. Le renversement des rôles opéré dans le journal se double de celui qu'il risque dans ce qu'il va tenter au même moment : « l'analyse mutuelle ».

Le journal, comme tel, n'est pas l'objet, le but de qui l'écrit. Les scripteurs laïcs, si je puis dire, de journaux, font de leur journal une personne, ils le nomment, ils le traitent comme telle. « Mon journal, bonjour, bonsoir, qu'es-tu devenu, etc. » Le moteur chez Ferenczi en est — c'est éclatant — le transfert. Le transfert sur Freud, le transfert de ses patients, le transfert sur ses patients. Dans la vie de ces deux hommes s'est affirmée cette connivence historique, télépathique, j'y reviendrai si je peux, des deux méthodes : la psychanalyse et le journal.

La psychanalyse comme le journal sont des méthodes. Des méthodes en vue de se changer, pour qui les pratique. Et puis surgit la *Correspondance* et soudain le journal se met à changer de place, de fonction et s'éclaire d'une autre lumière. Soudain le journal devient la doublure de la *Correspondance*. Sabourin a fait une observation dans ce sens-là, dans la postface. Se changer est abordé dramatiquement dans le *Journal*, mais dans la *Correspondance* aussi. Ferenczi dit à Freud : « Je veux me changer, aidez-moi. » Et Freud dit à Ferenczi, cela a été fort justement remarqué ce matin par Allouch : « Pour ce qui est de moi, je me suis déjà assez changé ; ça suffit. »

Ferenczi à Freud, plus tard : « Pourquoi refusez-vous ? Venez sur mon divan, Monsieur le Professeur, je vous aiderai. » Mais tout cela, à peine animé par la façon dont je le mets à la première personne du singulier, tourne autour de quoi ? Cela tourne autour de : « Patienten sind ein Gesindel. » Le *Journal*, page 148 : « Les patients sont de la racaille. » Bien sûr, il y a des canailles parmi les patients, mais il y en a parmi les analystes aussi, parmi les hommes d'Église et les politiciens, les aviateurs et les astronautes. Non. Il s'agit de quoi ? Il s'agit du fait qu'ils souffrent. Oui. C'est évident qu'ils souffrent. Mais il s'agit du fait surtout qu'ils se plaignent ! Rappelez-vous le discours de Freud sur le sadisme, insuffisant chez lui, insuffisant à soutenir la vocation à soulager l'humanité souffrante. Est-ce la souffrance que Freud ne supportait pas ? Absolument pas ! C'est la plainte.

Et comment la souffrance d'autrui peut-elle nous être apportée, autrement que par sa plainte ? Or se plaindre — de quoi ? Pour un enfant — de quoi — de qui — à qui ? Et le rapport de qui à qui est équivoque. L'envers du rapport, c'est la figure connue du rapport du messager au message. Le messager peut être identifié au message.

Or la plainte est-elle concevable si elle n'étale pas la mère sur tout son horizon ? La relation de Freud à sa mère, vous le savez, interdit, exclut, la plainte. Longtemps, pas d'ombre possible sur cette relation. Freud récrimine, il revendique, il maudit, il excommunie, mais quand il se plaint, il se plaint de son Konrad, de son tube digestif, il se plaint de son éréthisme cardiaque ; de son cancer, c'est à peine s'il se plaindra.

Ferenczi, quelle mère avait-il, et quel rapport à la mère ? Pour ceux qui n'ont pas le *Journal* présent à l'esprit, page 155 : « La super-performance émotionnelle, particulièrement la gentillesse exagérée, est identique au sentiment du même ordre à l'égard de ma mère. Quand ma mère affirmait que j'étais méchant, cela me rendait autrefois encore plus méchant. Sa façon de me blesser le plus, c'était de prétendre que je la tuais. » Et chez les patientes de Ferenczi, quelles mères trouvons-nous ? Entre autres : « La patiente vient d'une famille lourdement tarée. La mère est à l'asile d'aliénés. Il fut établi que celle-ci, alors que la patiente était âgée d'un an et demi, se trouvait seule avec sa mère démente pendant des journées entières. Elle usait de procédés horribles, on ne sait de quelles natures. On a la preuve que, depuis cent cinquante ans, il y a un grand nombre de déments dans la famille de la mère, la grand-mère, l'arrière-grand-mère, toutes les femmes sont devenues folles après la naissance d'un enfant », etc. Des mères horribles, des mères folles !

Freud le sait, il en parle à Mme Gizella dans une lettre de décembre 1911, page 336 dans le *Journal* : « Le fait que son homosexualité exige impérieuse-ment un enfant et qu'il porte en lui la vengeance contre la mère, issue des impressions d'enfance les plus fortes. » Dans une connivence télépathique pré-sente entre les deux S.F., Sándor est le plaignant de Sigmund. Ajustement délicat, dérèglement possible (voir le voyage à Palerme), c'est tout de même ce « plaintif-là » dont Freud veut faire son fils et sou-haiterait faire son gendre !

Or la plainte a, avec la théorisation, un rapport critique. Elles sont mutuellement exclusives. Elles s'excluent l'une l'autre, mais la théorisation n'est pas sans puiser dans la plainte une part essentielle de sa force motrice. Donc la gestion de la plainte est essentielle pour la théorisation. Freud met Ferenczi en garde. Si vous perdez le contrôle de votre plainte, votre théorisation ira à vau-l'eau. La force sera là. Mais au service de quoi ? Freud se trompait-il entièrement ? Ferenczi aussi posait la question : son rapport à l'autorité supérieure, qu'est-ce ? Freud comme Père, oui. Mais puisqu'il découvre qu'il ne peut pas se plaindre à lui au-delà de la limite fixée par Freud, mère méchante et mère qui le condamne... Alors, voici : se réaménager ou mourir. Car il ne peut, dit-il, détruire que dans les profondeurs de l'organisme.

Mais tout cela, pourquoi ne l'ai-je pas su, pas vu, pas dit avant, plus tôt ? Je le savais bien sûr, mais pas comme je l'ai su après avoir relu le *Journal*, après avoir lu et relu la *Correspondance*. Qu'est-ce qui m'est apparu alors ? Comme un scotome dans la relecture de mon propre texte de 1958.

Est-ce vraiment un enfant sur le divan, disais-je ? Pour Ferenczi, dans le *Journal*, page 277 : oui, ce sont de petits enfants, la réponse est oui. Un enfant ou pas, vraiment ou non ? Mais je n'avais pas vu que le vif de la question est dans la question entière. Est-ce un enfant qui se plaint ? Ou est-ce un adulte qui se plaint ? Et c'est là où l'affaire fait mal. Si c'est un adulte — Freud ou Lacan le diraient —, qu'il se fasse « soigner la tête », comme racaille plaintive sur un divan. Mais si c'est un enfant, alors tout bascule, et même la deuxième *neurotica* est en danger. C'est insoutenable, la plainte d'un enfant ! Alors que la plainte d'un adulte n'est qu'insupportable.

Et je n'avais pas vu dans mon texte, je n'avais pas entendu dans la bouche de Lacan, le mot « vagir ». Est-ce un enfant qui se met à vagir sur le divan ? Le mot à éviter était le mot « plainte ». « Qui vagit » au lieu de « qui se plaint sur le divan » ? Voilà la question. Et pour Lacan, il était, en 1958, essentiel, nécessaire, que, si plainte il y avait, ce fût celle d'un adulte. C'était cette plate-forme-là que mon texte, innocemment freudien, risquait d'ébranler. C'était la métaphore, terme pour terme, de l'affaire Freud-

Ferenczi à propos de la « Confusion de langue » présentée au moment où l'affaire se jouait dans l'actualité, en 1958, entre Lacan et moi.

Et pour que cela s'éclaire ainsi — conséquences actuelles —, il fallait le temps, il fallait le *Journal clinique*, puis la *Correspondance*, puis la relecture du *Journal*, après la lecture dans ce *Journal* de « je », « je ». Ce n'est, vous le voyez, qu'une première approche, une esquisse d'une problématique qu'il faudra développer ailleurs et autrement.

Mais il me faut conclure ce bien trop long discours, en revenant à la question implicite derrière ces réflexions. Ferenczi, qu'est-ce qui en a été fait et quoi en faire ? Est-il vraiment possible d'y répondre autrement que dans un soupir ? À cette question, Lacan qui nous poussa, qui me poussa à faire la connaissance de ce pionnier, donna un jour cette réponse cruelle et méprisante : « Faire un ksi, ou n'en rien faire. » Soit. Et il a servi, Ferenczi, n'ayant sans doute rien fait d'autre que d'ouvrir, d'entrebâiller la porte qui leur livrait alors passage, à ces entreprises, douteuses, peu estimables sur les plans de la pratique et de la théorie (ou du moins de ce qui a pu en revendiquer le statut).

Et puis il a servi à faire en sorte qu'ait existé à Londres le Middle Group, d'où est sans doute venu le plus vif, le plus créatif de la production de langue anglaise.

Et puis il a servi à ce que puisse se maintenir dans le champ de l'analyse, y tenant nécessairement une place modeste et réservée, un de ses éléments — à côté d'un courant puissant, dominant

dans l'ensemble et dont le règne s'étend du structuralisme américain à son homologue français, ou
plutôt à ses effets, à savoir le courant des ennemis
de Ferenczi, bien sûr —, que puisse ainsi se maintenir comme un souffle latéral. Le souffle de ce qui
ne se conçoit pas détaché de ce que nous appelons
le sexuel, mais ne se confondant pas avec lui et
s'appelant de ce nom dont il nous est devenu, à
nous analystes, si difficile de faire usage, à savoir
l'amour.

Je ne l'ai entendu formuler, aussi simplement,
dans un autre contexte assurément, que par Sibony, et
dans cette même rencontre par Jean-Jacques Moscovitz. Et je dirai qu'à mon avis, un des plus grands
ferencziens que l'analyse ait comptés dans son peuple,
un analyste auquel personne ne pense lorsqu'il est
question de Ferenczi, qui n'est alors nommé nulle
part et par personne — sauf par Sabourin dans sa
postface au *Journal* —, c'est bien celui qui au début
des années 70 fit, durant deux ans, un séminaire sur
l'amour. Je parle évidemment de François Perrier
prématurément disparu et dont vous trouverez le
texte dans les deux volumes de *La Chaussée d'Antin*.
Vous qui peut-être vous intéresserez à l'œuvre du
grand Hongrois mort trop tôt lui aussi, lisez *La
Chaussée d'Antin*. Et vous verrez dans cette œuvre
magnifique, débridée, poétique, folle à sa manière,
souffrante, effroyablement, comment l'on doit à
Ferenczi de pouvoir continuer à voir dans le champ
analytique freudien que la disposition au transfert est
une forme, énoncée théoriquement, de l'aptitude à

l'amour et que l'aptitude à l'amour est l'aptitude à l'immaturité.

Dans notre désir de devenir grands, la préservation de l'immaturité est la préservation du plus précieux, d'une sorte d'enfance. Et l'amour est toujours lié à une aptitude à un non-savoir ou à une possible dérobade par rapport à lui.

Et vous savez, Freud l'avait gardée, lui aussi.

Le docteur Sándor Ferenczi
à ses débuts *

En ces années de fin de siècle où l'actualité de Ferenczi s'est faite si insistante dans les écrits et la réflexion consacrés à son œuvre et à son rapport avec Freud, il peut a priori paraître étonnant, voire saugrenu, d'accorder au personnage ce surcroît d'attention qui concerne ses débuts. Et notamment ses débuts de médecin, c'est-à-dire son activité pratique et scientifique durant les années qui précédèrent son entrée dans la psychanalyse. La formule évoque certes l'entrée dans les ordres. C'est bien en quoi elle me paraît légitime.

S'agirait-il de l'entrée dans les ordres d'un homme d'une stature telle que son action laisse une marque décisive et impérissable ou telle qu'a fortiori, s'il fonde un ordre nouveau, que l'examen de tout ce qui avait pu le mener à cette démarche paraîtrait opportun voire exigible ?

Pour Ferenczi qui entre en psychanalyse ou pour

* *Préface à* Sándor Ferenczi. Les écrits de Budapest, *Éditions E.P.E.L.*, 1994.

le laïc qui entre dans les ordres, l'œuvre, tout écrite qu'elle puisse rester pour la postérité, n'en est pas pour autant une œuvre littéraire. La critique littéraire, ou ce qu'en allemand on nomme « Literaturwissenschaft », c'est-à-dire science de la littérature, nous a enseigné que le travail consacré à l'œuvre, quelle qu'en soit l'ampleur ou la portée, ne gagne rien, bien au contraire, à tenter de ne pas laisser l'auteur à la place où il doit rester. Celle où comme être il reste absolument hypothétique.

Un tel envisagement de l'œuvre et de l'auteur est sans doute légitime dans la totalité des cas où la question de ce rapport peut être posée. Toute la discussion des limites des biographies et des psychobiographies repose sur ce socle. Mais quel que soit l'effet d'une œuvre littéraire, sa visée reste fondamentalement différente de celle que ne peut manquer de se proposer un engagement dans la psychanalyse ou dans tout mouvement réformateur d'un ordre antérieur.

Car l'entrée dans la psychanalyse de Ferenczi (et d'autres que lui, même si le pas peut paraître mesuré si on le compare au sien), comme l'entrée dans les ordres, vise directement ou obliquement un progrès pour l'espèce humaine ou telle de ses fractions, fondé sur un mouvement dans son rapport à la vérité. Sans prime de plaisir.

Qui dit souffrance moindre, ne dit pas pour autant surcroît de plaisir. Pour l'œuvre littéraire, le chemin est de sens inverse : la prime de plaisir peut, si l'œuvre est noble, soutenir l'ascèse de l'esprit.

Et du fait que l'œuvre de l'analyse, l'œuvre de

l'analyste, vise et s'adresse à la vie des hommes, la légitimité de l'être hypothétique de l'auteur se trouve dans son principe même inévitablement entamée.

Qu'il en résulte non moins inévitablement une fragilisation, une vacillation même de la position de l'auteur, en est nécessairement le corollaire.

Mais à cela nulle voie ne s'offre pour se dérober.

Voilà pourquoi l'actualité de Ferenczi mène nécessairement à l'examen des pas qui l'ont mené à devenir ce qu'il devint pour ses pairs, puis pour nous.

Il n'échappe à personne que pour aucun des premiers élèves de Freud, pour aucun des analystes majeurs de la phrase de déploiement de la pensée analytique, un tel examen ne s'est imposé. Sauf pour Anna Freud et Melanie Klein en raison de l'effet décisif de leur intervention dans ce champ. Quelle que soit l'appréciation que l'on puisse porter sur leur intervention, seule compte ici l'ampleur de leurs suites et de leurs conséquences.

Il nous faut donc bien voir que cela n'est rien moins qu'une lacune, un retard qu'il s'agit à présent de réparer. En effet, si l'intervention de Ferenczi dans le champ ouvert par Freud fut d'une importance égale au moins à celle d'Anna Freud ou de Melanie Klein, elle fut antérieure aux deux, contribua à modeler celle de Melanie Klein et déploya dans le temps des effets dont le temps ne fit qu'accroître l'ampleur. Et la période des débuts s'est trouvée mise dans la parenthèse que l'attention consacrée aux travaux préanalytiques de Freud a refermée sur les débuts de Ferenczi. Freud étudiant la biologie animale, Freud neurologue, Freud hypnotiseur et voilà la voie qui mène à l'analyse. Ferenczi adopté quasi d'emblée, adopté presque au sens premier du terme, puisque Ferenczi reconnu comme « Cher fils » et voilà, jouant en plein, l'ambiguïté de l'adoption. L'enfant errant en quelque sorte avant de rejoindre sa famille et la sorte d'interdit pesant sur la connaissance de la vérité de ses origines.

Quant à la période la plus féconde de l'œuvre de Ferenczi sur le plan théorique (le bref éloge funèbre que Freud rédigea avec cette mention du fait qu'en plus d'un lieu de la création de l'œuvre analytique, il est impossible de dire qui des deux en fut l'auteur) elle contribua décisivement à faire rentrer Ferenczi à l'intérieur de l'œuvre freudienne tant et si bien que les mouvements les plus irrépressiblement siens furent nécessairement interprétés comme des dérives, des erreurs, des reniements et, pourquoi ne pas le dire, une apostasie.

La psychanalyse, on le sait, offre aussi cette particularité de faire se produire des constats prenant en compte l'effet, en première approche, d'une circularité, qu'il s'agisse de la pratique ou de la spéculation. L'on dira ainsi qu'à la fin d'une analyse se retrouvent nécessairement des figures de son début, qu'à la fin de l'œuvre de Freud se retrouvent les éléments établis déjà dès la *Traumdeutung*.

Je pense que la maladie de Freud, mortelle à terme, même si le terme fut assez long, en agissant sur son rapport à la mort (même si l'incidence n'en est nulle part explicite et peut-être pour cela justement) a donné à son parcours une certaine linéarité, une certaine tension sans retour qui est peut-être aussi la marque des grands destins.

Alors que pour Ferenczi, il me semble possible de dire que les aspects ultimes de son œuvre ont été *for better or worse*, l'épanouissement final d'une exigence que rien ne put tarir.

Le lecteur de la critique littéraire ne gagnera rien d'une connaissance étrangère au champ de la critique littéraire, à savoir celle de la vie d'un auteur à ses débuts, mais la lecture des analystes ne peut que s'enrichir en se portant sur les premiers travaux de Ferenczi, les travaux préanalytiques.

Les tout premiers travaux de Ferenczi, analyste entrant dans la psychanalyse, ne pouvaient être mis en perspective, pas plus que les derniers avant la publication de l'œuvre entière. Leur profil sort accusé de la lecture des travaux préanalytiques. Ce que j'entends mettre en lumière, si faire se peut, ne se prête pas à une définition aisée. Il me paraît, quant à moi, que de nos jours à nouveau comme durant l'avant Seconde Guerre mondiale, la considération de Ferenczi, en lui-même comme tel, individu de forte stature, personnage important, jouissant de cette fiction d'autonomie et de liberté qu'une partialité ignorante confère à tout un chacun, que cette façon devenue canonique de le voir est quasi dénuée d'intérêt.

Des travaux remarquables assurément ont été consacrés à ce que l'on pourrait, pour emprunter au vocabulaire contemporain, appeler l'exception hongroise dans la psychanalyse. Je ne pense pas avoir échappé à cet entraînement. Et Balint, qui m'honora jadis de quelque confiance, y a sans nul doute invité.

Mais ce que nous voyons se former, comme devant être le sort de la psychanalyse, c'est par rapport à elle au sens littéral et strict du terme, à savoir la psychanalyse freudienne, que tous les mouvements les plus importants en tout cas doivent être envisagés.

Quand on demandait ce qu'est la psychanalyse « nous répondions c'est Freud », rappelle Jones, alarmé lorsque, vers l'approche des années trente, Freud se prend à revendiquer son intérêt pour l'occultisme, comme trait personnel au même titre que son addiction au cigare. Et c'est donc à nouveau, comme en 1958, lorsque je présentai Ferenczi au public francophone, que j'imagine l'intérêt pour nous de Ferenczi et de son œuvre : par rapport à Freud.

S'il fallait trouver à leurs cheminements, pour faire saisir par l'œil, la métaphore de leur rapport, je proposerais deux lignes qui se croisent et se recroisent.

Le tracé de l'une, celle de Freud, est plus tendu sans être rectiligne, de l'autre le cours est plus brisé. À chaque croisement, effet d'une tension de l'une vers l'autre, il y a quasi-identité des positions. La poursuite de ce qui a mené jusque-là va créer une distance.

Lorsqu'elle deviendra grande au point de menacer la possibilité du changement de cap, le coup de barre ramènera vers un croisement nouveau où l'aventure se répétera.

Je crois que, parmi les premiers termes inscrits dans cette métaphore, figure la sexualité. La psychanalyse repose sur ce que l'on a appelé son primat. Dire que Freud et Ferenczi s'y intéressaient paraîtrait superflu, si ce rappel ne servait pas à donner un cadre au premier cas de la métaphore de leur rapport. Freud sera rapidement mené aux *Trois essais sur la sexualité*. Il me paraît alors opportun de noter que Ferenczi pour sa part centre son attention à ce qui de la sexualité sera dysfonctionnement, trouble des appareils génitaux, du masculin notamment et essentiellement d'ailleurs. Du travail sur une malformation de la verge, un cas d'hypospadias, en 1899, au travail qui inaugure le recueil des œuvres complètes, publié en 1908, sur l'éjaculation précoce, nous pouvons lire à l'orée de l'aventure majeure, jusqu'à ce jour du mouvement analytique, les figures de la rencontre et de l'écart.

En 1899, dans le même journal médical, sous le titre de *Spiritismus*, sort un écrit dont la teneur porte le gage de ce que l'intérêt pour l'occulte marquera comme moment de crise dans la trajectoire du mouvement de pensée de la psychanalyse.

Au départ, pour Ferenczi, la part inconnue du fonctionnement psychique constitue un champ unique. Dans son chemin vers ce qui sera pour lui la psychanalyse, le parcours se fera en sens inverse qui divisera ce champ, d'un côté sera l'inconscient, de l'autre ce qui ne l'est pas, sans être pour autant connu, tel le spiritisme. Et un rapport sera à bâtir entre les deux. Avec Freud, appuyé sur Ferenczi bien plus tard, la tentative s'achèvera sur un constat d'échec. Mais chez Ferenczi, dès le départ le pari se formule : les limites de la psychologie peuvent être repoussées à l'infini. Le nouveau sera produit par l'homme de génie. Le nouveau est à venir. Il se produira à partir d'un savoir antérieur, selon ses termes, avec les seules lumières de l'esprit.

Tout sera l'effet de l'étincelle de son cerveau créatif. Et sa formulation produit à sa manière une assertion freudienne. « Le fonctionnement psychique est semblable à un engrenage. » Mécaniste, il l'est. Et son chemin le mène sûrement vers celui qui disait : « Nous sommes d'incorrigibles " unverbesserliche " — mécanistes. »

La rencontre peut se faire sur une position partagée concernant une conception du monde. La « Weltanschauung ». Freud les récusait toutes, la religieuse et la philosophique notamment. Toutes sauf une, la scientifique. Mais celle-là pouvait à ses yeux être retenue car elle n'accomplissait rien, ses effets étaient déplacés vers l'avenir. Elle n'était qu'un programme. « Nur als ein Programm. »

Car pour Freud qui se voulait non médecin, la cure, « die Kur », n'était qu'un effet second et s'accomplissait « comme » l'assèchement du Zuydersee.

Pour Ferenczi, « Der Arzt », le médecin, comme pour Freud, pouvait-il ne pas soulager la souffrance, car contrairement à Freud, il l'avait lui et dans son enfance connue. Le contraste entre l'enfance du fils premier et préféré d'une mère aimante et celle d'un enfant perdu dans le tohu-bohu d'une librairie *gérée* notamment par une mère sans égard ni tendresse

pour l'enfant est trop connu pour que l'on y revienne
ici.

Ce qui l'est moins, je pense, c'est la cruauté de la
morsure dont Ferenczi portera toute sa vie les effets.
Moins connu quoi que l'on ait pu en apprendre par
la correspondance et les lettres de Freud notamment, jusqu'au jour où tombe sous les yeux un texte
de 1901 dont le titre en français est « Lecture et
santé ».

Texte proprement délirant, où cet intellectuel, ce
médecin qui est déjà un puits de science, cet homme
mêlé à ce que la vie de Budapest présente à l'époque
de plus cultivé, de plus sophistiqué, dans le raffine-
ment de l'esprit, dénonce en bloc la lecture, ses
effets et son support. Les livres. Dangereux sur toute
la ligne. Depuis les germes tapis dans les pages
feuilletées, jusqu'aux effets délabrants de la lecture
sur les jeunes esprits.

Si toute lecture sans contexte porte à l'égarement,
l'on peut néanmoins soutenir que pour l'intelligence
de la suite, s'il ne fallait retenir qu'un seul travail,
cela serait « Lecture et santé ».

Livres et lecture sont le monde de cette enfance
où un père aimant mais quelque peu effacé, un père
admiré, mais trop tôt disparu, laisse tout l'espace
familial et ses enfants nombreux à cette mère dans
l'ambiance de laquelle il deviendra cet être établi sur
le bord d'un précipice où il sera toujours prêt à tomber. Celui de la plainte. Il y chutera plus d'une fois
et toujours il saura remonter.

À chaque chute, un envisagement s'ouvrira touchant des possibilités nouvelles, techniques si l'on

veut, d'accroître les chances d'une guérison, entendue non point comme accession au « malheur commun », mais comme suppression de la souffrance. Toujours il remontera vers la ligne de pensée de Freud du précipice où la plainte, trace de son malheur ancien, le pousse. Toujours sauf la chute ultime. Celle qui le fera se poser la question de savoir s'il doit se réaménager ou mourir. Et il ne s'agit pas de la maladie qui l'emportera.

Toute l'actualité de Ferenczi a cet axe pour pivot. Guérir ou, renonçant à guérir, chercher quelque autre façon de maintenir sa pratique. « Apprendre et gagner un peu d'argent », vieille formulation d'un Freud résigné dans une cure sans espoir, n'est pour de multiples raisons plus une position tenable. La question est donc là. La psychanalyse qui se dit freudienne, donc aussi ce que par convention fragile l'on nommera les psychothérapies d'inspiration freudienne, que font-elles, qu'accomplissent-elles ? Le but qui leur sera assigné sera fonction de la réponse à la question. Et selon le but qui sera proposé, le procédé pourra être considéré. Problématique à trois étages.

Or, l'inefficacité ou la faillite pratique de la psychanalyse comme thérapie est consubstantielle à son essence même. Son « Wesen », pour parler, ici, l'allemand.

Tant que tient l'effet de la férule freudienne, il en est ainsi. Des compromis seront négociés, tout au moins proposés comme tentative. Depuis le « nouveau commencement » de celui qui probablement fut le meilleur élève de Ferenczi, Balint encore, jusqu'aux Nord-Américains de ces dernières années. Tel Wallerstein qui, en 1989, proposera la « Réévaluation des objectifs de la psychanalyse ». Le personnage est considérable, son expérience aussi. Son sérieux est évident et son esprit élevé. Il constate que si, au milieu de la seconde moitié du siècle, les ambitions de l'analyse furent très étendues et ce à partir de notions dues pour une part au travail de Ferenczi, en cette fin de siècle ces ambitions doivent être « tempérées de façon plus réaliste ». Et de son propre aveu, il retrouve ainsi le sens de la trajectoire de Freud lui-même, comme praticien. Le repère restant toujours l'analyse avec ou sans fin.

Mais dès que saute la consigne théorique, politique et idéologique de Freud, dès qu'avec Ferenczi devant tant de souffrance l'analyse renonce à ne pas prêter la main au sauvetage, une porte va s'ouvrir. De la main de Balint tenue par le patient, aux bras et mains de Margaret Little tenus par Winnicott, le chemin aboutira à la question posée en été avec couverture à sensation par la revue allemande *Spiegel* sous le titre de « Misbrauch auf der Couch ». Abus du divan. Peines de prison, proposées pour le contrevenant. Et dans la confusion où le siècle s'achève, où reviennent, en France notamment, les vieilles réponses aux vieilles questions — qu'est-ce qui agit, n'est-ce pas la suggestion ? — donc avec le défunt Chertok, l'hypnose, ou avec Erikson ou Roustang, il est dans un ordre à la fois légitime et très salutaire des choses que l'on revienne au début d'une affaire qui se consomme dans une dérive, à savoir le destin de Ferenczi, revu et repensé, mais aujourd'hui sur toute sa portée. Les documents produits et publiés ces dernières années en donnent la possibilité. Avec la publication des écrits des premiers débuts du médecin et de l'analyste en devenir, la ressource est complétée au niveau du document.

Quitter Freud * ?

Si l'on s'interroge sur ce que peut être l'intérêt de la psychanalyse, pour un psychanalyste, aujourd'hui, il faut garder à l'esprit deux très anciennes remarques de Freud.

L'une est celle où il déclare que la chimie, la biochimie, apportera un jour des solutions aux problèmes que la psychanalyse essaie d'expliquer ou de résoudre. L'autre est l'injonction de faire beaucoup de psychanalyse, de se hâter de psychanalyser, tant que cela reste possible, c'est-à-dire tant que l'inconscient demeure accessible d'une certaine façon.

Ces deux points de vue me paraissent particulièrement importants lorsqu'il s'agit d'évaluer ce qu'il en est du freudisme de nos jours, pour le simple motif que, dans les deux cas, Freud avait raison. En l'occurrence, il ne pouvait pas avoir tort : pas seulement du fait de la position qu'il occupait ou de la façon dont il proférait ce qu'il avait à dire, mais

* Paru dans le n° 3, intitulé « Intérêts de la psychanalyse », de la revue L'Inactuel, 1995, Éditions Calmann-Lévy.

parce que déjà ce qui allait se produire était pour lui prévisible. C'est vrai que les sciences dites « exactes » apportent maintenant des informations qu'elles étaient loin d'apporter à l'époque. Ça ne veut pas dire néanmoins qu'elles permettent de *guérir* de manière particulièrement décisive ou impressionnante (encore qu'elles guérissent plus que ne le permettaient jadis les connaissances psychiatriques). La consommation de psychotropes, de nos jours aux États-Unis ou en France, c'est-à-dire dans les pays évolués, est à mettre en perspective par rapport à notre point de vue. Ce n'est pas en tant que *thérapies* que les sciences en question sont à l'heure actuelle les plus convaincantes, c'est en tant que système d'explication de ce qui se passe dans les processus de communication entre les instances, entre les niveaux d'intégration encéphalique, ou entre les neurones. Ce dont déjà à sa façon, dans ses tout débuts, Freud avait tenté de proposer le schéma psychologique. Quant à la seconde affirmation, celle qui enjoint d'essayer d'analyser tant que c'est possible, c'est peut-être la plus importante, mais pour des raisons qu'il nous appartiendra d'éclaircir parce qu'elles constituent à mon avis la substance de ce que peut être le témoignage d'un psychanalyste de nos jours. Il y est question du rapport de l'homme à l'œuvre. J'entends par là qu'il y a chez Freud, dans la production de la parole, une parole enseignante. Une telle parole peut occuper plusieurs positions.

La première de ces positions — et ce n'est pas parce que Freud était juif que je l'évoque — est la position messianique. La deuxième est la position prophétique. La troisième est la parole des apôtres.

La première position, il sera assez facile de l'écarter, d'abord parce qu'elle est hors de notre champ, et pour d'autres raisons encore. Tout particulièrement la suivante : lorsque la position messianique s'est en quelque sorte incarnée (en laissant bien entendu de côté les cas où elle a *fait mine* de s'incarner), cela a, dans l'ensemble, donné des témoignages négatifs, de peu de qualité, scandaleux à l'occasion, hérétiques parfois.

La parole prophétique, elle, me paraît être à différencier de la parole des apôtres — les apôtres, si l'on voulait les transposer dans le champ analytique, nous saurions qui ils seraient : les apôtres, c'étaient les suppôts du diable, c'est-à-dire les élèves de Freud.

Quant à la parole prophétique, c'est-à-dire la sienne, elle a cette particularité de témoigner d'une manière relativement unique du rapport du sujet à ce qu'on pourrait appeler l'intimité de sa vie : l'objet, l'objet de sa parole, l'objet de son désir.

Ce rapport-là a fait tenir à Freud une parole exceptionnellement fascinante. Malheureusement, cela génère toujours des répétitions ou des semblants de répétitions. Tenir une parole prophétique n'est pas le privilège des juifs. On peut dire de la parole prophétique, en raison de la manière dont elle est produite en elle-même, dont elle témoigne d'un certain savoir sur son propre sens et sa propre portée — c'est-à-dire sur ce qu'elle a de périssable et d'éphémère —, qu'elle entretient un lien particulièrement étroit avec celui qui la produit. Freud était donc mieux placé que quiconque pour dire : ce que je mets au jour, ce que je produis, est éphémère pour des raisons que je connais. Parmi ces raisons, il en relevait deux essentielles. L'une, c'est qu'il était un homme de science : c'était un physico-chimiste, un biologiste, et c'est en tant que tel qu'il voyait du côté de la science une des causes du caractère éphémère de ce qu'il avait produit.

L'autre, il la voyait plus directement dans le rapport prophétique avec son monde, à savoir : ce que je fais est tellement lié à moi, que si vous ne vous dépêchez pas d'en faire quelque chose pour vous après ma disparition, et assez rapidement, ça ne sera plus une position tenable. Elle ne le serait plus parce que pour nul tiers n'est vraiment tenable la position qui fait de celui qui parle le héros du désir d'un autre. Freud pouvait parler de son désir d'analyste, et probablement ne pouvait-il parler que de cela. Ceux qui l'entendaient et ceux qui lui succédaient pouvaient en parler, mais il était évident que c'était nécessairement beaucoup plus fragile que lorsque c'était proféré par Freud. Précisément parce que le désir impliqué était le sien et que, pour incontestable qu'ait été leur propre désir d'analyste, il dépendait d'abord de leur vœu ardent de reproduire en eux-mêmes quelque chose de Freud. Car leur désir à eux allait dans des directions divergentes, dans des directions différentes du désir de Freud. Non pas que le désir puisse s'éparpiller sur 360°, parce que les désirs sont toujours canalisés sur certains axes principaux, mais quel que soit par rapport au désir le

manque d'originalité de tout être humain, il n'en demeure pas moins que la manière de témoigner de
son désir est totalement prise dans la singularité de
chacun. Et comme personne ne pouvait être Freud,
ceux qui ont repris le désir d'analyse après Freud
l'ont repris dans leur singularité d'existence, qui
était foncièrement différente de la sienne. Non pas
parce que Freud était tellement différent du reste du
monde, mais parce qu'il était lui.

Là, naturellement, on en arrive dans un certain
désordre à ce qui a pu être très rapidement dit, dès
l'après-guerre, de l'analyse, aux propos critiques qui
ont été tenus. La critique n'est jamais produite pour
améliorer son objet, en dépit des bonnes raisons que
l'on s'en donne. C'est toujours évidemment pour
écorner cet objet qu'on le critique, pour en user les
arêtes et ainsi, en continuant à limer sur les pour-
tours, pour en faire des ronds, puis des points, jusqu'à sa disparition. Quand on fait la critique de
quelque chose, c'est toujours pour l'acheminer d'une
certaine façon vers son extinction. C'est ainsi que les
critiques concernant la portée de l'analyse, l'intérêt
de l'analyse s'écartent totalement de son écrit. Dès
après la guerre, elles prennent comme axe, malgré la
fragilité évidente de l'argument, les circonstances en
quelque sorte psycho-socio-économiques de la vie de
Freud, leurs différences avec celles que la guerre
avait engendrées et leurs conséquences dans les décen-
nies suivantes. On connaît tout cela : la psychanalyse, œuvre d'un petit ou d'un moyen bourgeois
viennois, vivant dans un certain climat, dans une
certaine austérité, un certain puritanisme, un certain

rapport au vice et du même coup au péché, bref, la psychanalyse comme produit et continuation du XIXe siècle.

Comme c'est toujours le cas, les propos critiques les plus débiles ont cet intérêt constant de véhiculer de la vérité. On se rapproche donc à petits pas de ce dont on se proposait de parler, à savoir l'intérêt qu'a l'analyse aujourd'hui. On se rapproche doucement de la vérité, de quelque chose de central et de très important, dont je vois difficilement la possibilité de parler correctement dans la nécessaire rapidité d'un entretien. Assumons donc que je ne puis ici en parler autrement que sur le mode de ce que l'on appelle l'analyse sauvage. Je n'ai pas, dans ces circonstances, la possibilité d'éviter de me livrer à une telle analyse sauvage de la place de la psychanalyse aujourd'hui, de notre société, des gens comme ils sont, bref de tout ce qui est visible sur les 360° de l'horizon. Mais finalement, qu'est-ce qu'une analyse sauvage ? Personne n'a jamais dit, il faut le remarquer, qu'une analyse sauvage était une analyse fausse. Personne n'a jamais dit que l'interprétation sauvage était une interprétation fausse ou inexacte. Ce que l'on a entendu dès le début par interprétation sauvage, c'est une interprétation dont, sans avoir à s'interroger sur son contenu et sa pertinence, on peut avant tout souligner l'*im*pertinence, au sens du moment ou de la façon dont elle est produite. C'est le fait qu'elle est produite dans des circonstances qui non seulement ne peuvent en aucun cas lui permettre de porter (au sens où toute interprétation suppose et se suppose une portée efficace), mais où en outre elle ne peut *manquer* de porter, c'est-à-dire de renforcer *l'opposition* à l'interprétation, la surdité ou la résistance à celle-ci. Donc ce que je peux dire, pour ma part, à ce niveau-là, va tomber exactement sous le coup de tous les reproches adressés à l'interprétation sauvage.

Je reviens donc à ce qui pourrait s'entendre, selon moi, dans les critiques concernant la limitation nécessaire du discours de Freud par rapport à l'époque qui a suivi la sienne, c'est-à-dire, comme je l'ai évoqué tout à l'heure, l'existence viennoise bourgeoise, etc. Mon idée centrale est que dès le début, lorsqu'on parle de l'époque en question, à la fois aveugle, non discriminante, et aussi alarmée, inquiète, pour ne pas dire anxieuse, on a surtout à l'esprit quelque chose qui concerne la position de *la* ou *des* femmes dans la société, dans la pensée, dans la vie. Cela est essentiel aussitôt que l'on parle de la vie privée ou du mode de vie de qui que ce soit, qu'il s'agisse des descriptions de son mobilier, de sa cuisine, de ses mœurs, de ses habitudes. Dans tout cela, finalement, de quoi d'autre s'agira-t-il que de ce qui va concerner ce que l'on pourra supposer de sa sexualité ? Or avec le freudisme, et dès le début de l'après-Freud (parce que la présence de Freud interdisait cela), il y a une levée de boucliers qui naturellement ne dénonce pas, ne peut pas dénoncer ce contre quoi elle se dresse, une levée de boucliers contre ce que Freud va amener des rapports d'un sexe avec l'autre.

Cela se démontre à mon avis par la deuxième étape de cette accusation, de cette critique du freudisme. Freud a parlé des femmes. Il aurait fait d'elles un portrait injustement limité, racorni, castré, finalement humiliant et même infamant. Qu'est-ce que cela veut dire sinon, souterrainement, exactement le contraire de ce que cela prétend dire ? Laissons de côté ce qui peut effectivement être relevé sous la plume de Freud, encore qu'il ne serait à la limite pas difficile de le raccorder au point où j'entends, quant à moi, mener ma démonstration. Laissons de côté ce qu'il a pu dire, par exemple, du fait qu'à partir d'un certain âge les femmes ne seraient plus tellement accessibles à l'analyse, car désormais trop figées dans leur mode de fonctionnement. Freud aurait ainsi présenté une image des femmes que celles-ci, dans le rapport à leur propre dignité, auraient en somme le devoir de contester. Mais à dire vrai, qu'est-ce qu'il a amené, Freud ? Il a produit des femmes une image sans précédent de puissance et de pouvoir sexuel. À savoir que, alors que jusque-là, et dès l'orée des temps, c'étaient la poésie, la peinture, l'art qui avaient tout apporté sous ce rapport du pouvoir féminin, une des dimensions extraordinaires de la psychanalyse a été de relever et de reprendre des éléments du discours qui jusqu'alors avaient précisément été réservés à la littérature, à l'art et à la poésie. Et quant à la position sexuée de la femme — je n'entends pas là seulement celle de la femme en tant que mère, en tant que reproductrice —, quant à la femme en tant qu'intervenant sexué sur le terrain de la sexualité, toute la position était réglée jusqu'à un certain point par le discours médical. Ce discours médical stipulait d'une façon très simple et très directe que la femme (au sens où l'homme en était pourvu) n'avait pas de sexualité ; qu'en outre, dans la mesure où elle pouvait en présenter quelque trace en écho, c'était une femme malade. C'est-à-dire une femme à soigner.

Freud, que l'on a ensuite accusé d'avoir restreint le rôle et l'importance des femmes, a donc annoncé quoi ? Il a annoncé cette chose, que je raccourcis d'une manière qui la rend un peu scandaleuse mais qui a été absolument effrayante, et l'est restée, pour tous les hommes et surtout pour ceux de son temps, cette « mauvaise nouvelle » qui ne lui a pas été pardonnée, à savoir que la femme était la prostituée. Comment pouvait-il formuler une telle chose, sinon en impliquant que la prostituée est une sorte de femme hyper-normale ? C'est-à-dire que Freud, d'une manière qui ne pouvait que semer l'épouvante, a assis l'image de la femme comme sexe fort face au sexe précaire, au sexe faible, au sexe masculin. Si en cette fin du XXe siècle il était encore nécessaire de prouver l'importance de cela, il suffirait de regarder autour de soi, et de prendre en considération ce qui se produit avec ce dont tout le monde sait que le prochain millénaire sera marqué, c'est-à-dire la montée en puissance de l'islamisme. Il suffit de voir ce qu'affirme l'islam avec ses tendances intégristes, mais jusqu'à un certain point il n'est pas le seul, que pour beaucoup la femme est un être qui sème la terreur en raison de son pouvoir sexuel.

On peut au passage mesurer l'aberration du féminisme type « Mouvement de libération des femmes ». La stupidité d'un tel mouvement, c'est d'avoir porté au carré l'absurdité de la critique — c'est elle, finalement, qui est petite-bourgeoise — faite à Freud sous ce rapport. Car en voulant faire des femmes ce qui, pour les militantes féministes, était l'« égal des hommes », elles ont passé au rouleau compresseur la grandeur de la stature sexuelle que Freud avait conférée aux femmes. Elles l'ont réduite en poussière.

Or, pour en revenir maintenant au désir, qu'il s'agisse du désir en général ou du désir de quiconque, le désir n'a que deux versants particuliers : l'un est celui de l'amour, et l'autre celui du pouvoir. Celui de l'amour n'est d'une certaine façon pas dissociable de ce qu'il en est du sexe, et celui du pouvoir lui est intimement associé pour la raison très simple que le pouvoir a un parti indissociablement lié à l'argent. Rapport du sexe et de l'argent qui, souvent implicite dans l'œuvre de Freud, se révèle plus lisiblement, dirais-je, dans certains écrits, particulièrement limpides sous forme de consigne. À savoir dans ceux qu'il a laissés comme écrits *techniques* où il enjoignait très clairement à l'analyste de se comporter par rapport à l'argent de la même manière qu'il se comportait par rapport au sexe. On pourrait dire que cela va de soi, au sens où précisément c'est ce qui va le plus difficilement de soi. Point souvent implicite, disais-je, chez Freud, et tout à fait explicite chez Lacan.

Explicite chez Lacan, je ne sais pas si cela va se retrouver, si cela a été consigné dans la production du séminaire, ou encore si c'est déjà quelque part dans ce qui a été imprimé — en tout cas cela a été proféré dans son enseignement oral, dont je garde, à cet égard, un souvenir très net. Lui, il le disait de la façon suivante : sexe et argent sont comme les deux faces de Janus, les deux faces du même objet. Donc de ce que d'une certaine façon Freud dépose, je dirai même, au milieu de la table : objet à voir, à apprécier, à renifler, si l'on veut, par ses contemporains, par les penseurs, les philosophes, les hommes de science. Il serait vain de préciser qu'un tel objet — il est peut-être stupide de le souligner — ne sent pas très bon : car après tout, pourquoi l'argent sentirait-il mauvais, et pourquoi le sexe sentirait-il mauvais ? On peut dire néanmoins qu'il ne sent pas très bon, car c'est un objet qui ne peut manquer d'engendrer toutes les productions phobiques dont l'être humain est capable.

À partir de là, Freud disparu, va commencer un exercice de fuite à petits pas, à grandes enjambées ou à tire-d'aile, fuite en tout cas hors de ce lieu-là — faut-il l'appeler l'espace ou l'enclos freudien ? Quoi qu'il en soit, la recherche, très vite, va courir après les moyens de *quitter Freud*. Les moyens de quitter Freud, de quitter le freudisme, de quitter quelque chose dont j'ai essayé de restituer au début de ce propos une sorte de parfum. Aller loin de Freud, le plus loin possible. Loin de Freud, c'est-à-dire sans jamais oublier de quoi l'on se sauve, car fuir ainsi est évidemment la façon la plus sûre de pouvoir continuer à s'affirmer dans une réelle dépendance, dans une réelle affiliation par rapport à cette instance ou à cette autorité. Il est évident que si je me sauve de quelque chose et que je rappelle à tout moment, que je donne sans cesse à sentir, de quoi je me sauve, je souligne fortement que c'est ce dont je dépends, ce à quoi je suis négativement assujetti pour mon salut.

Comment cela va-t-il se faire ? Cela se fera d'une manière qui, d'une certaine façon, va donner raison à la consigne freudienne d'analyser le plus vite possible. Parce qu'il y a des choses, au niveau à la fois du quotidien, du manifeste, du conscient — ce qui n'est quand même pas rien — qui effectivement se trouvent remaniées. Quand Freud disait : « Dépêchez-vous d'analyser tant que l'inconscient est accessible », cela ne voulait quand même pas dire qu'il imaginait que l'inconscient allait changer de nature, ou se métamorphoser. Non, il ne pensait certes pas que la structure psychique telle qu'il la proposait allait se modifier, ni que les rapports entre ce qu'il avait posé comme étant les trois instances allaient se transformer. Il voulait signifier que le rapport à tout cela, le rapport que l'être humain entretient avec, à la limite, son monde familier — et quoi de plus familier que sa vie psychique, où le familier est en même temps ce qui lui est le plus étranger —, que ce rapport allait changer rapidement. Et lorsqu'il enjoignait de se hâter, c'était, je trouve, une prémonition extraordinaire. Car moi qui appartiens à la génération de l'immédiat après-guerre, j'ai, dans l'observance de cette consigne, plus de quarante années de pratique maintenant ; et pendant au moins la moitié de ma vie professionnelle, ce qui est beaucoup, je m'étais entretenu dans l'idée que finalement rien ne changeait, rien n'avait changé et rien ne changerait.

J'avais à la fois tort et raison, parce que au-delà de

ce que l'œuvre freudienne apportait, au-delà de l'ensemble de ce que nous avons en d'autres circonstances appelé les *shibboleth* de la psychanalyse, il faut reconnaître que je ne voyais pas grand-chose et que je n'avais pas de raison de voir grand-chose. Quand je disais que rien n'avait changé, que rien ne changerait, j'entendais par là que le complexe d'Œdipe n'avait aucune raison de changer, qu'il était universel, qu'il affectait également les hommes de toutes les sociétés ; qu'il en était de même pour le complexe de castration, etc. Que par conséquent les gens ne changeaient pas. Je n'avais pas tort. Mais ce que je n'imaginais pas, c'était à quel point le reste allait changer, à quel point le monde allait changer. Je ne pouvais pas le concevoir, car il faut bien se dire qu'il n'était pas pensable, véritablement, en dehors de certaines anticipations scientifiques, en dehors de la science-fiction, et en laissant de côté les prémonitions apocalyptiques, que l'être humain allait tranquillement stocker dans ses hangars et dans ses entrepôts de quoi tout faire sauter, la planète, lui-même, et tout le reste, en appuyant sur un petit bouton. Je ne pense pas que l'être humain pouvait, il y a trente ans encore, se représenter qu'en appuyant sur moins qu'un petit bouton, sur une touche d'une taille telle que seul un microscope pouvait permettre de le discerner, il obtiendrait une quantité d'information gigantesque, avec une rapidité inconcevable. Je fais naturellement référence à l'informatique. Il me paraît inutile de vouloir démontrer que quels qu'aient pu être l'inventivité et le pouvoir d'imagination dont on disposait, lorsqu'il y a trente ans nous avons commencé à voir apparaître les premiers grands ordinateurs — grands comme des usines et qui permettaient d'effectuer, dans un laps de temps extrêmement raccourci, des opérations d'une complication et d'un volume démesurés —, il était impossible à cette époque de savoir ou de prévoir que ces opérations-là s'effectueraient à l'aide de quelque chose qui tiendrait, à *notre* époque, sur moins qu'une tête d'épingle.

Je ne pouvais donc pas imaginer tout cela. Je ne pouvais pas non plus savoir, au lendemain de la guerre, que pour ce qui était de la sexualité et des questions qu'elle pose — c'est-à-dire pour ce que la question de l'inconscient offre à la sexualité comme possibilité de réponse au niveau de l'agir — surgiraient des facilités telles que leur portée ne peut s'apprécier véritablement que de nos jours : avec pour revers la diffusion endémique de maladies sexuellement transmissibles qui se sont mises à ravager le monde. Nous commençons seulement à mesurer ce qui est arrivé à la sexualité du fait de ce qui a fonctionné au premier abord comme une liberté. D'autre part, je ne pouvais pas non plus imaginer, à cette époque, ce que la biologie contemporaine allait avoir comme résultat dans le registre des valeurs, dans la vie des sociétés. C'est un sujet sur lequel il n'y a absolument aucune raison de s'étendre, car il faut véritablement, à mon avis, être aveugle pour ne pas voir que la seule valeur qui fonctionne dans le monde occidental de nos jours — et par valeur j'entends ce que cela a toujours voulu dire, c'est-à-dire quelque chose qui en aucun cas ne peut être traité par le mépris : cela peut être traité par le dégoût, cela peut être traité par l'hostilité, voire la guerre ouverte, mais cela ne peut pas être minoré —, c'est l'argent.

Depuis la chute du nazisme, la ruine du marxisme-léninisme, et ajoutons-y ce qui fut peut-être, d'une certaine façon, encore plus monumental, l'avènement et la dégringolade du maoïsme, il est tout à fait patent, tout à fait perceptible dans le rapport des gens entre eux que l'argent est la seule valeur.

Il est évident que si nous ne perdons pas de vue le rapport du sexe et de l'argent, nous verrons qu'a été complètement modifié le rapport des êtres humains avec le temps. Il y a là quelque chose de fondamental. Lorsqu'on remontait l'histoire des rapports des êtres humains avec le temps, on ne pouvait le faire sans revenir à certains points de repère, comme l'alternance de la lumière et de l'obscurité. Puis, à cela vint se substituer quelque chose qui allait s'inscrire davantage dans une temporalité chiffrable. Depuis l'invention des horloges, on pouvait dire que d'une certaine façon le calendrier de l'horloge réglait la vie d'une façon acceptable pour tout le monde. En gros, il y avait l'argent, *time is money*, mais le temps, dans cette équation, était celui de l'horloge. Maintenant le temps de l'argent n'est plus celui de l'horloge, c'est celui des ordinateurs, c'est-à-dire que maintenant le temps échappe à ce qui en était précédemment la mesure. On verra ce qu'il en est advenu pour l'argent.

Or, il se fait que l'analyse est contemporaine d'un rapport au temps, elle s'est tout de suite inscrite *avec le temps.* Avec le temps, on en arrive à quelque chose de central dans l'histoire de la psychanalyse en général, qui a été immédiatement déterminant. Comme a été décisif, dans la génération de psychanalystes à laquelle j'appartiens, quelque chose du rapport de la psychanalyse aux femmes. On ne saurait trop insister sur la difficulté du maniement du temps dans la psychanalyse. Je dirai que l'analyste, l'analyste débutant surtout, mais pas seulement lui, se heurte immédiatement aux deux questions. Il a son rapport d'analyste au temps, rapport qui ne lui est pas venu sans quelque peine, et dont l'accession lui a été facilitée par son analyse. Il va bientôt se trouver avoir affaire à des analyses de femmes, et là déjà, il va tomber sur un os. Assez rapidement il va se trouver en présence de quelque chose dont il ne saura, d'emblée, que faire. Il va lui arriver de ne pas savoir à quel saint se vouer sous le rapport du temps, parce que des femmes lui diront, après un certain temps d'analyse où elles n'avaient absolument pas mis en cause la durée de celle-ci, que maintenant il va falloir se dépêcher, parce que maintenant il va s'agir de *procréer*. De procréer pour les raisons les plus diverses, dont certaines seront tout à fait justifiables physiologiquement, médicalement, etc. Il aura beau rappeler que l'analyse privilégie systématiquement l'élaboration, elles lui feront poliment un bras d'honneur : d'abord, naturellement, en procréant, puis en lui disant qu'il n'a aucun respect pour les valeurs sacrées de la maternité, les nécessités physiologiques de la procréation, que sais-je encore ; en tout cas qu'il n'a aucune compréhension de certaines choses, lesquelles sont prises dans un rapport au temps, rapport chez elles sexuellement inscrit, et déjà depuis leur puberté, dans un rythme lunaire. Voilà quelque chose dont il aura à prendre son parti, comme il a déjà été invité à le faire des « indispositions », ainsi que le disait autrefois le langage des femmes, chaque vingt-huit jours.

Lorsque va arriver la question de la maternité, il va se trouver en présence d'un impératif supplémentaire, spécifiquement lié à la position féminine. En outre, il va s'y trouver affronté d'une manière dont l'autre bord est constitué par une autre prolifération cellulaire, mais, elle, pathologique, c'est-à-dire la prolifération cancéreuse. Cela aussi va le confronter à quelque chose où son rapport analytique au temps va se trouver défié (mais tout cela n'est que parenthèse pour s'introduire au sujet). À cela s'ajoute, de nos jours, tout ce qui concerne ceux qui s'adressent, étant séropositifs, à la psychanalyse, sachant donc qu'à terme ils sont condamnés, non pas comme nous le savons tous, mais eux le sachant d'une manière si l'on peut dire scientifiquement plus avérée.

On ne peut donc pas dissocier, dans la vie analytique — et par conséquent dans ce qui va fonctionner dans la doublure de la position de l'analyste par rapport au temps —, on ne peut pas en dissocier sa *pratique* du temps pour autant que dans sa pratique il a des femmes. Il y a aussi que, dans cette pratique, il a affaire à un temps qui lui est raconté à deux niveaux différents. Il est d'abord l'objet d'un enseignement — l'enseignement freudien, où lui est transmis que l'inconscient ne connaît pas le temps

— propos lapidaire qui comme tout propos lapidaire est nécessairement, en première approche, énigmatique. La consigne conseille dans de tels cas de faire semblant d'être l'organisateur des mystères que l'on ne peut pas élucider. Par rapport à l'inconscient, il est donc recommandé d'avoir une attitude extrêmement déférente, orthodoxe, obéissante, et l'analyste va se faire lui-même l'apôtre de cette fable : l'inconscient ne connaît pas le temps. Et si on lui demande ce que cela veut dire, il dira que c'est dit comme ça, et que c'est ainsi que Freud nous l'a dit. Or cela veut dire quoi, finalement, que l'inconscient ne connaît pas le temps ? Cela veut dire que dans la position de l'analyste, la temporalité « ordinaire », dont nous avons esquissé le mode de fonctionnement habituel, nécessaire et coutumier — celui sans lequel l'analysant ou l'analyste ne pourrait pas sortir de chez lui sans courir les risques les plus immédiats, ne serait-ce que de passer sous le premier véhicule qu'il rencontrerait sur son chemin —, est défiée par un autre type de temporalité, exactement de la même manière dont le temps est, de nos jours, défié par l'informatique. Ce n'est peut-être pas sans quelque raison que certains analystes ont eu ces derniers temps l'idée d'esquisser une sorte de rapprochement spéculatif entre l'analyse et l'informatique. Ce temps est donc défié, parce que la temporalité au sens le plus clinique du terme doit se déprendre de ses rapports à sa pratique du temps, dans une situation où l'analyste devra faire admettre à son interlocuteur qu'il n'y a pas de limite dans le temps à ce qu'ensemble ils ont entrepris. Propos tendu dans une crise

permanente, parce que par ailleurs l'analyste va faire
admettre à son patient que rien ne garantit que le
rendez-vous du lendemain pourra être honoré, l'un
ou l'autre des protagonistes pouvant être entre-
temps frappé par la mort. Donc, évocation permanente de la limite qui nous est allouée par la vie.
D'un autre côté, l'analyste aura à soutenir que l'exercice dans lequel ils sont engagés n'a de sens vrai (au-
delà naturellement de toutes les visées réparatrices
ou restauratrices de quelque désordre, de pose de
quelque emplâtre ou rustine) que s'il se déroule dans
un temps qui doit se concevoir comme pouvant être
illimité. En outre, toute la pression va s'exercer dans
le sens d'un contrôle croissant du temps, remarque
particulièrement soulignée par Ferenczi. Il me
revient en mémoire qu'il y a quelques années, j'avais
commis un petit article où je disais : « Penser c'est
croire qu'on a le temps. » Comme le rappelle Marie
Moscovici dans un article récent sur « La lenteur »
(dans le n° 2 de *L'Inactuel* intitulé précisément
Emplois du temps), le temps ne nous lâche pas ; et,
comme elle l'ajoute, non seulement il ne nous lâche
pas, mais il induit une inhibition, voire une paraly-
sie de la pensée.

Pour en revenir à Ferenczi, il est donc essentiel de
garder à l'esprit le paradoxe d'une de ses remarques
majeures, dont je m'inspire pour ce commentaire,
qu'une analyse a d'autant plus de chances d'aboutir
rapidement que « le temps dont nous disposons est
illimité ». Ce qu'il appelle « la dimension absolue
du temps », celle du calendrier et celle de l'horloge,
qui n'est pas celle de l'« illimité » du temps de

l'analyse, est aujourd'hui contrecarrée d'une manière sans précédent par les technologies modernes. Ces paradoxes ne dispensent nullement le psychanalyste d'avoir à se préoccuper du temps des séances nécessaire à une pratique régie par cette double dimension temporelle : celle de l'inconscient qui ignore le temps, celle du temps de la vie. Au début de toute la pratique analytique, cette dernière s'est trouvée sous la pression exercée par la conscience du temps absolu. C'est ainsi qu'à la fin du siècle dernier, ou au tout début du xxᵉ, Freud parlait de son « patient honteux », c'est-à-dire de celui qui avait déjà quatre ans d'analyse. Il était honteux parce que quatre ans, c'est quatre ans de la vie de quelqu'un. Quatre ans passés dans l'analyse, c'est déjà un petit peu scandaleux, à cette époque-là de la psychanalyse.

Dans cette simple évocation, on s'aperçoit sans difficulté qu'en mettant en perspective, en toile de fond, le rapport du sexe et de l'argent, il est presque inutile de démontrer qu'il n'y a qu'à se baisser pour ramasser de quoi s'éloigner du freudisme, ou fuir l'analyse. C'est d'une évidence telle qu'il ne me paraît pas possible d'élaborer sur ce thème, et c'est précisément ce qui va se passer dans les productions de l'analyse dans l'après-freudisme. Je n'évoque pas par là les zones lacaniennes, mais l'après-freudisme « orthodoxe », c'est-à-dire celui qui reste rangé sous la bannière de l'association créée par Freud. Les premières fuites du freudisme se dérouleront plus directement dans la perspective de ce qu'il en est de l'insoutenable position où Freud a mis la féminité sexuelle. Pour échapper à cette position insoutenable, d'aucuns vont s'occuper à graduellement désexualiser la pratique de l'analyse : j'entends par là la théorie de sa pratique, l'idéologie de sa pratique, si l'on veut. Sous ce rapport, ce qu'il y a eu de plus productif, c'est d'un côté le structuralisme américain, qui va y introduire une sorte de nouvelle mécanique psychologique, ou après tout le sexe aura une position tenable : il ne sera nullement nié, il continuera d'être enseigné. De l'autre côté il y aura toute une partie de l'école anglaise, qui culminera dans l'idéologie du groupe dit indépendant, dont l'indépendance principale, qui naturellement n'a pas été dite comme telle, aura été d'être indépendante par rapport à Anna Freud, laquelle représente une des boutures peut-être, pourquoi pas, dégénérée du freudisme paternel. Il sera donc indépendant, ce groupe, essentiellement par rapport, justement, à Freud. Et il se rangera sous la bannière de théoriciens et de praticiens actifs, dont il importe d'ailleurs de remarquer que l'appui qu'ils prendront, en suivant Winnicott, sur la pratique de l'enfant, de la pédiatrie d'abord, de l'analyse d'enfant ensuite, est très révélateur, ainsi que du reste ce qui s'en est suivi : c'est-à-dire ceux qui de nos jours se déclarent tout à fait respectablement et ouvertement comme des praticiens se voulant exclusivement dévoués à l'analyse d'enfants, et affirmant ouvertement ne pas s'intéresser à l'analyse d'adultes. Affirmations qui peuvent se comprendre, parce que en effet à notre époque l'analyse d'adultes est prise dans quelque chose dont nous allons continuer à parler, dans une espèce d'entre-deux-chaises qui la met finalement dans un non-lieu

— alors que l'analyse d'enfants, elle, peut continuer à garder une certaine cohérence, je dirai, freudienne, pulsionnelle, parce qu'elle est encore à l'abri du moment où il va s'agir de s'affronter à la sexuation de l'autre. Parmi ceux-ci et en toute première place, tout le monde sait la considération que j'ai pour Winnicott, ce personnage exceptionnel, qui était un Anglais génial.

Au même moment, se développaient aux États-Unis des groupes qui étaient, eux, à mon avis totalement dénués de génie, mais non toutefois d'un certain talent, nantis en tout cas d'un sérieux savoir-faire dans l'instant (je pense à des gens comme Kohut). Eux sont allés jusqu'au bout de l'affaire, et ils ont véritablement balayé les coordonnées classiques du freudisme, de l'analyse freudienne, ses *shibboleth*, c'est-à-dire l'inconscient freudien tel que nous l'entendons.

Donc de nos jours, où la question du temps en analyse est régie de la manière dont elle est régie globalement dans nos sociétés, elle est naturellement indissociable de ce qui a trait au profit, aux marchandises, aux services ou aux objets. Elle est inséparable de ce qu'on appelle de façon tout à fait caractéristique un « produit ». L'évolution du langage est à noter. Tout produit doit engendrer du profit. Il doit engendrer du profit d'abord pour le producteur, et il doit pouvoir également apporter un profit pour l'utilisateur du produit. Par conséquent, dans une culture régie par la nécessité du profit, l'appréciation de l'utilité ne peut se faire que dans des limites, dans des marges d'appréciation de plus en plus étroites, aussi étroites que la durée de mise à l'épreuve d'un

produit ou du producteur d'un produit. Si aujour-
d'hui on recrute quelqu'un et qu'on le licencie le
surlendemain matin, alors que la même évaluation,
jadis, aurait pris six mois ou un an, c'est parce que
toute cette procédure comporte maintenant une possibilité de vitesse sans commune mesure avec le
passé. Le but thérapeutique de l'analyse a été parfois
considéré comme premier d'une manière qu'il n'est
pas nécessaire de rappeler. Il n'a pas fini de faire partie de l'axe essentiel de l'intérêt de son invention.
L'on connaît ma propre insistance sur les effets thérapeutiques de la pratique — aussi étonnante que
puisse paraître la nécessité d'une telle insistance. Il
n'en demeure pas moins que, dans ce dernier tiers de
siècle, nous avons assisté à l'envahissement du
champ culturel, y compris celui de ceux qu'on appelait autrefois les « masses laborieuses », par les effets
de ce que Freud avait apporté, découvert, révélé. C'est
un aspect des choses, car en même temps l'on pourra
dire, à un moment où l'analyse sera la plus discutée,
la plus critiquée, la plus bafouée, que jamais Freud et
le freudisme n'auront été aussi triomphants. On
pourra naturellement continuer à ânonner, concernant Freud, toutes les âneries qui ont été proférées
depuis très longtemps. Mais est-ce triompher que
devenir un personnage public, affiché dans tous les
kiosques, sur toutes les affiches ? (Voir celle, récente,
où l'on peut lire : « Qui est-ce qui vous a appris que
lapsus n'était pas un mot grossier ? ») Tout le monde
maintenant connaît le visage de Freud dans les ban-
lieues ouvrières, désormais « Billancourt » connaît
Freud. Seulement Billancourt, et aussi les sphères les

plus évoluées de la population, savent que si la Kulturarbeit est quelque chose que l'on peut situer par rapport à un certain horizon, la cure, avec son horaire, son inscription dans le temps absolu et son implication financière, se situe, elle, d'une manière qui ne permet absolument pas de traiter le temps tout à fait autrement qu'il n'est traité partout ailleurs.

Je laisse délibérément de côté toutes les thérapies parafreudiennes, métafreudiennes, les groupes et les séminaires de week-end, les cris primaux, les bioénergies et tout le reste, qui n'offrent pas d'intérêt particulier — ni d'ailleurs leur critique —, parce qu'ils constituent des phénomènes à la fois sans conséquence et sans grand danger, sans grand inconvénient pour la psychanalyse.

Mais bientôt, se propageant avec cette sorte d'avance que les États-Unis et le monde anglo-saxon ont toujours eue au niveau des pratiques, va venir jusqu'à nous une nouvelle proposition. À savoir : au lieu de prétendre, dans un temps illimité, amener le sujet à un accomplissement de cette *Kulturarbeit* (en français, on peut appeler cela travail de culture) qui est, finalement, une évolution de la vie de l'esprit, au lieu de s'atteler à conduire des citoyens, des travailleurs, des producteurs, vers un but de cette nature, soit en leur faisant débourser des sommes substantielles, soit en obtenant le financement de ce type de démarche (comme le font maintenant les Anglo-Saxons), on offrira une autre forme de raisonnement. On dira : considérez ces gens, vous remarquerez qu'ils ne sont pas inefficaces, qu'ils ne sont, finalement, pas tellement mal adaptés à la société, qu'ils sont compétents, qu'ils font bien leur travail. Évidemment, ils disent qu'ils souffrent ; eh bien, il existe à leur plainte une réponse, et vous pourrez la leur proposer : « Écoutez, il existe peut-être en effet, en vous, des choses dont M. Freud a parlé de manière très intelligente et tout à fait saisissante ; seulement, parlons-en ensemble dans la langue de tous les jours, et vous et moi allons nous apercevoir qu'il y a dans tout cela un simple problème de *compréhension* (quand je dis compréhension je ne fais que traduire le mot utilisé dans la littérature anglo-saxonne, c'est-à-dire *understanding*). Ainsi nous allons comprendre que, si je vous comprends bien, je vous aiderai à comprendre ce que vous n'avez pas compris, et qu'ainsi, votre compréhension appuyée sur la mienne et la mienne épaulant la vôtre, un résultat va se trouver atteint, qui jusque-là avait été absolument hors de portée de votre entreprise psychique : c'est que vous allez *comprendre* pourquoi vous n'êtes pas heureux. Car vous souffrez de quelque chose qu'un environnement, dont je comprends comme vous pouvez le comprendre que la pression sur vous est éminemment pathogène, ne peut manquer de produire en vous des effets amers, dont il est avéré, et la suite le prouvera, que si vous les comprenez mieux ils deviendront moins amers. Du même coup, votre vie tout entière deviendra plus agréable. »

De tout cela, les conséquences sont fortes : c'est qu'à une telle proposition nulle parade n'est possible, parce qu'il est toujours à la portée de n'importe qui de dire en n'importe quelle circonstance :

« Je suis malheureusement entouré d'un peuple de grenouilles. » Il reste que, faute de dissoudre le gouvernement, on peut évidemment dissoudre le peuple — mais c'est quand même une entreprise ardue.

Telle est, grosso modo, la situation de l'analyse aujourd'hui. Je ne m'étendrai pas sur ce qui me paraît être un pur artifice, c'est-à-dire ce que les Anglo-Saxons appellent « a shot in the arm », une injection dans le bras — c'est-à-dire à un endroit d'où n'est jamais issue la parole, une sorte d'intraveineuse que Lacan au début de son parcours a tenté d'effectuer dans un freudisme qu'il voyait sur la voie d'un flétrissement accéléré. C'était une fiction, mais de celles dont le temps fait des illusions. Les illusions sont sans avenir, et je ne dis pas que cela soit un mal. Je ne me prononce d'ailleurs pas sur l'avenir de ce que l'on doit appeler le lacanisme (car là il faut aussi appeler la doctrine par le nom de son énonciateur). Je ne parle que de cette réminiscence du freudisme, de la manière dont elle fonctionne dans ce que l'on appelle la mouvance lacanienne. C'est un courant où le freudisme paraît pris et qui donne terriblement la main à tout ce qui a précisément contribué à le flétrir, à en dissoudre les restes qui continuaient à se refléter, ici ou là, dans cette sorte d'étang saumâtre où baigne quelque chose de la culture en cette fin de siècle. Eh bien, je ne pense pas que le freudisme, et par conséquent la psychanalyse, trouvera là un renouveau.

Ne vous méprenez pas sur le sens de ce que j'entends par là. Je ne suis ni en mesure ni en position de pouvoir juger si j'ai tort ou raison de lier au sort du freudisme un aspect selon moi précieux de notre culture. Et lorsque je parle du flétrissement du freudisme — car le freudisme et la distance prise par rapport à lui sont ici notre sujet —, je n'en fais pas un trait essentiel de l'héritage lacanien. Dans tous les groupes, les associations, les sociétés d'analyse, il y a, il reste des minorités pour lesquelles le freudisme, l'œuvre de Freud restent des lieux connus, fréquentés et forts. Mais la démographie analytique impose de considérer cela dans la perspective du peuple qui se réclame de la psychanalyse et où la majorité (le marais, si l'on veut), au sein même des milieux dits orthodoxes, appartenant à l'Association psychanalytique internationale, est déjà très loin, elle aussi, des sources freudiennes.

Il s'en témoigne éloquemment et a contrario par l'insistance du qualificatif « freudien » dans le nom de nombreuses organisations, en Europe ou aux Amériques. Pourquoi cette insistance, si ce n'est pour rappeler un lien devenu si ténu ?

Naturellement, cela n'a jamais voulu dire que ceux que l'on appelle, le plus légitimement du monde, les psychothérapeutes vont se trouver emportés dans la tourmente. Diable non ! Je ne suis pas en train d'opposer la psychothérapie à la psychanalyse. C'est une vieille histoire : tout le monde sait que la psychanalyse, étant un traitement non pas *de* l'esprit mais *par* l'esprit, est évidemment une psychothérapie. Je veux dire qu'elle n'est pas la seule façon d'aborder par l'esprit la vie psychique et la vie mentale des gens. Le champ des psychothérapies s'étend et ne va pas cesser de s'étendre. Il le fera, naturellement, aux

dépens du terrain qui aurait été celui de la psychanalyse si celle-ci n'avait pas conquis la quasi-totalité
d'un certain champ de pensée, d'un certain champ de
la culture. Ce sont les psychothérapies qui vont peu-
pler ce champ. Elles ne perdent pas leur rapport au
freudisme, parce que précisément elles le fuient et le
dénoncent. C'est ce qui affirme leur rapport avec lui,
d'une certaine façon indissoluble. Il n'est pas question qu'elles cessent de s'étendre, parce que la pression sociale, celle justement que les Américains ont
si bien montrée, s'accroît, et puisqu'il est possible,
on l'a noté, de voir en cette dernière la source de
l'amertume de l'existence. Elles s'étendent d'autant
plus que, pour ces mêmes raisons, les gouvernements
des pays civilisés, en tout cas dans la communauté
européenne, vont prendre en charge, au niveau de la
prévention, bref au niveau de la santé publique, les
frais que ces psychothérapies vont occasionner.

Dans tout cela, il est clair, je pense, que du freudisme, tel en effet que Freud l'a inventé, il ne peut
plus subsister grand-chose. Car comme tout tableau,
il n'est pas quelque chose qui puisse se débiter en
tranches, sur le mode : « Du freudisme je garde le
divan mais jette le fauteuil, ou je garde le fauteuil et
jette le divan, ou je garde l'interprétation et l'intérêt
pour les rêves, mais pas le rôle de la sexualité », etc.
Le freudisme s'évacue à partir du moment où il doit
se *prescrire* nécessairement par voie gouvernementale,
économique, gestionnaire, sous la houlette du corps
médical. De tout cela, tout à fait inévitablement, il
est évident que le freudisme a fui.

Par conséquent, pour l'analyste que je suis, en cette fin de siècle, ayant inauguré son parcours au début de la seconde moitié de celui-ci, que reste-t-il de l'analyse ? Il reste quelque chose qui continue évidemment à me motiver vivement, il reste la pratique : non pas simplement en tant qu'usage du divan ou du fauteuil, mais parce qu'il s'y produit des choses qui, pour un homme de mon âge, sont — si j'ose dire — extrêmement agréables. J'entends par là : des souvenirs d'enfance. C'est-à-dire les bons moments de cette saison, par ailleurs extrêmement difficile, qu'est l'enfance. Il y a dans l'enfance de bons moments, certains bons moments, qui laissent en tout cas de bons souvenirs. Alors, dira-t-on, quels sont les bons moments d'« enfance analytique » pour un analyste de ma génération ? Ce peut être naturellement ceux qui, pour faire plaisir à l'analyste d'âge mûr que je suis, vont se produire chez l'analyste mon cadet, et se dérouleront comme dans un manuel. Tout ce qui est supposé devoir se produire se produira. Vont affluer toutes les représentations qui marquent et qui signalent, dans une sorte de cohérence avec le parcours de l'analyste fin du siècle que je suis, non pas du tout le sentiment de son utilité mais celui d'avoir vécu une certaine époque et même d'y avoir contribué, d'avoir apporté sa propre participation à la prospérité de quelque chose que l'on a pu appeler « mythologie ». Cela fait un peu ancien, un peu démodé comme vocabulaire et comme façon de parler, que de se dire satisfait d'avoir vécu et d'avoir contribué à la prospérité d'une fiction. C'est qu'à mes yeux il s'est avéré que cette fiction n'était pas une illusion.

Freud écrivain :
traduire ou standardiser * ?

La psychanalyse serait-elle, de nos jours, saisie par la traduction comme Monsieur le Trouhadec par la débauche ?

Bien des choses tendraient à le faire croire, qui du même coup inclineraient à n'en pas faire grand cas. L'air du temps, une mode qui passe, comme d'autres avant celle-là. Mais ce jugement lui-même, de ce genre bien connu, ne fait que reconduire le cas particulier d'une frivolité générale contre laquelle la présente livraison de *L'Écrit du temps* devrait prétendre élever quelque barrage.

Mise au point nécessaire au double titre de la traduction et de la psychanalyse. Quant à la tâche d'en traiter, elle se présente de façon assez redoutable. Comment le faire sans se poser en donneur de leçons ? Difficulté insurmontable quand traducteur, l'on est soi-même traduit dans son être même si nous avons en mémoire ce que Freud disait des noms

* *Paru dans le n° 7 de la revue* L'Écrit du temps, *Éditions de Minuit, 1984.*

propres. Traduit ou tout au moins transcrit d'un alphabet à l'autre. Déplacement banal et ordinaire, mais puis-je pour autant en apprécier les conséquences ?

Rôle du donneur de leçons, bien plus que de celui qui prêche par son exemple. Car pour traiter de la question, il faudrait traiter de son histoire. De cette histoire, le cours ne peut être vu autrement qu'au moyen de ce qui lui donne sa consistance, c'est-à-dire les localisations. Question posée dans les lieux que sont les langues, dont les lieux, à leur tour, sont des régions. Dont les noms sont des nations.

Rappel d'évidences, certes, dont nul ne nie le bien-fondé. Mais il se fait que la majorité des débats dont la traduction peut faire l'objet, y compris des débats internes à sa pratique (et concrètement sur texte, autour d'un mot), font mine d'évacuer et du reste y parviennent, le poids, fort écrasant à l'occasion, de ce que la traduction convoque ainsi. L'on n'en trouve plus la trace que dans les plaisanteries, échos renvoyés par un folklore. Et pour notre affaire franco-allemande, jusqu'à sa reprise récente, le niveau de sa théorisation faisait partie égale avec les récits de la charge de Reichshoffen.

Façon de dire sans mine contristée l'importance, pour ne pas dire l'énormité, du marécage dont il importait de dégager la question de la traduction. Et pour ce qui concerne les psychanalystes, la traduction de l'œuvre de Freud.

La liste des collaborateurs à ce numéro, du fait qu'elle m'est connue, m'empêche de m'étendre, comme je l'aurais fait en d'autres circonstances, sur la question de la traduction comme telle. Je craindrais les redites. Mais quitte à m'en rendre coupable, comment pourrais-je même feindre de laisser croire que si la traduction de l'œuvre de Freud, jusqu'au moment où elle a commencé à faire l'objet d'un travail concerté par ceux qui ont soumis à un nouvel examen les traductions établies avant la guerre et peu après, s'est trouvée gérée comme elle l'a été, il faille l'attribuer à une conjonction toute particulière de facteurs adverses. Certes il y en eut, qu'il ne m'intéresse plus de dénoncer. Mais plus fondamentalement la gestion candide, l'amateurisme qui marquèrent ces traductions de Freud, ne firent que refléter l'état de la réflexion, dans ce domaine, d'un public que l'on dit cependant cultivé.

On a traduit comme Monsieur Jourdain faisait de la prose. Si l'idée d'une traductologie surgit de nos jours, évitons de nous gausser du terme et du sérieux qu'une génération nouvelle vient mettre en ces matières, et souhaitons le meilleur avenir possible aux séminaires dont cette discipline donne à présent l'occasion. Quant à la discipline, il est bien clair que dans son champ et parmi ceux qui la fréquentent, même parmi ses initiés, nous verrons se former des positions et des opinions divergentes, voire opposées. De cela également ce numéro donnera sans doute le reflet. Reste que la question est maintenant portée sur la place publique et qu'elle cesse d'être l'affaire du caprice et de l'arbitraire.

C'est dans ce mouvement de ré-inscription d'une pratique, celle de la traduction, dans l'ensemble du champ théorique dont sa discipline relève, que j'interprète et que je situe ce numéro de la revue. Le choix de ses collaborateurs le manifeste. Parmi eux, un absent, Efim Etkind, professeur de littérature, Russe dissident émigré qui enseigne en France, et dont l'ouvrage *Un art en crise. Essai de poétique de la traduction poétique* [1] aurait dû lui ouvrir un accès au présent recueil. Je mettrai au crédit de son livre la force de l'expression étayée d'illustrations probantes d'un diagnostic propre à étonner une opinion nourrie des mérites de Gérard de Nerval. La traduction littéraire française est dans l'ensemble dans une situation dramatique. Elle est dans une large mesure responsable de cette sorte de moindre aptitude à être le support de l'expression poétique, qu'on avait fini par lui reconnaître ou lui concéder. Serait-il déplacé d'évoquer ici des impressions de prime jeunesse, et leurs suites ? Elles n'amènent à faire état de l'importance de la traduction dans les discussions sur la littérature au sein des milieux russes émigrés, tout influencés qu'ils étaient par les Cercles de Prague et de Moscou. Là et à ce moment, ce qu'on appelait la discussion littéraire entraînait inéluctablement la question de la ou des traductions, ne fût-ce que pour la raison bien simple que les débats se répandaient sur plusieurs langues, et aussi parce qu'en plus grand nombre que d'autres les Russes écrivirent et versifièrent en deux langues, ou plus. Pour l'ethnocentrisme des pratiques françaises, c'est à Antoine Berman que l'on se reportera avec profit [2]. Et de tout

1. Efim Etkind, *Un art en crise*, Slavica, L'Âge d'homme.
2. Antoine Berman, *L'épreuve de l'étranger*, Gallimard, 1983.

cela, pour moi, plus tard, ailleurs, nulle trace, nul écho. À quoi l'on objectera que si la pertinence d'un tel constat est probable pour ce que l'on appelle la littérature, et la poésie en particulier, l'on voit mal l'intérêt de ces considérations pour ce qu'il en est de la psychanalyse. Ou plutôt on l'aurait objecté il n'y a encore pas si longtemps.

Contrairement à ce que l'on pourrait trop rapidement penser, cette remarque ne désigne pas l'ouverture, par ailleurs incontestable, que Lacan a procurée à la lecture française de l'œuvre de Freud. Car justement s'il a averti impitoyablement le lecteur de la quasi-inutilité des anciennes traductions françaises, il a laissé les redressements qu'il a pu y opérer se mettre selon la plus forte pente, au compte d'une élévation supérieure, bien évidente d'ailleurs, de sa réflexion sur l'œuvre de Freud. En ce sens, sa critique de la traduction de Freud fut une critique sans principes. Je ne vois pas d'autre raison au fait que la pratique de la traduction de Freud n'ait tiré aucun profit de ses critiques et de ses corrections. Pourquoi s'est-il lui aussi abstenu de faire valoir, pour la traduction de cette œuvre, toutes les exigences dont on ne peut faire l'épargne pour un texte littéraire ? Et s'il a utilisé à l'occasion les procédés de l'analyse littéraire, a-t-il préféré éviter à l'ensemble de l'œuvre d'être vue et donc traitée comme une œuvre littéraire, requérant par conséquent une traduction cohérente avec sa nature ? Le rappel, devenu maintenant obligatoire, du prix Goethe, prix littéraire, seul prix important que l'œuvre obtint du vivant de son auteur, nous masque des évidences criantes. La toute première est l'expression, comme telle, de « littérature analytique ». Toute science, toute discipline produit ses textes. L'on parle certes de « littérature historique », et l'on peut dire « littérature biologique », mais tout juste... La « science » psychanalytique commence par un ouvrage, *L'interprétation des rêves*, écrit dans cette langue curieuse dont d'autres ici parlent mieux que je ne saurais le faire [1]. Dans cette langue freudienne s'effectue un usage ironique de la langue allemande, dont il faut remercier Antoine Berman d'avoir rappelé au lecteur français que, face à elle, le français était une langue si rigide, si corsetée, que Goethe déjà en soulignait le contraste avec le caractère débridé de l'allemand.

Traumdeutung, donc, qui trouvera à peine cinq cents lecteurs et qui sera la première pierre d'une œuvre dont l'index, d'apparition bien sûr relativement récente, est à lui seul propre à ouvrir les yeux. En voici quelques rubriques :

— registres des symboles, registre du parler (*Sprachregister*),

— registre des citations, registre des comparaisons, des métaphores et des équivalences (*Gleichnisse, Metaphern, und Vergleiche*),

— registre des anecdotes, des mots d'esprit et des jeux de mots,

— registre géographique et ethnologique [2].

---

1. Que l'on se reporte aux écrits de G. A. Goldschmidt sur la langue de Freud, dans plusieurs livraisons du *Coq Héron*, et dans le numéro 2 de *L'Écrit du temps*, « Langues familières, langues étrangères ».

2. S. Freud, *G. W., Gesamtregister*, « *Inhaltsverzeichnis* ».

Du reste, la traduction de cet index en langue anglaise suffit à mettre en lumière et les avatars de cette traduction et la problématique de toute traduction. Plus précisément, un aspect particulier de cette problématique et un avatar spécifique de toute traduction, de la traduction de l'œuvre de Freud en particulier : celui qui consiste à traduire d'un seul mot ce pour quoi dans l'original on en lit plus d'un. Procédé cohérent avec ce que j'appellerai une certaine idéologie de la traduction (au sens où il y en a plus d'une), mais dont il importe de ne sous-estimer ni l'importance comme choix, ni les conséquences aussi loin qu'elles puissent se déployer. Le principe de ce procédé se redoublera d'un tour supplémentaire (de vis et de gravité) au niveau de l'une de ses suites, à savoir se tenir ou ne pas se tenir, dès lors, au mot unique choisi. Une autre occasion se prêtera à ce que l'on revienne sur ce point.

Toute science qui s'est écrite a donc des lecteurs. Lapalissade ? Et oui, et non. Car les disciplines dont la fréquentation est compatible avec la pratique de ce que l'on appelle « les morceaux choisis », épreuve littéraire sans aucun doute, occupent dans la science un secteur très restreint. Précisément là où se posent les problèmes spécifiques de la traduction sous l'angle où nous l'envisageons ici. Nous avons donc un « *psychoanalytic Reader* ». Nous n'aurons pas de morceaux choisis de médecine et de biologie même si nous en pratiquons des abrégés.

Je ne pense pas pouvoir m'étendre davantage, dans le cadre de cette revue, sur les raisons que je crois définitives d'envisager les traductions anciennes de l'œuvre freudienne à la lumière de l'état de la question de la traduction en général en France à l'époque où elles se produisirent. Et pour les nouvelles, il faut, me semble-t-il, procéder de la même façon : dans une référence constante à une réflexion vivante et constamment alimentée par la pratique de la traduction par excellence, c'est-à-dire de la traduction littéraire.

On a tout récemment cru pouvoir opposer, voire trouver inconciliables, deux démarches, celle qui consiste à traduire l'œuvre, donc l'œuvre entière si faire se peut, le travail de Strachey étant là comme modèle historique et en quelque sorte autorisé ; et celle qui consiste à prélever un fragment de l'œuvre et à la soumettre à une pratique traduisante qui déplie, virtuellement à l'infini du secret des langues, les implications d'une telle pratique — sans en exclure l'établissement de tous les protocoles de méthode et de théorie qu'une telle démarche peut nécessiter.

La cristallisation d'une telle opposition réciproque se trouverait illustrée dans la mise en regard du projet d'édition française intégrale de l'œuvre de Freud sous l'impulsion et la responsabilité de J. Laplanche et la traduction d'un inédit avec son commentaire, par W. Granoff et J.-M. Rey [1].

Mais cette opposition est totalement factice et sans fondement véritable. Pour congédier sa pertinence apparente, il faudra revenir sur le travail de

---

1. W. Granoff et J.-M. Rey, *L'occulte, objet de la pensée freudienne*, P.U.F., 1983.

Strachey. Quant à la traduction commentée du *Vor-bericht* [1] augmentée de l'excursus dans le fragment oublié et produit par Freud onze ans plus tard, sa portée et sa visée ne prêtent à nulle équivoque. Cette démarche délibérément démonstrative ne peut que rendre un service à la discipline de traduction par l'illustration qu'elle apporte de l'intérêt et de la portée des suites produites par une pratique traduisante, pour peu que le traducteur, d'abord lecteur, ne refuse pas de se laisser saisir par les surprises de la lecture du texte original.

Bien sûr, il faut traduire ! Traduire toute l'œuvre. C'est à cette injonction, que l'on croirait moderne et de circonstance, que répond mon rappel préalable du retard pratique et théorique que la question avait subi en France. Il y a beau temps qu'ailleurs elle a produit ses effets ! Et c'est parce qu'il faut traduire, enfin, qu'il importe à présent de ne plus négliger ce qui de cette pratique est déjà établi. C'est également pourquoi le texte freudien se prête éminemment à la mise en jeu du meilleur de ce que le passé a déjà apporté. Car c'est son tissu même qui en requiert la mise en œuvre. Tissu — il s'agit bien entendu du texte allemand — dont la nature même a une valeur d'école et d'entraînement à l'écriture elle-même.

L'histoire passée des relations entre le monde anglo-saxon et certains d'entre nous, vue sous l'angle des politiques éditoriales et des traductions, l'illustre de

---

1. Sigmund Freud, *G. W.*, XVII, p. 24 à 44. Il s'agit du « Rapport préliminaire » sur la question de l'occultisme et de la télépathie qui fait l'objet du travail de Granoff et Rey, *op. cit.*

façon à la fois plaisante et convaincante. Il y a vingt
ans, la politique éditoriale des revues publiées en
anglais n'était pas ce qu'elle est de nos jours. Les raisons de cette évolution, dont une part est simple et
claire, n'ont pas à être envisagées dans ces lignes.
C'est ainsi qu'il y a vingt ans environ, une première
tentative eut lieu de pénétration de la littérature
analytique anglaise par des textes français écrits dans
le climat dit du « retour à Freud », dont la première
époque fut moins artificieuse que celle qui suivit.

La cheville ouvrière de l'édition anglaise se trouvait être un personnage second par le rang mais premier de loin par l'aptitude et le talent, qui représentait dans sa personne même, son histoire et son
évolution le produit le plus achevé d'une formation
anglaise, et en psychanalyse plus précisément. Entre
Masud Khan, car il s'agit de lui, et le signataire de
ces lignes, eut lieu un jour une discussion dont voici
la substance. Ce que nous écrivions, et moi nommé-
ment, n'était pas « *suitable for publication* » pour une
raison bien claire, selon mon interlocuteur : ces
écrits utilisaient la métaphore, procédé littéraire par
excellence, mais qui dans les sciences, dans la psychanalyse, n'était pas licite. Car en psychanalyse, ce
qui était requis en place de métaphore, c'était le
concept et l'explication. Nous y reviendrons, en
compagnie cette fois.

Or la première halte où se convoquent les traduc-
teurs dans leur pratique est bien le carrefour où plus
d'un mot de la langue de traduction se présente pour
traduire un mot de la langue originale. Même si ce
problème ne fait que représenter ce fait majeur que,

d'une langue à l'autre, les décisions internes à la langue même sont différentes pour effectuer la même opération de signification, et même s'il n'y a qu'un seul mot pour désigner une chose (« il faut, dans la visée intentionnelle, distinguer ce qui est visé de la manière dont on le vise. Dans " *Brot* " et " *pain* ", le visé est assurément le même, mais non la manière de le viser [1] »), la pluralité des mots n'en reproduit pas moins dans l'usage de la langue ce que ce même usage dictait à Freud comme procédé délibéré pour désigner, signifier les objets nouveaux et difficilement représentables produits par son écriture et son processus de théorisation. À l'usage pluriel des métaphores incompatibles entre elles, si justement pointé par J.-M. Rey dans « Le doublet de la métaphore », fait pendant, lorsque la difficulté l'exige, le déploiement d'une prodigieuse batterie lexicale.

Au niveau de sa textualité, le trait frappant dans l'œuvre freudienne, ce qui est responsable d'une part appréciable de son volume c'est-à-dire de sa substance même, ce que le lecteur français des débuts était supposé devoir en dénoncer de lourdeur germanique, d'obscurité (ses détours, ses méandres à l'occasion), c'est cette démarche d'encerclement d'une place forte, son investissement progressif, la saisie que Freud tente d'opérer de ce qui est nouveau, par sa langue et l'usage de ses mots. Cette remarque est à elle seule susceptible de faire sentir que toute visée

---

1. Walter Benjamin, *Mythe et violence*, Denoël, « La tâche du traducteur », p. 266-267.

simplificatrice ou organisatrice est grosse de dangers. Certains aspects de leur nature doivent être précisés en raison de l'enjeu de la partie qui se joue au niveau de la terminologie elle-même.

L'importance de l'expérience du divan pour la transmission de l'analyse n'est en rien réduite par la remarque qu'en elle ne peuvent cependant s'épuiser tous les effets d'une transmission. Donc les opérations de saisie d'objets problématiques par le *Sprachgebrauch* (que l'on pourrait peut-être avoir l'audace de traduire par « usage du parler »), ou d'objets dont la problématique est dans le *Sprachgebrauch* même, sont autant de moments, de temps actifs dans un travail de cheminement vers une conceptualisation possible. Si l'on accepte, comme je le fais, les vues de J.-M. Rey sur la situation du concept comme seul régulateur d'un pluriel d'incompatibles, il en découle que, quelle que soit la place que l'on accorde au fantasme de la discursivité philosophique, la responsabilité sera particulièrement redoutable au stade de la décision du terme qui, qu'on le veuille ou non, ramassera en les unifiant lexicalement tous les éléments du réseau représentatif. Cette marche inéluctable vers la conceptualisation, qui ne préjuge pas de son aboutissement et qui ne se fonde même pas dans sa certitude, n'en est pas moins un temps concret dans la marche vers la constitution d'un texte. Et dans la constitution de son double traduit, les possibilités de divergences, sur ce chemin-là précisément, seront considérables.

Pour en prendre la mesure, il convient de garder en mémoire des cas exemplaires de divergence maximale, et notamment celui où le texte de traduction produisant un résultat inacceptable pour le traducteur, cependant forcé de consigner son œuvre propre, celui-ci n'eut d'autre ressource que de l'assortir d'un « ce qui évidemment ne saurait être le cas » de son propre cru. De tels errements ne peuvent évidemment être mis au compte d'une ignorance énorme ou d'un comble de désinvolture. D'avoir laissé croire que telle pouvait être mon opinion me fait un devoir de présenter à mes lecteurs d'antan des excuses d'après coup. C'est la minceur, au moment où je m'exprimais dans ce sens, de ma propre expérience des embûches de la traduction qu'il faut incriminer pour cette hâte dans le jugement.

Mais à la difficulté dont on vient d'effectuer le survol s'ajoute celle qui porte à ses confins les possibilités de la traduction du texte freudien. Cette œuvre, étayée en partie sur les éléments de ce que j'ai appelé le lexique de l'inconscient de Freud, crée le même problème que celui dont il faisait compliment à Edoardo Weiss de l'avoir si exactement apprécié, lorsque celui-ci eut proposé pour la traduction en italien de la *Traumdeutung* la fourniture de rêves en italien. En effet des rêves allemands faits avec des mots allemands ne pouvaient — et là-dessus tous deux tombèrent d'accord — être traduits sans se vider ipso facto de leur teneur. Zone limite où l'on ne peut plus traduire, où, pour reprendre une formulation d'Antoine Berman, « c'est la structure même du texte comme texte qui dictera ici ce qu'il faut " traduire " ou " ne pas traduire " (au sens courant), *la non-traduction d'un terme valant comme un mode éminent de traduction* [1] ».

Ces réflexions dont on n'a trouvé ici qu'une esquisse emmènent la réflexion bien au-delà des termes premiers, dont la valeur pratique demeure évidemment hors de question, dans lesquels s'énonce habituellement l'aspect critique de la pratique de traduction. Nous en reprendrons l'expression chez J. Laplanche qui l'exprime ordinairement ainsi : « Chercher le plus obstinément la meilleure traduction possible et n'y renoncer qu'en toute dernière extrémité, mais ne pas renoncer trop tôt. » Renonciation qui pour J.-M. Rey et moi-même est le signal du passage nécessaire à la traduction généralisée.

L'on se trouve en effet déporté par rapport à ce type de formulation, du fait, dont le rappel prend tout son sens si l'on m'a suivi jusque-là, que dans l'établissement de textes menant à l'établissement de la traduction d'une œuvre, la problématique plurielle fonctionne avec une force intacte, car pour la meilleure traduction de l'œuvre il en est aussi plus d'une.

Inscrire leurs variations, voire encore une fois leur divergence dans un contexte historique au sens le plus compréhensif du terme, prendre acte du dépérissement possible des traductions, proposer même une durée de vie moyenne aux corpus qu'elles peuvent constituer, ne doit pas pour autant les inscrire dans une fatalité inéluctable, où la contemplation

1. *L'épreuve de l'étranger, op. cit.*, p. 302. Italiques de l'auteur.

du jouet en quelque sorte passif constitué par le traducteur et son texte — car telle est la conception implicite de la majorité — détournerait la réflexion de l'intimité d'une technique où sont à l'œuvre les options théoriques et les enseignements de la pratique, qui du même coup se trouveraient renvoyés au rayon des vanités.

Pour ce qui est des belles-lettres à proprement parler, la cause est bien connue, et même répertoriée. L'apport d'Efim Etkind à la documentation de cette cause est un apport contemporain dont à nouveau je salue la production. Mais lorsque l'enjeu d'une œuvre ne se contient pas uniquement dans sa littéralité, lorsqu'elle remorque tout ce qui s'est attelé au texte freudien, qu'il puisse y avoir plus d'une traduction entraîne des conséquences considérables, dont il est hors de question de dresser ici la liste car il ne serait pas possible d'en développer les rubriques.

*

C'est en ce point qu'il me semble opportun de mettre en regard deux œuvres d'importance inégale pour ce qui est du volume, mais comparables pour ce qui est du registre où fonctionne leur enjeu. À savoir, la *Standard Edition* de Strachey d'une part, et le *Vocabulaire de la Psychanalyse* de J. Laplanche et J.-B. Pontalis.

Ce geste, on pourrait le tenir pour nouveau, au sens où sauf erreur de ma part il n'a pas encore été tenté. Une nouveauté qui cependant n'entraîne

aucune part d'invention. Mettre en regard la monu-
mentale traduction et le *Vocabulaire* ne pouvait se
faire antérieurement pour la raison même qui
aujourd'hui non seulement le permet, mais encore y
oblige. À savoir le statut, partagé par les deux, de
texte établi et faisant autorité chacun à sa manière.

Encore fallait-il pour cela que le *Vocabulaire* passât
du rang de fleuron sur la bannière d'une association
de psychanalystes, à celui de texte établi. Et pour ce
faire, il n'est qu'un seul moyen : là encore, la traduction tout particulièrement celle qui fait entrer un
ouvrage dans la collection de la Hogarth Press, qui
édite la « Bibliothèque Internationale de Psychanalyse ». Cette consécration de l'établissement d'un
ouvrage fut conférée au *Vocabulaire* en 1973, sous le
titre très significatif de *The Language of psychoanalysis*, le langage de la psychanalyse. Ce titre de traduction fournit une sorte de réalisation écrite de l'acuité
d'une conjoncture dont le titre original limitait dans
un premier temps la portée. L'ouvrage fit son chemin au cours des dix années qui suivirent sa traduction et vit grandir sa place dans les bibliographies
des travaux anglo-saxons.

La fonction de cet ouvrage s'y montre parente de
celle que jouent les citations prises dans la *Standard
Edition*. C'est une fonction de confirmation de la jus-
tesse d'une démarche, le cachet d'authentification
d'une absence d'erreur. Une erreur dont les traces
remonteraient à l'erreur de lecture. Plus exactement,
l'ouvrage fonctionne comme guide de lecture, fonction dont la part silencieuse excède très considéra-
blement le peu qui s'en déclare dans ces proclama-

tions que constituent les références explicites, déclarées et consignées dans les bibliographies.

La subjectivité du commentateur — la mienne en l'occurrence — doit ici être écartée. Se rengorger d'une position qui prétendrait défier un conformisme, qui ferait un écrin à une singularité revendiquée, ne mènerait à nulle conséquence autre que celle de congédier son témoignage à l'heure des évaluations inévitables. Ces positions, car elles existent — « fontaine, je ne boirai pas de ton eau » —, prêtent même à quelque suspicion. Car pour ce qui est de la *Standard*, quel psychanalyste, du moins parmi ceux qui s'estiment concernés par l'œuvre de Freud, peut dire n'y avoir jamais eu recours !

Force est donc de prendre acte de ce fait décisif relatif à un texte qui a rang de texte majeur de la pensée et de la culture de notre temps : pour effectuer sa traversée, il y a de nos jours deux moyens, pour unir d'un mot le médium et l'instrument. Deux moyens autorisés et propres de surcroît à réduire le coût de la traversée. Pour écarter d'emblée tout malentendu concernant le sens de cette remarque, il suffira sans doute de rappeler qu'il y a toujours un avantage à rendre plus aisée une tâche difficile et qu'à mes yeux aucune valeur ne s'attache à la difficulté comme telle. De ce moindre coût, les suites me semblent donc plus importantes du côté de ce que positivement elles offrent comme conséquences que du côté de ce qu'elles feraient manquer. De plus, la convergence objective de ces deux moyens de l'épargne n'empêche pas pour autant de différencier leurs titres respectifs à se voir rangés l'un et l'autre du même côté.

La place du *Vocabulaire* est en effet à la fois complémentaire et antagoniste du texte de Strachey. Elle est antagoniste en ce qu'elle reconvoque l'allemand, pour tout lecteur. Elle l'est également du fait que dans le commentaire des termes choisis pour constituer ce *Vocabulaire* s'indique souvent une pluralité de directions possibles et donc virtuellement une pluralité de traductions possibles. Et en ce sens, la traduction anglaise de « vocabulaire » en « *language* » est un pas certes ambigu, mais qui cependant commente le texte de la *Standard* d'une façon qui n'excluait pas sa révision. Elle est du reste en projet. Peut-être ce *Language of psychoanalysis* y a-t-il à sa manière poussé.

Mais cet ouvrage est complémentaire au sens où même s'il complique l'accession aux certitudes conceptuelles, il n'en mène pas moins à la certitude renforcée par la garantie présente dans le mode d'accession. Cette complémentarité est d'ailleurs accentuée et minée en même temps par la traduction anglaise du titre.

La démarche des trois responsables de l'ouvrage et de ses deux auteurs précise sans équivoque que le *Vocabulaire* est de nos jours fondamentalement celui de Freud, le reste fonctionnant comme addition ultérieure. Le langage de la psychanalyse sera donc celui de Freud. C'est là que l'intrigue se corse. Car dans ce langage, l'opération qui consistera à prélever les termes les plus proches d'une conceptualité réalisée, ou ceux qui y ont effectivement accédé, mène

nécessairement à laisser dans les marges des termes
dont l'importance peut être incalculable pour la
lecture de l'œuvre : les termes dont le cheminement vers la conceptualité n'a pas abouti, les
termes clefs de ce que j'ai pris le risque d'appeler le
lexique de l'inconscient freudien et enfin les
termes de la langue, ceux de l'usage du parler, dont
le travail de J.-M. Rey sur l'exemple de l'« *Über-
sehen* » montre les conséquences possibles. Marges
qui sur cette route feront figure de bas-côtés. Ce
qui s'y trouvera sera déchet ou, selon l'expression
que je reprends à J.-M. Rey, concession temporaire
à la rhétorique.

Or le parti des auteurs est, sans équivoque, celui
de la clarification conceptuelle dans la perspective
d'une traductibilité anticipée de leur travail. C'est
justement du côté d'un parti à prendre inévitablement que le *Vocabulaire* est complémentaire de la
Standard. Ni Strachey, ni Lagache, Laplanche et
Pontalis n'ont méconnu la difficulté qu'ils ont
choisi de trancher. Ils sont rassemblés par les exigences du parti qu'ils ont pris. Sa formulation
explicite et condensée se lira dans ces lignes de
D. Lagache : « La vraie difficulté (...) n'est qu'ac-
cessoirement d'ordre linguistique. Si Freud écrivain s'est montré inventif, il a été peu soucieux de
la perfection de son vocabulaire. Sans énumérer les
types de difficulté qui se rencontrent, on peut se
borner à dire qu'il en est de la terminologie analytique comme de bien des langages ; la polysémie et
les chevauchements sémantiques n'en sont pas

absents ; plusieurs mots n'appellent pas toujours des idées très différentes [1]. »

Cette déclaration de principe nous met à pied d'œuvre immédiatement pour un retour à Strachey — soit dit sans plaisanter —, retour dont, à l'évidence, le temps est venu, retour à l'œuvre et à son titre même.

Car après tout pourquoi faire cette oreille sourde au « *standard* » qui s'y trouve érigé, tout simplement, directement et légitimement au sens de l'usage du parler anglais, qui ne permet pas de méconnaître ce que le standard établit et normalise, en même temps qu'il le signale par l'étendard qui se déploie. Sens militaire du mot, nullement confidentiel donc, où le « *standard officer* » n'est pas l'officier normalisé (il l'est, n'en doutons pas), mais le porte-drapeau. Freud aurait aimé, hélas...

Que l'heure soit venue de reconsidérer cette édition, cela s'atteste de toutes parts et notamment a contrario dans « La *Standard Edition*, une apologie [2] », article paru dans *Ornicar*, où l'auteur déclenche une attaque préventive contre les dangers dont la *Standard* pourrait être menacée. Sur les raisons de cette prise de position, je ne peux que m'interroger et donc me donner mes réponses. Est-ce de n'avoir pas été dénoncée systématiquement par Lacan qui met la *Standard* à l'abri de la cri-

---

1. J. Laplanche et J.-B. Pontalis, *Vocabulaire de la psychanalyse*, P.U.F., in « Préface » de D. Lagache, p. VI.
2. Helena Schultz-Kiel, « La *Standard Edition*, une apologie », *Ornicar*, n° 28, Navarin, p. 157 à 163.

tique, parmi les rejetons de sa mouvance ? Sui-
vraient-ils une carte imaginaire où se liraient les
frontières des polémiques permises et interdites ?
Ou s'agit-il d'une ligne de défense avancée par rapport aux déprédations que risqueraient les certitudes acquises dans des lectures effectuées sous
guet et sous contrôle, atteintes qu'il y aurait lieu
de redouter si du terrain était concédé à une lecture
qui échapperait à la surveillance établie, institutionnelle souvent, et qui se réclamerait d'une autre
principialité ? Notamment de celle dont quelques
axes ont fait l'objet de ce qui précède. La supposition ne me paraît pas folle du tout, à l'heure où
pour le domaine français se prépare une autre édition « standard », édition « autorisée » de l'œuvre
de Lacan.

Au travail de l'établir, cette supposition ne porte
nul ombrage, mais pour ce qui est de sa lecture elle
garde sa valeur d'avertissement [1].

---

1. La portée de cet avertissement s'éclairera à la lumière des
considérations relatives au travail de Strachey. La similitude des
démarches est frappante : mise en ordre, choix à opérer pour
l'établissement du texte définitif. Similitude dans l'invocation
de l'argument d'autorité pour la défense du texte établi.
« Freud lui-même l'avait relu et approuvé. » De ce qu'il avait
pu en voir de son vivant du moins... Grande tentation surtout,
du genre littéraire auquel volens nolens ces œuvres se rattachent. Le Freud de Strachey : on le verra, Freud *par Strachey*.
Une vaste gamme, Michelet par Barthes en haut, la guerre des
Gaules racontée aux enfants en bas...
Quel amusement pour moi de voir la surprise du traducteur
anglais pressenti pour les séminaires de Lacan devant la révélation de l'existence d'un texte, pris sur le vif (et là, nulle clause
de style...) et antérieur au texte « établi » à traduire...

Ce n'est pas Bruno Bettelheim [1] qui nous apporte la lumière, aussi fondé qu'il soit à bien marquer le drôle de tour joué au texte original par l'importation de termes latins (*ego, id, super-ego*) pour la traduction de ce qui non seulement ne les appelait d'aucune manière, mais au contraire allait jusqu'à en interdire l'usage, s'il fallait rester en accord avec ce principe freudien fondamental de ne pas prendre de distance par rapport au parler quotidien, et notamment pas celle qu'instaure un recours aux termes savants ou aux langues mortes.

La critique de Bettelheim n'est pas la première. D'autres l'ont précédée, celle de Balint notamment. Mais les critiques que je qualifierai « d'humeur », des temps passés, n'avaient pas la radicalité de celle de Bettelheim. Je ne contresignerais certes pas ses conclusions malgré la pertinence de son rappel des valences négligées en anglais (et en français) de la *Wissenschaft* allemande, la science — avec la spécification en *Literatur Wissenschaft*, science littéraire ou science de la littérature —, qui sous la plume de Bettelheim retrouvent l'importance que leur concède l'avance de Vienne sous ce rapport, au tournant du siècle et quelque temps après.

*

Des critiques éparses çà et là dont la paternité m'incombe, je ne retrancherai rien. Bien au contraire,

---

1. Bruno Bettelheim, *Freud and Man's Soul*, Chatto & Windus, The Hogarth Press, London.

j'en déplore après coup l'absence de systématisation. Mêmes causes aux mêmes effets. Il aurait fallu plus de temps consacré au problème de la traduction comme telle pour mieux organiser des considérations que je retrouve quelques années plus tard, c'est-à-dire maintenant, bien systématisées dans certaines productions de langue anglaise. Et j'achèverai ce survol de la question en les condensant dans un résumé que je regrette de n'avoir pas produit plus tôt. Je les livre malgré le caractère abrupt qu'un tel procédé leur donne inévitablement, car elles peuvent fournir un appoint au cadre de la réflexion dans laquelle les responsables de l'édition française sont nécessairement engagés.

Le moment est donc venu de réévaluer l'œuvre de Strachey. Sa reconnaissance comme œuvre de grande envergure doit aller au-delà de sa reconnaissance comme traduction enrichie d'un appareil analytique de notes et d'avant-propos éditoriaux. C'est une grande œuvre qui s'est produite sous le mode de la traduction. Elle avait donc sa stratégie propre qu'il importe de ne plus passer sous silence. Aux cinquante années durant lesquelles Freud s'est abstenu de définitions systématiques et ne s'est guère départi de ses procédures narratives et descriptives, de son mode si particulier de représentation et de figuration, Strachey a opposé, et de son propre aveu, son intention de systématiser à la limite du coup de force (*to contrive*) une traduction d'une œuvre achevée. C'était là un choix initial auquel il se tint durant les treize années que dura son labeur. Au terme desquelles son sentiment était de n'avoir pas,

durant cette traversée, changé de cap et de s'être
tenu à la règle qu'il s'était fixée.

Telle fut donc la stratégie fixée pour traverser un
champ langagier dont la qualité essentielle était sa
fluence et sa souplesse, sa « *Geschmeidigkeit* » comme
Jones s'est plu à le rappeler [1].

Strachey se choisit une voie intentionnellement
très anglaise. Son modèle imaginaire fut « toujours
celui des écrits de quelque homme de science anglais
de bonne éducation, né au milieu du XIXe siècle [2] ».
Un tel procédé fut adéquatement jugé par la fille de
l'auteur ainsi traduit. « Ce qui est naturel pour un
auteur de langue allemande, allusions, analogies,
imagerie, etc., est trop fleuri et inacceptable pour le
lecteur anglais, à l'inverse ce qui se donne comme

1. Ernest Jones, « Sigmund Freud », *Internat. Jour. Psychoanalysis*, vol. 21, 1940, part. I, p. 10. « The bestowal on him of
the Goethe prize at Frankfurt in 1930 was only a recognition of
how widely connoisseurs of literature esteemed him as a master
of German prose. It would be truer to call it Austrian prose,
since Freud showed a marked preference for what he called the
" *Geschmeidigkeit* " of the Austrian manner of writing. » (Le prix
Goethe qui lui fut attribué à Francfort en 1930 ne faisait que
reconnaître à quel point les connaisseurs de la littérature l'estimaient comme maître de la prose allemande. Il serait plus vrai
de l'appeler prose autrichienne, car Freud montrait une préférence marquée pour ce qu'il appelait la souplesse de l'écriture à
la manière autrichienne.) (Ma traduction.)

2. James Strachey, *S. E.*, vol. I, 1966, « General Preface »,
p. XIX. « The imaginary model which I have always kept
before me is of the writings of some English man of science of
wide education born in the middle of the nineteenth century.
And I should like, in a explanatory and no patriotic spirit, to
emphasize the word " English ". » (... Et dans un esprit d'explication et non de patriotisme, j'aimerais souligner le mot
« Anglais ».) (Ma traduction.)

expression précise en anglais frappe l'allemand par son aridité [1]. » Or le lecteur de l'œuvre de Strachey n'est pas un gentleman victorien. Tel n'était pas le climat de l'écriture freudienne, pas davantage qu'il n'est celui de notre lecture.

L'enjeu de la divergence apparaît dès l'instant où l'on en prend la mesure par rapport au genre d'écrit dont il s'agit. Freud avançait le sien comme relevant de la science, dont il n'a jamais cessé de se réclamer, infléchissant de façon décisive, chemin faisant, toute réflexion ultérieure sur l'épistémologie.

Strachey s'assigna donc comme tâche de faire « sonner » la langue de Freud, comme il aurait convenu à un homme de science conforme à l'image que le gentleman victorien devait s'en faire. À la forme subjonctive des descriptions freudiennes de ses façons de concevoir le travail de l'inconscient, Strachey substitua avec constance des déclarations positives. Procédant ainsi, il donna une forme nouvelle et arbitraire à une expression en évolution permanente dont il éteignit ainsi le feu et figea la forme. Le mouvement qui s'opéra de la sorte d'un texte à l'autre ne peut sans doute pas encore être pleinement mesuré. Car Strachey ne s'est pas contenté d'amidonner une prose plaisante à lire et amusante à l'occasion, une prose qui entraîne le lec-

---

1. Anna Freud, *Internat. Jour. Psychoanalysis*, 1969, vol. 50, part. II. *Obituaries* — James Strachey, p. 131-132. — Suite de la citation : « ... There are also the local nuances of expression which baffle any foreigner who has been taught the language according to another local usage, *the differences between South and North Germany being a case in point.* » (Mes italiques.)

teur, par l'aisance dont l'auteur y fait preuve et l'amusement manifeste qu'il trouve lui-même parfois à la produire dans cette langue de tous les jours. Mais les glissements lexicaux de Strachey ont à l'occasion fait reculer cette prose jusque dans les régions d'une psychologie voire d'une neuropsychologie de la représentation mentale que Freud avait abandonnée derrière lui.

Du baptême anglo-latin des trois instances, quoi dire de plus que Bruno Bettelheim sinon que le « *Wo Es war, soll Ich werden* » qui en allemand sonne comme un appel à suivre le panache blanc, appel électrisant dans l'envolée des deux dernières phrases de la trente et unième conférence, se trouve en anglais dans une posture guère plus enviable de celle que Lacan à juste titre dénonça dans sa version française.

C'est ainsi que page après page, insensiblement, l'œuvre de Freud se met à dériver. Des italiques surgissent qui n'y étaient pas, sans que le lecteur en soit averti, des italiques de Freud disparaissent, les guillemets se mettent à voyager. Une description multiple se prend dans la masse d'un terme technique unique. Des métaphores quantitatives qui ne sont pas des noms donnés aux choses, mais des manières freudiennes d'exposer la teneur des questions, se prêtent à être lues comme des explications propres à satisfaire ceux qui trouvent leur bonheur dans un langage technique.

Et voilà la métapsychologie en dérive, par rapport à ses « séries de comparaisons ».

Les successions de modes disparates de figuration

et de trucs didactiques prennent l'allure de révision de projets ambitieux. De l'œuvre d'un auteur qui ne craignait jamais de paraître désordonné dans le traitement de ce qui ne se livrait ni à sa vue ni à son entendement, qui n'hésitait jamais à se servir de tout et de rien pour produire une possibilité, une ouverture de plus à la pensée qui visait des objets complexes et inconnus, de ces souples approximations, Strachey fit un nouveau texte où des termes d'artifice firent régner un climat d'explication reçue.

De cette opération de grande envergure, les résultats sont connus, ils peuvent être vérifiés. Il est vrai que, dans le travail théorique ou dans la clinique, l'incertitude est inconfortable et son contraire plein d'attrait. C'est la raison pour laquelle les germanophones de souche eux-mêmes en sont venus à préférer Strachey à Freud. Strachey est plus facile à lire, il est plus ordonné, il est impersonnel, son texte à sa lecture même fait en quelque sorte autorité. Il est un soulagement énorme pour le positiviste qui reste tapi dans le secret de l'âme de tous les hommes de science. Que sont les analystes, bien entendu, et pour les meilleures raisons tant qu'elles restent enracinées dans l'œuvre du premier psychanalyste.

Strachey produisit rien moins qu'une œuvre de facto concurrentielle avec celle de Freud. Son œuvre l'emporte sur celle de Freud sur le marché mental et psychique de la lecture. Et de l'enseignement.

C'est à l'honneur de l'écrit analytique américain d'avoir enfin organisé un début de réévaluation d'une traduction majeure sous la plume de Darius Ornston auquel je dois l'essentiel de ces considérations [1].

L'œuvre française est maintenant attendue. Cette attente est présentement armée de tout ce que nous livrent les expériences passées de traduction. Son commentaire ne sera pas facile, car elle sera l'œuvre de plusieurs, même si un dessein coordinateur la gouverne et se propose de la tenir sous surveillance. Ce commentaire, pour voir le jour, devra sans doute au préalable produire ses protocoles de méthode. Pour y contribuer, sans doute suffira-t-il d'être là.

1. Darius Ornston, « Strachey's influence : a preliminary report », *Internat. Jour. Psychoanalysis*, 1982, vol. 63, part. IV, p. 409-425.

S'écrire, se lire *

De la langue maternelle
à la langue étrangère

La parution d'une revue nouvelle est un événement qui a probablement toujours saisi de même façon l'époque de son avènement. C'est un événement dont on ne peut manquer d'être prévenu. Même si l'on n'en est pas averti. Mais, qu'il survienne en surprise ou au terme d'une attente, une revue nouvelle rencontre toujours la prévention dont les constituants sont à l'œuvre dans le processus même qui détermine sa parution, qui justifie cette parution et l'argumente. Et souvent bien au-delà de ce qui peut être avancé dans l'éditorial qui l'introduit sur un marché.

Prévention, c'est-à-dire attente souvent anxieuse de voir se produire enfin un geste que l'on espère toujours décisif au service d'une cause servie, à quoi répond en face et parfois tout autour la certitude anticipée de son échec pour les raisons qui sont évidemment répertoriées à l'avance. Et il n'y a juste-

---

* *Paru dans le premier numéro de la revue* L'Écrit du temps *dirigée par Marie Moscovici et Jean-Michel Rey.*

ment pas d'autre motif à la livraison de ces quelques lignes, après plus de vingt ans d'absence dans les rangs des contributeurs occasionnels ou réguliers à ce type de publication. Pratiquement rien, depuis le jour, lointain maintenant, où pour la dernière fois je contribuai sous l'impulsion d'un maître respecté au sommaire d'une revue animée pour l'essentiel par une cohorte qu'il avait formée. Il s'agit donc jusquelà des publications dites psychanalytiques, parce qu'elles sont produites et gérées par des psychanalystes et qu'elles sont, c'est leur raison d'être, au service de leur cause, collective ou personnelle.

L'apparente inutilité de ce rappel de généralités d'une part, et d'éléments d'un destin de l'autre, ne fait que camoufler ce qu'il opère dans une restriction maximale des moyens mis en œuvre. À savoir une circonscription d'un terrain, officiellement déjà ancien, formellement bien familier.

Et pourtant... Le marché, au sens habituel du terme, économique, commercial, n'est-il pas la seule instance dont le poids et l'autorité permettent de ne pas voir ce que la pleine lumière cache non moins efficacement. L'« Unheimlichkeit » de ce terrain dit de la publication psychanalytique. Familier et méconnaissable à la fois. Pour prendre la mesure de ce qui le rend étranger avec le lest d'inquiétude qui ne peut être retranché de la familiarité étrange, c'est à la géographie qu'il faut avoir recours plutôt qu'au temps peut-être. Et, pour fixer les idées, il suffit d'évoquer ce qui en terrain anglosaxon est proposé sous cette même rubrique avec une légitimité qu'il serait puéril de discuter, et de le

mettre en regard de ce qui, dans les mêmes conditions, est offert au lecteur de langue française.
Langue dont le territoire peut aisément donner lieu
aux mêmes confrontations.

Quant à l'inquiétude qui ne se laisse pas détacher
de la familiarité, elle déploie ses effets à ciel ouvert
dans une efflorescence symptomatique que la réduc-
tion à ce qui est déjà connu et répertorié comme
postures de combat permet de méconnaître comme
force qui bande les ressorts de ces symptômes.

Jadis, la psychanalyse était assiégée. Dehors
régnait l'ennemi, dedans vivaient les siens. Il y avait
des transfuges et des déserteurs. Dehors, la publication était étrangère et hostile. La lire ou l'ignorer ne
posait d'autre problème que ceux de la belligérance,
avec les risques que posent, en tous les camps, les
soldats fragiles, hésitants, corruptibles quand le discours de l'adversaire est introduit parmi eux. Clan-
destinement, en règle générale. La lecture est délic-
tueuse, passible de châtiment si elle est découverte.
Même si l'ennemi est dit de classe, en temps de
paix. Voir les « comités de soldats ».

Cette simplicité initiale s'est délitée. Et des postures anciennes, liées à l'ancien combat, ne restent
que les formes, pour ne pas dire les ombres. L'ancien
combat, dedans-dehors, ennemi de l'analyse contre
son zélateur, n'est plus. Il n'est plus comme combat. Il a suffi que le camp alors nouveau parvienne à
établir la reconnaissance de son existence pour que
la ligne du front se stabilise et se fasse elle-même
reconnaître comme ligne de front d'un combat lié à
la constitution de l'appareil psychique lui-même.

Opposition de forces dont il y a peu à attendre, peu de ce que l'on pourrait appeler progrès, sauf le miracle. C'est-à-dire une psychanalyse dont l'occurrence à l'échelle de l'espèce humaine est d'une rareté qui permet de la ranger avec ses suites, surtout si elles sont légitimes, dans cette catégorie-là d'événements.

Aussi peu d'espoir à entretenir d'un progrès de l'espèce sous la rubrique du rapport des forces opérant dans le sens du refoulement avec celles qui opèrent dans le sens de sa levée, que d'une issue du combat qui dans nos cultures et nos sociétés oppose la psychanalyse à ses détracteurs.

Or les gestes de la belligérance d'antan ont subsisté et s'exercent, transposés sur un terrain qui les vide d'une part suffisante de leur contenu initial pour en faire des gestes dont le commentaire doit être renouvelé, comme doivent être reconsidérés leur effet et sa portée. Qui de nos jours oserait sérieusement soutenir que pour la plupart d'entre nous, psychanalystes, les malédictions dont nous accablons la plupart de nos maudits respectifs accomplissent tous les sortilèges attendus d'une malédiction sauf un : priver le maudit d'une partie de son nom, psychanalyste. De son nom, même si l'usage du mot peut ici surprendre à venir ainsi au lieu des autres : titre, qualité (plus ou moins certaine), identité (d'une légitimité dont il pourrait être débattu sans fin). Psychanalyste en tant qu'il se nomme psychanalyste freudien. Nom qu'il se donne lui-même plus qu'il ne lui est donné, et sur quoi nul d'entre nous n'a plus aucun pouvoir. Pour illustrer ce propos en prenant l'exemple au plus près, qui oserait soutenir que les critiques les plus acerbes et les quolibets dont Lacan accabla jadis les analystes de cette Amérique « où il n'y a plus trace d'analyse », comme certains de ses élèves avaient coutume de dire, ne leur disputèrent jamais la disposition de ce nom. Et dans la société où il les disait groupés pour assurer leur protection mutuelle contre l'analyse, que mettait-il en cause sinon leur rapport au nom qu'ils se donnaient ? Mal porté par les uns, mieux porté par d'autres, mais porté par tous.

Il n'est, je pense, personne pour imaginer que je procède ainsi à la disposition des éléments nécessaires à mettre en scène un combat fratricide, fût-il à l'intérieur d'une horde. Cette opération faite et recommencée ne paraît pas pouvoir donner de résultats au-delà de ceux qui furent acquis du vivant, précisément, de Freud et dans son œuvre même, si on la prend dans la perspective ouverte par son *Moïse*. Non, la différence, la seule peut-être entre jadis et aujourd'hui, c'est que les analystes ne se parlent plus. Ils s'écrivent.

Qu'ils ne se parlent plus doit être entendu au pied de la lettre en premier lieu. Ils sont trop nombreux (quel que soit leur effectif à l'échelle même de la communauté scientifique) pour se rencontrer, se connaître de la manière qui permet de se parler. Mais, en second lieu, c'est l'émergence même de leur discours dont les conditions se sont remaniées. Où l'origine de l'écrit analytique et ses rapports au discours parlé doivent faire l'objet d'un très bref rappel. Ne revenons pas sur les débuts de l'écrit scientifique de Freud, ancré dans une correspondance qui maintient un discours adressé à un destinataire dans les intervalles qui séparent les « congrès » (usage du terme dont on a sans doute négligé de peser l'importance), écrit dont le corpus à ses débuts est fait de l'expansion, la mise en œuvre de ce qui prenait son premier corps dans cette correspondance et ces « congrès », sinon pour faire de cette écriture un cas dont la singularité est consubstantielle à la psychanalyse elle-même. Et noter que si tant d'écrits ont sous la plume de Freud gardé cette forme parlée, et littéralement, dans les *Nouvelles conférences*, si « Meine Damen und Herren » sont les mots qui font démarrer une écriture, comme antérieurement ces mêmes mots lui permettaient d'ouvrir une bouche dont la douleur paralysa plus tard le mouvement, plus que par une nostalgie, un attachement à une situation passée d'enseignement ex cathedra et aux satisfactions qui peuvent l'accompagner, c'est par la marque laissée par les conditions premières de production des textes qu'il faut commenter cette singularité littéraire.

Mais, plus que de l'écrit freudien, il va s'agir d'abord de l'écrit des psychanalystes. Pour donner figure à ses débuts, il faut évoquer l'anecdote. « Quelle chance de vous avoir revu, on se téléphone, et on dîne ensemble », disent les gens qui n'ont rien à se dire et qui ne souhaitent pas se rencontrer. C'est le niveau de l'anecdote dont l'évocation situe les éléments à garder en vue. Du temps où les élèves de Freud étaient en nombre tel qu'ils pouvaient avoir accès au Maître, ils désiraient évidemment lui faire part de leurs cogitations et par leur propre témoignage nous savons quelle réponse Freud réservait à leur demande. « Plutôt que de m'en parler, faites un travail sur la question. » Qui soutiendrait que ces écrits, modèles a-t-on pu croire des autres à venir, n'étaient pas des écrits à Freud, pour Freud ?

Et, pourquoi pas, lettres à Freud ? Lettres sous la forme où il était possible de les lui envoyer et pour lui de les recevoir. L'époque n'est plus celle du manuscrit N. Au premier destinataire, devenu traître, puis fou peut-être, Freud a substitué l'autre au pluriel, les dames et les messieurs dont l'avènement ne doit cependant pas faire oublier que peut-être Freud se révélera, un jour, plus proche semble-t-il que l'on n'avait pensé, à en croire les rumeurs qui filtrent en provenance des « Freud Archives », avoir été peut-être le plus grand épistolier du xxᵉ siècle. Des milliers et des milliers de lettres reçues et envoyées. Des centaines avec Fliess. Plus de quinze cents avec Ferenczi seul !

Écrits d'analystes, lettres à Freud dans la seule forme possible, décente, donnée à l'effet d'un désir pressant. Pour lui et devant lui tant qu'il siégea dans la rédaction des diverses revues et, plus généralement, tant qu'il vécut.

Mais ce champ, au sens de champ de force, qui organise jusqu'à sa mort la production écrite des analystes (rien n'ayant jusqu'à cette date modifié l'énoncé fondamental tel que Jones le rappelle, dans une lettre justement, « L'analyse, c'est Freud »), peut-on un seul instant l'imaginer différent, inerte, comme champ modulant aussi l'organisation de la lecture ?

Manière abrupte et anticipée de poser comme variable, dans l'espace en considération ici, le seul élément supposé invariant. Mais, tant qu'à faire et brûler par anticipation, sinon mes vaisseaux, du moins une part appréciable de mes cartouches, autant énoncer également le sentiment qui accompagne cette déclaration. Ce qu'elle concerne, sur quoi je vais m'étendre quelque peu, est constitué d'évidences telles qu'à l'instar de quelques autres, qu'il m'est arrivé de produire déjà, il suffit de les énoncer pour les voir en peu de temps fonctionner comme ces banalités connues de tous bien évidemment et de tout temps. La marque que par complaisance je laisserai s'infléchir en direction de la singularité dès lors irréductible d'un destin — narcissisme des petites différences — se limiterait à ce penchant commun à tous en vérité, mais qui me laisse sans résistance ou presque. Chercher à embrasser plus qu'on n'en peut étreindre. Sauf à le contre-investir (ce que dicte la sagesse, la prudence aussi d'ailleurs, bref les meilleures conseillères), quoi faire, sinon y céder.

La sorte d'évidence qui aimante mes propos est de cette variété-là. Celles qui vont sans dire. Celles qui, au mieux, sont concernées par un dire tangentiel. Avec les conséquences habituelles du silence où elles reposent en sûreté. En assurant du même coup la sécurité des communautés qui ont ce silence en garde, car il leur sert de ciment pour leur ralliement, plus que de signe.

Faire passer dans un discours ce qui repose en

pleine lumière dans le silence qui le recouvre ne fait pas accoucher d'un énoncé choquant ni même hardi. Car, si hardiesse il y a, elle est dans l'acte qui rompt le silence. L'apologue du roi nu pose une sorte de tradition qui fait de cette hardiesse un attribut de l'innocence. Celle de l'enfant. C'est le commentaire rose. Il peut y en avoir qui le soient moins. La soif de détruire par exemple, la fameuse « Schadenfreude ». Pas d'autre raison, soit dit en passant, et puisque Freud est présent dans ces lignes, au relatif succès d'un thème qui fait florès, cela durera quelque temps encore, celui de l'inanalysé de Freud. Avec la minceur de qualité et d'épaisseur du produit de ce genre d'affairement. L'opportunité de ce rappel tient aux circonstances, car l'opération généralisable ne peut manquer de se replier sur un autre auteur à clefs. Évidemment Lacan, depuis sa mort. Disponible à son tour à ce mode de lecture. Mais entre la rose et la noire existe une version que je dirai incolore. Loin de la rage et de la candeur. Celle qui se fonde dans l'indifférence où je crois être par rapport aux enjeux collectifs et individuels du maintien des zones de silence nécessaire au maintien des communautés. Et plus précisément des communautés, langagières ou linguistiques. Hasard historique en l'occurrence, mais où faiblesse, incertitude, lacune même dans une étoffe tissée serré chez mes semblables, a un envers. Dont il semble qu'il puisse être tiré profit.

Donc ils s'écrivent et ils se lisent, ces analystes dont, pour l'instant, il est question comme si les suites de l'alphabétisation pouvaient gagner à être

considérées à travers le prisme de leur pratique
comme lecteurs et écrivains. Gain, je ne sais encore,
mais commodité, c'est bien probable. Même s'ils ne
sont en la circonstance pas seuls. Même si d'autres
qu'eux ont contribué, et continuent à le faire, à
l'examen de ces pratiques d'écriture et de lecture.

Dont il faut encore remarquer que, si l'histoire en
vérité ne se répète jamais, qui tourne en comédie ce
qui fut drame dans une version première, le hasard
de l'histoire réédite en France, pour ce qui est de ces
pratiques, une séquence marquée par une césure,
peut-être un renversement dont on n'a pas pris toute
la mesure. Le champ francophone a bel et bien été le
théâtre — peut-être pas le seul, mais le seul dont
l'importance force la considération et le seul qui
nous concerne directement — où s'est produite une
écriture à et pour un maître vivant, concomitante
d'une lecture du même, et par les mêmes, écriture et
lecture qui sont maintenant en attente du bouleverse-
ment d'abord inapparent et silencieux, mais colossal, qui fait suite à la disparition du point de mire et
d'origine qui maintient tout l'édifice de l'état de ces
pratiques.

Il faut bien voir que ce renversement s'est déjà
produit une fois. Mais que le commentaire touchant
sa nature et ses effets s'est jusqu'à des temps récents
cantonné dans une prudence, une réserve, une restriction même malgré les outrances, les vociférations
qui l'ont connoté et qui ont consolidé cette restriction, dont avec d'autres j'ai quelque peu aidé à le
faire sortir. Il y a lieu de noter également que, si les
propositions propres à pousser l'examen conjoint de

la lecture et de l'écriture avec une résolution suffisante pour mettre en jeu le genre d'évidence dont je
faisais la mention plus haut ont déjà rencontré plus
que la réserve hostile du praticien de l'écriture et de
la lecture en position d'élève d'un maître vivant, et
dès l'instant où ces propositions furent produites, il
y a pour ce rejet des motifs dont on se tromperait à
restreindre le commentaire.

Si les propositions poussant à lire « autrement », à
lire Freud autrement, au sens où il s'agissait de restituer à cette lecture l'intégralité des droits et des pri-
vilèges qui qualifient une lecture, furent accueillies
par de telles mises en garde, il faut en prendre acte
pour ne pas en restreindre la raison à une protection
d'un territoire de lecture dont « retour à Freud »
serait un nom, à la défense d'une « autorité de lecture » qui se verrait défier sur son propre terrain, la
lecture de Freud — ou à la condamnation d'une dis-
sidence. Que des gestes poussés jusqu'à leur propre
caricature puissent le faire croire, c'est bien certain.

Ainsi le compte rendu écrit par un critique dont
l'exercice ne ternit cependant pas le souvenir amical
que j'en conserve et qui, à l'occasion de la reparution
d'un texte ancien, donc écrit « avant », celui-là
même qui marquait le dernier acte de mes participa-
tions aux revues, remarquait que « depuis » et de la
même source, rien de « mieux » n'avait bien évidemment été produit. Hors de l'école, il n'y aurait
que perdition et déchéance. Proposition implicite à
laquelle je souscris intégralement, à condition de
donner au mot « école » son sens d'usage premier.
La question est précisément de savoir ce qui se perd

si l'on quitte l'école dont la nécessité est dans un temps premier incontournable. Ce qui se perd et, si cette grâce ne se refuse pas, ce qui du même coup se gagne. Même si peut-être tout cela ne vaut qu'à l'intérieur des systèmes linguistiques alphabétiques. Même s'il se peut que rien n'en soit pertinent pour le chinois, par exemple, du moins avant sa réforme.

Le rejet ne pouvait évidemment concerner les effets d'une lecture de Freud qui aurait été concurrente de la lecture autorisée. Celle du maître lecteur vivant, Lacan. Pour cette raison bien simple et bien connue de tous que sa lecture de Freud eut pour trait marquant le secret où il l'a gardée !

Plus même, l'incitation à lire Freud qu'il n'a évidemment pas manqué de prodiguer a rencontré non seulement les difficultés inhérentes à la lecture de Freud, difficulté modulée différemment selon les pays et le cours de l'histoire de la publication, puis de la traduction de l'œuvre. Et, dans les faits, le constat a été établi que dans la mouvance lacanienne, prise dans son ensemble, la lecture de l'œuvre de Freud non seulement n'a pas été une pratique plus répandue que dans d'autres secteurs du mouvement analytique, mais semble-t-il bien moins encore. La lecture de l'œuvre de Lacan venant s'y substituer et occuper la quasi-totalité du territoire de lecture. Situation acceptée et parfois hardiment revendiquée.

Non, le rejet avait d'autres raisons méconnues, mais palpables littéralement. À deux étages d'ailleurs. Pour le premier, je dirai : chat échaudé craint l'eau chaude. Prévenir et disqualifier par avance une opération (qui se déroulait en territoire freudien) et dont on pouvait prévoir le repli sur le territoire textuel lacanien. Mais au-delà, c'est la pratique lisante comme telle, comme fonction vitale, comme secteur de l'activité mentale et psychique, qui, à n'en pas douter, là comme ailleurs, prenait des garanties contre les risques (et leur doublure) encourus hors de l'école.

Le paradoxe de la situation est là, du reste. En effet, Lacan a toujours poussé à une lecture que, pour parler d'école, on dirait buissonnière. En outre, dans les rares confidences qu'il fit sur des moments de sa lecture, les occasions où en public on put le voir un volume de l'œuvre de Freud à la main, ou les fausses confidences concernant la prouesse accomplie en dénichant directement ou par personne interposée un fragment oblitéré dans une réédition postérieure à une parution première, il est incontestable qu'il a contribué à la pose d'aiguillages nouveaux sur le réseau d'une lecture de Freud antérieure au remaniement entraîné par sa mort en 1939 et prolongé après par des poseurs de voie sans principes autres que ceux de l'école, entendus au sens de la suite qu'ils trouvent dans la discursivité philosophique et son fantasme fondamental.

Incitation ou rares exemples fournis par la confidence, rien n'a été décisif. L'essentiel est resté sans effet, mais tout cependant a contribué dans cette conjoncture (où d'autres affluents venus des champs limitrophes de la littérature, de la philosophie bel et bien, et, pour ces dernières, de leur zone d'interférence, cette conjoncture de notre temps dont nous sommes tous les enfants et dont les constituants ne peuvent être envisagés séparément) pour que s'ébranlent effectivement ces convois nouveaux (nouveaux pour ce qui est de l'écrire et du lire des analystes de langue française). Ces convois où, là est le paradoxe, de son vivant, les élèves du maître avertissaient qu'il importait de ne pas monter.

Mais en quoi, dira-t-on, les psychanalystes peuvent-ils fournir l'occasion d'une ouverture résolue du dossier mi-ouvert, mi-clos de l'écriture et de la lecture ? De cette dernière surtout. En traiter aussi extensivement qu'il conviendrait m'est impossible. C'est impossible ici. À croître au-delà de la limite décente en l'occasion, ce texte ne paraîtrait pas dans cette revue. Certaines facettes de la question traitée déboucheraient sur une clinique dont les divers aspects présentent un intérêt inégal dans la perspective de l'envisagement dont il est question ici.

Mais on peut tenter un abord de la question, encore une fois, par l'anecdote. Rien n'est plus inerme, sans suite, sans effets d'aucune sorte, que ce qui fait l'objet de la répétition dans le sens du ressassement. *Ad nauseam*, dans le cas extrême, représente bien le sort de ce qui dans la répétition tient la place d'enjeu.

Or il se fait que, si du texte freudien l'on souhaite proférer une platitude, on dira qu'il est à lire et à relire. Et l'on dit qu'à chaque lecture tout au long d'une vie il a révélé — « apporté » — du neuf. Appelé invariablement, dans ce type de discours, « quelque chose ». Pour un propos mondain, cette façon de dire n'a rien de critiquable. Mais il se fait que, dans la règle, un essai de transposition d'un tel propos dans un registre que l'on dirait sérieux manque à livrer ce qui du « quelque chose » serait la substance sans cesse renouvelée. Aussi, quitte à encourir les foudres des directeurs de la publication, je dirai que cette déclaration si banale, si usitée, n'est qu'une enflure verbale engendrée principalement par la crainte de passer pour un sot. Ou de manquer d'élégance dans les manières de sa pensée.

En premier lieu, le texte freudien n'est pas le seul dont la lecture peut faire l'objet d'un tel commentaire. Mais, d'autre part, il n'en est probablement aucune dont, à moins de n'en rien faire (toujours possible), ce commentaire ne soit aussi littéralement obligatoire. Le fait à lui seul devrait faire réfléchir. Ne serait-ce qu'en raison de ce point bien évident que nombre de lectures ne sont absolument pas susceptibles d'être ainsi commentées. Et, avant même que d'indiquer ce avec quoi ce commentaire fait mine de jouer sans y toucher, et puisqu'il s'agit d'un écrit scientifique (je considère en effet qu'à partir du moment où il est dit, répété, hautement revendiqué par son auteur que son écrit est de cette sorte, c'est pure perte de temps — ou pire — de « revoir » le classement, et même les considérations épistémologiques les plus fines, les plus pertinentes, intéressantes et légitimes me font doucement sourire, car, enfin, oublierait-on les origines, la formation de ce pauvre Freud ou perdrait-on de vue qu'il écrivait à une époque, la nôtre, où le discours scientifique s'était depuis longtemps déjà arraché de ses racines magiques ?), il faut marquer dans le discours scien-

tifique tout le secteur et tout l'étage (notation res-
trictive, évidemment) où la relecture soit ne peut
pas être ainsi commentée (peut-être faudrait-il dire
racontée ?), soit, si un propos formellement analogue peut être à son sujet tenu, le processus signalé
entre dans le cadre général du progrès, voire de la
réussite de ce que l'on appelle la compréhension. Au
sens où il s'agit du travail de l'intelligence —
motrice de l'activité mentale — soutenue et alimentée par des connaissances, d'un savoir dont il est un
minimum en deçà duquel l'opération de compréhension comme telle échoue ou verse simplement
dans l'erreur. Et là, sur une petite distance, il n'est
guère possible d'envisager séparément les deux types
de lecture dont l'esquisse se dessine d'elle-même. De
l'une, le niveau plancher, comme on dit en économie, est l'écriture et la lecture d'un mode d'emploi.
Comme ceux que l'on trouve dans les emballages de
maints objets. Si la modestie de la métaphore ne
rebute pas, il est aisé de voir que le plafond ne peut
être fixé. Qu'il s'agisse de consignes pour un modus
operandi n'est certes pas étranger à la question. Et,
pour l'œuvre de Freud, comment peut-on nier la
nécessité pressante surtout « avant » (sa disparition)
qui légitimait la prise du texte dans cette optique ?
Mais cela est cependant assez court de vue. La mise
en perspective de cette éventualité des pratiques de
lecture et d'écriture montre sans grande difficulté
que le support de leur rapport au sujet lisant ou écrivant passe uniquement par la signification. Les
énoncés de cette classe sont susceptibles d'être versés
sans perte d'une langue à l'autre. Pour autant qu'il

s'agisse de celles qui ont une écriture alphabétique et qui sont des langues vivantes. Et, plus précisément, ce passage de l'une à l'autre de ces langues-là s'effectue sans variation du régime de fonctionnement énergétique de chaque ensemble. Sans appel à cette injection d'énergie nouvelle dans le système, comme par exemple la nécessité qui se traduit par un recours à un néologisme.

C'est en propre le territoire où fonctionne la discursivité philosophique en quelque sorte sans faille. Il faut le répéter, chaque concept y fonctionne comme instance relevant directement et dans une limpidité totale ce qui est son objet propre et invariant dans le temps de l'opération. Et tout le tissu langagier interstitiel est une concession qui peut être inévitable à la rhétorique.

Et le rapport du lecteur à ce type de textualité est sous l'empire exclusif des nécessités qui régissent son rapport à la signification. La clinique de ce rapport pris sous l'angle de la lecture n'est pas d'un intérêt grisant. Encore qu'à ses confins se trouveront deux positions dont la trivialité fait alibi pour leur absence du champ de toute considération.

En effet, pourquoi passé une certaine longueur les modes d'emploi nous tombent-ils des mains ? Pourquoi la tentation est-elle si forte pour plus d'un de s'en passer et de tenter l'accès direct à un nouveau maniement (avec les retours parfois douloureux à l'épellement des significations) ? Et, à l'opposé, quoi penser de cette lecture particulière, à laquelle certains sujets sont adonnés, la lecture du dictionnaire ou des encyclopédies ? Quoi penser précisément du fait que cette addiction est un recours et parfois un refuge utilisé toujours en relation avec une situation d'alerte pour ce qui est du régime de fonctionnement de ce que l'on appelle la rêverie ? Nécessité de sa relance ou bien urgence de son contrôle, l'une n'étant d'ailleurs pas exclusive de l'autre.

Mais plus proche de notre propos est l'autre versant de cette clinique de la lecture où elle est couramment l'objet de cette mention oblique qu'en fait l'affirmation renouvelée du produit évolutif de la répétition de la lecture du texte freudien. Vérité ou mensonge, encore une fois qu'importe. Sinon qu'elle ferait en toute rigueur obligation de qualifier avec précision la défaillance de ce qui serait la première lecture. Et qu'est-ce qui viendrait y remédier ? En quoi consisterait l'avantage des lectures ultérieures ? Par quel moyen serait-il acquis ? Il ne s'agit pas de faire semblant d'ignorer la réponse à la question ainsi posée : un progrès. Et un progrès de quoi, vu qu'il ne peut s'agir du franchissement d'un seuil minimal requis d'un savoir ? De l'expérience, bien entendu. Sousentendu : analytique. Mais qu'est cette expérience prise sous l'angle du savoir, sinon un savoir concernant le savoir inconscient ? Supposé adéquat dans la communauté analytique à « reproduire l'expérience avec un autre », formule consacrée, savoir dont l'élicitation n'est censée s'effectuer nulle part ailleurs que dans l'analyse personnelle dudit reproducteur à venir. Et de cela preuve a contrario, car l'affaire ne date pas d'hier dans la consigne de jadis : ne pas lire (à une époque où lire voulait dire lire Freud) avant que l'analyse n'ait produit ses effets. Ceux-là mêmes qui autorisent sa reproduction. Voir plus haut. Je garde vif dans ma mémoire le souvenir des remontrances déclenchées par l'aveu d'avoir violé cette consigne. Lire sans que cette lecture ne porte ombrage au processus analytique, donc lire plus tard, qu'est-ce à dire sinon que la lecture n'apportera au lecteur rien de neuf au niveau d'un savoir déjà acquis et donc peu susceptible de subir un gauchissement par remaniement du rapport que le lecteur a déjà fondé avec lui.

Alors cette répétition alléguée d'une lecture et de l'évolutivité de son produit, avec quel mystère — au sens majeur du terme, sans en exclure celui que la tradition a déposé — fait-elle mine de jouer ? Et d'autant plus qu'à l'occasion une lecture en provenance d'autres provinces que celle de l'analyse sera avec des réticences diverses et d'occasionnels retournements — mais notoires en terrain francophone — l'objet, d'emblée, de cette reconnaissance que confère la mobilisation de l'intérêt des analystes. Certains d'entre eux du moins : ceux qui lisent, comme de juste. Car il en est qui ne lisent pas et s'en prévalent. L'envisagement de la clinique de la lecture se doit d'inclure leur cas. Et précisément parce que l'abord de la question de la lecture à travers la grille de la psychanalyse (mouvement de pensée, théorie, ses effectifs et leurs pratiques) n'a d'intérêt que sa commodité pratique. Cette commodité est due au terrain, qui se présente à l'enquête dans ce qu'il a d'exemplaire et de la légitimité inhérente à sa constitution au regard des opérations à effectuer dans le cours d'une telle enquête. Une légitimité qui se replie sur ces opérations. Elle me semble être en outre inscrite dans la circonstance, celle de la parution de cette revue nouvelle, en raison du carrefour théorique d'où elle émane, comme en témoigne la personne de ses animateurs. Lieu carrefour de la psychanalyse et de la « Literaturwissenschaft ». Ce qui donc inscrit explicitement la question de l'écriture et celle de la lecture au regard de celle de la psychanalyse. Question de la lecture dont on se prenait à désespérer qu'elle soit enfin reconnue comme ne pouvant être détachée de celle de l'écriture. Et surtout depuis que cette dernière a reçu, du côté des analystes notamment, cette promotion dont les suites proliférantes étaient en passe de devenir aveugles sur leur origine.

J'en laisserai délibérément à l'écart le ridicule où l'on a sombré çà et là, car la dénonciation dont il a déjà fait l'objet s'est simultanément disqualifiée aussi du simple fait (si l'on se mêle de vouloir être sérieux, comme on dit) de n'avoir pas fait avancer la question d'un pouce. Pour cette raison bien simple qu'elle n'a jamais effleuré la question de la lecture dont pourtant elle ne pouvait pas être disjointe dans l'acte même qui débouche sur cette dénonciation. Mais, évidemment, comment se mettre en cause au fondement même de l'acte dont on livre le produit !

Légitimité du rattachement de ce qui ne peut être disjoint, insistance possible à prévoir de la question du support (le papier et sa pratique), car d'autres structures peuvent être imaginées à l'articulation même de ce carrefour comme on le sait, avec Freud et son « Wunderblock ». Et du même coup se fonde pour moi cet écrit destiné à une revue où se déclare, initialement du moins, la visée d'un travail sur un terrain que j'ai, non sans insistance, proposé à l'attention après avoir contribué avec d'autres, et dans le même temps qu'eux, à en dégager l'identité et les contours.

Je retourne donc au sentier suivi, à la place où j'ai laissé ceux qui ne lisent pas. Cette place, je ne souhaite pas la restreindre. Je la laisse ample comme il convient, non point en raison d'une objectivité qui imposerait de la proportionner à la mesure du nombre de ceux qui s'y pressent bien serrés, où se confondrait l'intérêt voué aux lieux et à ceux qui les peuplent, mais en raison de son importance pour mon propos. Au travers qui me porte aux évidences de demain s'ajoutera donc la propension à faire des plates-formes avec des têtes d'épingles. C'est d'ailleurs le reproche que sur chaque divan on fait à l'analyste : celui de préférer le détail infime à ce qui, par sa taille (récit d'idées, de sentiments ou d'événements), devrait s'imposer à l'attention.

Car enfin, si parmi les non-lisants nous comptons des analystes et si comme non-lisants ils se désignent comme ne lisant pas les écrits analytiques, ce qui lorsqu'il s'agit des analystes non lisant veut dire très précisément qu'ils ne sont pas des lecteurs de Freud, il urge de souligner qu'ils sont, qu'ils restent dans les conditions reconnues comme optimales, à une époque dont on paraît quasi unanimement regretter qu'elle soit déjà lointaine. Regrets dont les arguments divers ne sont pas tous mauvais. Alors ? Et ces conditions dont il est faible de dire qu'elles étaient vues alors comme optimales, car elles fonctionnaient comme édiction de conditions sine qua non, par rapport à quoi se posaient-elles comme telles ? Par rapport à quoi la lecture était-elle supposée, déclarée, disposer d'un tel pouvoir ? Il ne s'agit pas de s'égarer dans quelque amalgame vite survenu avec le renfort du pathos propre et inévitable des aspects sociaux de l'institution analytique de quelque bord qu'elle soit : ne pas être dans le cours d'une analyse prématurément exposé au choc, ambigu dans sa nature, mais exploitable ad libitum, de la rencontre avec la liste où tout un chacun prélèvera son bien, la personne « réelle » de l'analyste fonctionnant hors séances, ses collègues, leurs habitus, postures, propos, affrontements et ainsi sans fin, la théorie ne figurant que comme moments choisis, découpes, enclaves, dans un charivari de formes parlantes et parlées. C'est sans ciller qu'il faut bien voir que la lecture de Freud était, par des analystes dont dans l'ensemble on vénère le souvenir, dont rien ne permet d'évaluer la conviction, l'expérience, le sérieux (encore) avec condescendance face à leurs successeurs qui levèrent la consigne, considérée comme pouvant apporter une entrave majeure au cours d'une analyse.

Or, pour qu'un facteur puisse sur un autre avoir cet effet décisif et dans son agencement immédiat, cela aussi il faut le voir — car l'échouage redouté ne pouvait pas être produit par une force à concevoir comme résultante d'une dynamique de géométrie complexe —, il faut qu'il puisse entrer avec ce facteur influençable dans un rapport direct. Ce qui pour s'effectuer suppose entre les deux ce type de partage d'un tiers que l'on nomme interférence, donc quelque part dans l'organisation des deux dispositifs communauté de niveau. Or, dans la psychanalyse ouverte à cette menace, quoi au juste pouvait être menacé ? Ni son dispositif, ni sa continuité. Bien au contraire même — à la limite. Bien saisissant après des lustres, ce souvenir de Lacan déclarant à une époque lointaine, dans le système évolutif dans le temps qui argumentait sa pratique non point encore de la séance courte, mais de la raccourcie, l'avantage qu'il y avait trouvé à faire taire de la sorte un sujet qui l'abreuvait de considérations sur la littérature, qui donc se posait comme lecteur à la place tenue sur le divan. Ce qui est menacé, c'est donc le rapport du sujet, tel que son discours le manifeste, à l'inconscient. Par la lecture. Telle était du moins la supposition. Le temps passé n'a remanié qu'un terme de l'équation. À la menace redoutée s'est substitué un examen moins alarmé et une prise en compte intéressée de son effet. Par conséquent, si pour faire aux choses une place nette, fût-ce au prix d'un artifice temporaire, nous situons la théorie comme habitant la lecture (de Freud) et la pratique — pratique de l'inconscient dans le cours de l'analyse —, il est licite de conclure que d'avoir à l'occasion proposé l'envisagement du rapport de la pratique avec la théorie comme rapport antagoniste ne fait pas de moi un élucubrateur scandaleux.

Mais, dans ce dossier, il faut encore verser une autre pièce, majeure. Freud, après la journée passée à la « pratique » dans la fameuse « clinical situation » des auteurs anglo-saxons, « travaillait ». Seul et beaucoup. Lecture sans doute, écriture assurément. Je rabâche, je sais, des choses connues de tous. Et pourtant. Lorsque donc on lui demandait comment, après de telles journées, il pouvait encore…, on connaît sa réponse : « Sans ce travail, je ne pourrais pas supporter ladite journée, etc. » Délassement, consolation, réconfort, recours ? Renfort à n'en point douter. Où et de quoi ? En tout cas, situation que rien n'interdirait de ranger du côté de la défense, même celle que l'on dit légitime. Pièce à l'appui, par accident, de cette baudruche dont il ne faut pas escompter l'affaissement de sitôt : la théorie comme défense contre, etc. On connaît la rengaine.

Mais, si tout conspire ainsi à montrer un rapport particulier de la lecture à l'inconscient, de quelle force doit être ce qui s'est opposé à cette façon de poser le problème ! Force dont à l'évidence l'ampleur constitue le plus sûr rempart de quelque chose dont même le nom est incertain. Non pas qu'elle manque de noms. Des noms autour, des noms qui la désignent, qui permettent de la reconnaître, mais qui jamais ne la représentent ni ne permettent de la saisir.

Je rebrousse donc chemin, résolument. Je le reprends à reculons, pour dire, contre toute fausse pudeur, que sans perdre la chose de vue, sans perdre le désir qui la vise, je cède sur ce point, trop incertain de ma vigueur pour m'avancer plus vers elle. À reculons sur le chemin de sa nomination, je trouve les noms en retrouvant ces noms partiels qui me permettent de la manier de l'esprit ou de la main. Écriture, lecture, papier (son support commun de nos jours), la parole écrite donc, autour de laquelle je maintiens mon affairement. Sous la contrainte qu'exerce en propre l'appartenance à l'espèce humaine et dans la forme qu'elle prend aujourd'hui. Que cette forme ne soit pas première n'a pas plus d'importance pour ce dont il est ici question que le fait que le papier soit d'invention relativement récente.

C'est donc cet objet aux possibilités de nomination multiple dont le rapport à l'inconscient ne permet de rencontrer que les sentinelles. Qui dira si dans cette affaire il peut être question d'autres qu'elles...

Le vif de l'interrogation est pointé sur la psychanalyse avec ses psychanalystes produits par le geste inaugural de Freud. Passés, présents ou à venir, s'il y en aura. Ce qui recommande l'abord de ce problème, dont lecture est un des noms par le biais du terrain qu'avec leur doctrine ils constituent. Et qui les situe au foyer même de l'affaire.

Ne sont-ils pas avec leur psychanalyse, par vocation et en vertu de leur méthode même, voués à l'effort de tromper les sentinelles qui gardent l'enceinte où la chose est gardée, et sentinelles eux-mêmes sur les mêmes chemins de ronde ? C'est-à-dire doubles et traîtres sur les deux versants. Traîtres à l'effort de passer et traîtres à la nécessité humaine de barrer le passage.

Qu'ils soient traîtres à n'en plus pouvoir donne à leur position sa gravité, où se reflète sans trop de distorsion le drame de leur espèce comme telle.

Qu'en outre ils soient trompeurs à l'occasion trans-
pose le drame en comédie humaine, laquelle est tra-
gique comme on sait. Dont acte par conséquent, et
non critique. De cette fausse monnaie que la trom-
perie contraint à mettre en circulation, les aspects
sont innombrables. Pour en donner une idée, j'en
choisirai la variété banale et comme toujours au
niveau de l'anecdote. L'intérêt pris ou relaté à ces
tempêtes dans un verre d'eau qui surviennent dans
une analyse à l'occasion de la lecture d'une œuvre
littéraire.

Tempêtes dont maints analystes savent qu'elles
sont elles-mêmes des exercices de style. Non point
que la parole écrite/lue ne puisse déclencher dans le
cours d'une analyse un vrai ouragan. Mais celui-là
vient en règle d'autres horizons. Quand il ne s'em-
pare pas de l'œil par surprise, au coin d'une rue ou
d'un bois...

Mais lire est aussi (à en restreindre l'examen dans
l'espace et le temps jusqu'à cette restriction dernière
mise à l'œuvre ici, aux analystes) une activité ordinaire, automatisée à sa manière à un point tel que sa
clinique courante se restreindra habituellement à
ses aspects techniques. Technique mentale avec ses
aspects d'apprentissage, le « speed-reading » d'un
côté et les difficultés de lecture de l'autre, ou technique instrumentale du côté de l'organe perceptif —
éclairage, dispositifs optiques, etc. Même sur le nez
des petits enfants, l'on met des lunettes pour les
aider à lire. Reste à savoir pourquoi ils sont devenus
myopes... Pas de mystère dans cette affaire, la cause
est entendue. Pas de mystère non plus dans la parole

écrite. Objet sans mystère comme le bois dont est faite ma chaise — jusqu'à l'avènement de la physique moderne, pour ce dernier. Et nous, produits par le grand contemporain de l'inventeur de la physique moderne, effectuons donc un retour offensif sur l'évacuation du mystère de cet objet, contraints de le faire par la pression du faible acquis que nous avons d'une clinique nouvelle du rapport de l'homme à cet objet.

De cet objet sans mystère selon la loi de l'école, cette même école qui nous a tous portés lors du premier passage de notre rapport à lui, se pourrait-il qu'à la longue l'abord puisse bénéficier du peu que nous avons acquis de la clinique de son maniement ?

Cette clinique dont nous pouvons situer le début avec l'œuvre de Freud. Où nous avons appris que la « Dichtung » arrive sur des lieux redécouverts en suivant d'autres voies par la psychanalyse. Et c'est dans l'œuvre écrite de Freud, son œuvre littéraire, et non pas sur son divan que nous avons appris que la littérature voile, atténue, et déguise ce que l'analyse effectue à plus grands frais. Ces remarques à elles seules, même si Freud n'avait pas déversé par pleins tombereaux les avertissements, les clefs de lecture, sur son parcours, auraient dû, en toute rigueur, suffire à émanciper la lecture de son œuvre des règles de la lecture d'école. La dire parvenue à hauteur de fiction n'est certes pas faux — même littéralement, si l'on se réfère à l'œuvre elle-même — mais ambigu et confus à souhait pour obscurcir le fait que rien dans le texte freudien ne peut être lu comme ce que j'ai appelé un mode d'emploi. Qui, s'il est lu ainsi (parfois il l'est, même un peu il l'est toujours plus qu'on ne pense), il tombe des mains. C'est observable. Ou bien, il paraît absurde, contradictoire et faux. Nous avons appris aussi que sa littéralité seule (et surtout pour qui l'ignore) peut enchaîner à sa lecture. De là ce particulier état de grâce de ceux que cette lecture toute seule a mené à l'analyse. Et nous savons, si le propre de la littéralité est la façon singulière dont s'agence la chaîne des représentations, que dans leur lecture la signification, que nous le sachions ou non, sera dans ce qui nous lie au texte l'élément le plus faible et le plus inconstant. Effectif seulement lorsque tous les autres sont en déroute. Nous avons appris que la littérarité qui soutient notre lecture agit ainsi par son effet sur notre propre compromis défensif. Action d'une subtilité que Freud a détectée dans l'œuvre littéraire, la « Dichtung ». Son œuvre n'est pas dépourvue de ce potentiel mais elle est dotée d'une brutalité concomitante qui éloigne d'elle aussi. Il faut bien voir que les commentaires sur la mauvaise qualité de son style (peut-être en français seulement, ajoute-t-on de nos jours, non sans hypocrisie), sa lourdeur, ne sont que la version moderne des obstacles anciens à sa lecture. Plus que sa « scientificité » jadis, c'était, selon le lieu, l'esprit tudesque et son obscurité face à la clarté latine, ou la perversion juive face à la pureté germanique, qui étaient dénoncés. Bref, le style. C'est-à-dire, en propre, la littérarité. Que la critique littéraire comme telle puisse à terme bénéficier de cet acquis dans son commentaire des situations de consensus et d'exception aussi n'est pas à exclure.

C'est cet acquis, sa mort étant évidemment la condition première, qui a permis aussi que la lecture de Freud, rapport à sa parole écrite, s'ouvre sur l'examen des conditions de sa production, sur son écriture. Qu'il y ait lui-même invité de diverses manières ne change rien au fait qu'il fallut bien attendre qu'il n'y soit plus pour se rendre à l'invitation. Examen de conditions qui, s'il ne se dévoie pas dans la direction, funeste à tous égards, du fameux « inanalysé de Freud » contemporain qui consomme la défaite de la lecture en corrigeant le texte par une superfétation de significations plaquées sur lui, comme telles, en provenance elles-mêmes d'une pseudo-histoire où règne l'illusion et non point la fiction, débouche sur un espace nouveau. Celui d'un autre lexique. L'avoir appelé « lexique inconscient » ne posait pas la question vaine de la maîtrise que pouvait en avoir ou ne pas en avoir l'auteur. À ce niveau, comme auteur, sa personne est et doit rester totalement hypothétique. Ce que j'entendais marquer par là, c'était au contraire la puissance de ce lexique, jouant à ciel ouvert dans le processus de formation de son écrit, dans la formation de sa sorte personnelle de littérarité.

Il est vain de nier que, si à l'horizon de toute lecture une sorte d'horreur est toujours présente, la lecture de l'œuvre de Freud en rapproche singulièrement. Mais l'aile d'une malédiction ne manque presque jamais d'effleurer la lecture comme telle. Une réflexion sur la citation l'a déjà indiqué, indirectement. Et là encore, le lecteur francophone et analyste est exemplaire. La citation inscrit une lecture dans la lecture. Elle en redouble la marque. Elle inscrit la lecture dans l'écriture et montre l'écrivain lisant. Nulle autre raison (pour se limiter à celles qui sont honorables) à l'irritation sourde ou déclarée qui accueille la citation de Freud. Surtout si elle est, comme il se doit en toute rigueur pour qui une langue n'est pas « instrument de communication », faite en allemand. Assez de mots allemands ! C'est le cri qui maintenant s'élève et surtout là où ces mots ne créent pas de problèmes de traduction. Malédiction sur la citation de l'auteur mort, car la lecture est là.

La citation par contre d'un auteur vivant, Lacan bien sûr de son vivant, mais d'autres aussi, passe sans encombre. Pour Lacan, on verra bien à terme, et ce que l'on verra nous apprendra beaucoup à cet égard. De son vivant, la citation passait, pour des raisons autres que son autorité sur ceux qu'elle a tenus dans son emprise. Elle passait parce qu'il était vivant. Qu'elle ne faisait pas résonner la lecture de son œuvre, mais sa voix. Alors pourquoi est-ce que j'hésite à dire qu'en vérité les citations de tous les analystes passent, même des anciens, des trépassés ? Seule la citation de Freud crée cette horreur, car le seul mort, jusqu'à présent, le seul homme mort de la psychanalyse, c'est Freud.

C'est le moment de réfléchir sur l'écriture et à tout ce que le temps nous en a livré. La question de son origine a produit d'estimables théories. Elles sont contradictoires. Elles ont cependant un trait commun qui se laisse aisément discerner. À l'instar d'autres, celles qui concernent l'origine de l'espèce humaine, ou de la vie, elles relancent dans un cadre différent une problématique de butée au savoir. Et non du savoir, certes. Avec cette particularité que cette butée au savoir, dans nos cultures du moins, n'est rétrospectivement prise en relais par aucune croyance. Et une croyance même révolue, déshabitée du seul fait d'avoir été croyance ne disparaît jamais sans reste. Cette butée se retrouve aussi dans la réussite de cette opération inscrite dans nos vies, dans la variété particulière de l'alphabétisation. Chaque fois qu'un enfant apprend à lire et à écrire, le même mystère se joue en fin de compte à l'horizon de cette opération. Et cet objet qui se crée alors pour lui dans l'opération qui le fait participer lui-même à sa création est désigné par divers noms, écriture, lecture, texte, et peut-être même ce qui nomme son support (papier donc de nos jours) comme par autant de « yad (aïm) ». « Main » qui désigne l'objet, mène à lui, le garde à distance, sa sentinelle. La complexité de cet objet commence alors à s'éclairer, car à tout ce qui le désigne ainsi le mot texte lui-même vient s'ajouter ni plus ni moins que le mystère de son origine. Ce dont le « yad » préserve cet objet (être touché), n'est pas de cet objet ce qui se propose à l'appréhension, ce qui peut en être dit, ce qui en est parlé, écrit et lu, mais l'origine et son mystère. C'est bien cela qui repose dans le Tabernacle. Et que le Tabernacle empêche d'être touché. Car le texte, lui, y a bien été déposé de main d'homme. Cette main qui ne doit pas effleurer son mystère.

Le drame qui se joue autour de la parole écrite dès qu'il s'agit de sa lecture et que le rapport au texte freudien rejoue dans la culture — rejet phobique ou défense d'une lecture en position d'autorité —, avec une insistance suffisante pour en favoriser l'élucidation, rend actuel ce qui n'a jamais cessé de l'être. Pas de lecture sans Tabernacle. Elle le constitue dans le mouvement même qui l'y enferme, depuis la nuit des temps sans doute. Depuis sans doute qu'après avoir sur les murs de ses cavernes laissé ses premières traces l'espèce s'est trouvée en position de ne plus savoir si elle a parlé d'abord, tracé ensuite, ou le contraire.

C'est bien attentivement qu'il faut relire ce que Freud a dit-écrit à propos des textes sacrés. Ceux-là, dit-il, contrairement à ceux dont la position est religieuse et qui n'y touchent pas, l'analyse les touche et en fait ce qui lui convient. C'est au mystère de l'origine que l'analyste ne touche pas et qui est bien distinctement désigné par l'attention méticuleuse qui s'attachera au moindre détail, aussi insignifiant qu'il puisse paraître, de la production du récit du rêve. C'est au processus de cette production, cette production parlée que l'analyste s'attachera comme à un « Heilige(r) Text », un texte sacré. Où l'on se trouve précisément et à nouveau au point focal de la problématique. Car texte, ce récit du rêve, cette parole dite, elle le devient sous la plume de Freud qui en trace le mot. Dans ce geste d'écriture se trouve replié tout ce qui fait la singularité de l'analyse, dans le domaine scientifique éminemment. Qui la fait texte initialement. Et qui inscrit son écriture dans une position autre que celle où elle se trouve dans n'importe quelle autre discipline. Car la parole qui qualifie cette écriture ne le fait pas en raison de l'autorité, voire de la grâce, de celui qui la profère, mais de son être de parole comme telle. Parole parlée du rêve de n'importe qui. Ce que le « Sprachgebrauch », l'usage langagier, désigne comme sacré se précise de cette saisie que l'analyse en réalise prosaïquement. Dans ce qui n'arrête pas de s'écrire du rapport de la parole à l'écriture. Et que la lecture relève dans le même instant.

Par cette voie, peut-être, un retour serait possible à une imagination continuée sur les rapports de l'analyse à la question juive. Le thème est fréquenté depuis longtemps. Les mises en regard au niveau de la doctrine, tentées depuis des lustres, sont entachées de cette gratuité qui s'attache aux possibilités toujours infinies des mises en face à face de textualités. Il est de nos jours l'objet d'une relance notable et même institutionnalisée.

L'imagination qui s'en propose à moi, je la livre avec l'hésitation la plus extrême. Tant je crains de donner aliment à nouveau et contre mon gré à une pratique que je crois détestable dès lors qu'elle tente de rationaliser une écriture : la psychobiographie. Ce ne sont pas les significations, une théorie et sa portée que je tente d'éclairer, par des supputations sur les événements effectifs ou supposés qui jalonnèrent l'existence de son auteur. Je ne débauche pas la lecture. Mais je peux tenter d'éclairer latéralement et d'une façon nouvelle certaines conditions d'un processus de production d'un texte par une opération que je range absolument parmi celles que Freud appelait des « Gleichnisse » et qu'il proposait comme instrument élu du processus de théorisation analytique.

Mon imagination ne concernant pas la religion, ni le judaïsme, je laisserai donc de côté les Hébreux. Mais je considérerai une particularité du rapport au monde du langage des juifs diasporiques, ceux dont sous ce rapport je sais quelque chose et qui sont les Ashkénazes. Comme Freud.

Ils n'étaient pas bilingues, même si dans leur univers il y avait deux langues. Pas plus bilingues qu'un Limousin écoutant les offices en latin. Pas plus qu'un arabophone avec l'arabe classique du Coran et la variété qu'il en utilise dans la vie profane. Mais entre leurs deux langues le rapport était d'une étrangéité totale. Ils ne parlaient pas l'hébreu, même si parmi eux une minorité de clercs le pouvaient. Ils parlaient leur langue maternelle, un dialecte allemand, dont la structure même représentait la non-miscibilité absolue de leurs deux langues. Leur « yiddish » déformait un allemand ancien, comme toute langue se déforme du simple fait d'être pratiquée par une communauté repliée sur elle-même, et le déformait de plus au gré d'une troisième langue dominante que souvent ils ne parlaient ni ne comprenaient aucunement.

Et dans cette langue germanique, çà et là enclavés, quelques mots hébreux déformés par les pentes complexes toujours d'une prononciation étrangère (l'allemande), et s'ajoutant à eux des mots composés, formes extrêmes de ces chimères linguistiques que sont des termes faits de deux mots de langues étrangères l'une à l'autre. Eux-mêmes globalement déformés par la prononciation altérée par l'usage du dialecte allemand. Chimères faites d'éléments non miscibles, car, à l'inverse des termes modernes grécolatins eux-mêmes repris dans des langues d'écriture et d'alphabet parents, l'un des mots entrant dans la composition de la chimère n'est d'aucune façon apprivoisable par la langue de l'autre.

Mais, en outre, cette langue ne s'écrivait pas. Cette langue germanique, vraiment et pour l'oreille la plus profane, ne s'écrivait pas en allemand. Car l'alphabet allemand n'était pas enseigné. Pour rendre transportable ses énoncés, l'alphabet utilisé était celui de la langue que l'on ne parlait pas. Alphabet, ou plutôt et en toute rigueur syllabaire, qui n'avait aucune aptitude linguistique à représenter ce dialecte allemand. Que d'autres langues bien plus tard aient du fait de la domination reçu un alphabet latin : par exemple la vietnamienne à l'étroit dans sa démotique et la turque mal à l'aise dans l'écriture arabe ne reproduisent pas cette singularité, puisqu'elles en illustrent l'exact contraire. Alphabet ou syllabaire hébreu, qui donc permettait d'écrire cette langue vivante, luimême connu de la seule minorité instruite. Passons sur l'attendrissement lié au rappel du fait que cette minorité était bien plus substantielle que dans les populations « autochtones », car de cette instruction les femmes étaient presque totalement exclues. La langue maternelle ne s'écrivait donc pas et l'hébreu, lui, ne se parlait (comprenait) pas. D'où l'humour juif : « Izzik, pourquoi pries-tu puisque tu ne comprends pas ce que tu dis ? — Que m'importe de ne pas comprendre, si Lui comprend ! »

De ces mots composés, de ces chimères, je choisis celui qui nomme la langue maternelle. Mot fameux, valorisé, utilisé fréquemment dans cette langue même, plus souvent que sa signification ne le justifierait. On ne parle pas souvent de sa langue pour dire qu'elle est sa langue maternelle. Or ce mot doit son importance et la fréquence de son usage au fait que sa portée s'étend sur l'ensemble du maternel, pris très exactement au sens du « Sinnliche » freudien. Et, telle est la chimère, à l'ensemble du monde du foyer. Ce terme de ralliement, de consolation, de défense dans un monde hostile, s'écrit en alphabet latin, et dans l'orthographe allemande, *mamelouschen*. Chimère surgie de l'accolement de deux déformations. D'ailleurs, au gré des lexiques, des glossaires, la forme du terme évolue. À l'origine de « mame » — l'allemand « mama » (le russe, le polonais, le tchèque, le roumain aussi, etc.). À celle de « louschen » et, dans la même écriture allemande, l'hébreu « loschon », la langue.

Donc au foyer, la langue maternelle. Mais pourquoi pas, dès lors que la langue maternelle n'est pas celle que l'on parle dans une patrie, quand on appartient à une population errante et que la famille est la représentation ultime de son appartenance au sens profane du terme et que dans cette famille il y a le père, pourquoi alors un autre terme ne se serait-il pas inventé ? Tel « tatelouschen » puisque « tate » veut dire père. Sinon que la langue parlée est celle de la mère et que la langue à laquelle le père peut avoir accès ne peut que s'écrire. Et quand elle écrit et rend lisible la langue de la mère, elle continue à ne pas pouvoir se parler. Écriture de la langue du foyer, alors. Véhicule de la présence de la mère, elle laisse dans le sanctuaire sa langue morte de référence, inapprochable par la langue maternelle qui n'y mène pas et inaccessible aux mères elles-mêmes.

À prendre cette organisation comme représentation nucléaire du rapport au langage, nous pourrions écrire que lire, l'avoir appris, dans le système alphabétique qui est le nôtre dans ses diverses variantes, avoir donc eu la visée du « bien » dans cette pratique (bien lire et lire bien) dans l'école où s'effectue cet apprentissage, c'est très exactement écarter la mère du père et ne pas la ramener vers lui. Et donc lire bien (au sens de l'école) après l'avoir appris, n'est-ce pas un exercice qui ne se dissocie plus de sa fonction et qui garde toujours secret l'efficace de sa portée : écarter la scène primitive. La garder hors de vue.

L'écriture, elle, est ouverte sur un horizon de possibilités. L'avoir à l'occasion appelée matricide ne la qualifie pas mais marque la sensibilité à l'un des possibles ouvert à l'écriture. La « mamelouschen » et son écriture seraient la métaphore de l'autre. Dont la psychanalyse freudienne (qui, sous cet angle, remarque son identité au nom qui l'a fondée) serait une autre métaphore.

Elle sait ce qu'est un texte sacré, mais elle le manipule, dès lors qu'elle en produit un texte. En faisant texte de la langue parlée, elle défait la première ligne de ce qui fait défense devant la scène primitive. Opération qui se redouble dans les représentations qu'elle a lancées sur le marché du discours et des idées (complexe d'Œdipe, scène primitive, etc.).

Elle est donc et comme écriture sur une voie dont il s'agit de ne pas méconnaître la dernière halte, les confins. Comme toujours, c'est aux limites (limites des positions possibles, limites de l'hostilité) que se révèle ce qui se discerne mal dans le milieu du champ. Les ennemis les plus féroces de l'analyse l'ont dénoncée comme pornographie. Certes, la terreur du terme peut se réfléchir sur tout le chemin qui y mène. « Les théories de M. Freud relèvent de la salle de police ou du cabanon », déclarait en 1920 un célèbre aliéniste. Il n'avait pas tout à fait tort. Car le dernier terme de l'opération qui consiste à défaire l'organisation de la mise à l'écart de la scène primitive, de l'opération qui ramène la mère dans la langue des pères, effondre le monde du Verbe et mène à la limite où se consommerait la ruine du langage. La pornographie est cette dernière halte du langage avant le passage à l'acte. Voie redoutable, à n'en pas douter, que celle qui remet en jeu le mystère qui est au fond du langage et l'on peut se souvenir utilement que l'étude de la Cabbale était déconseillée jusqu'à l'âge, alors supposé de la quarantaine, où la « chaleur du sang » s'était, pensait-on, refroidie.

Mais, dans cette voie, il est aussi un pas de plus qui peut aussi être un pas de côté. Celui qui porte atteinte non point à la lecture de l'école, ni à l'écriture, mais déjà en amont à la langue maternelle elle-même, telle que l'écriture ou la lecture en garantissent l'intégrité.

C'est l'opération dont Freud a accompli les premiers gestes. Par le moyen du jeu de mots, du jeu sur les mots, et cela inauguralement dans la « Traumdeutung ». Opération dont le terme introduit dans la langue maternelle les variations que lui imprime, dans son usage, l'enfant. De toutes les opérations possibles sur une langue, celle-là qui est la plus courante et dont le parler « babyish » est la plus simple et la plus habituelle, cette opération ultime à sa manière est sans doute de toutes la plus mystérieuse.

Courante, elle n'en est pas moins couverte par un secret qui abrite, pour tous ses pratiquants, le mystère inaccessible du trait majeur de leur humanisation, leur entrée dans la langue maternelle. Ses possibilités sont virtuellement infinies, comme la langue elle-même. Tant que sa « Sinnlichkeit » n'est pas reprise par l'écriture qui lui tient toujours la bride courte. Forces antagonistes, toujours en jeu, de la tentation d'une échappée vers un espace aussi vierge qu'une mère de fantasme, et de sa renonciation signée dans tout acte d'écriture. Sauf exception. Dans cette direction, Freud, il faut le remarquer, ne s'est jamais engagé personnellement. De l'usage enfantin d'une langue, il n'a pour sa part signalé que l'erreur portant sur la signification. « Eingekastelt ». L'écho du jeu enfantin sur la langue et avec elle ne se trouve dans son écrit que rarement (même si l'occasion est éminente) et déléguée aux générations suivantes. Les enfants. Ceux des autres. Les siens par adoption, c'est-à-dire ses patients. Enfin, ses propres petits-enfants comme dans le jeu de la bobine. Étaient-ils, eux, déjà nantis à leur manière pour que pareille audace leur soit déléguée ?

Pour s'avancer dans cette voie-là, quelles conditions doivent-elles être réunies ? Et d'elles que peut-on imaginer qui, en allant au-delà du singulier irréductible, puisse revêtir un caractère de généralité suffisante pour être avancé dans l'ordre de la supposition ? Faut-il que la langue maternelle, langue d'adoption pour chaque sujet dans son histoire personnelle, soit comme langue adoptive inscrite dans un passé perdu de vue ? Est-ce qu'une adoption plus fraîche ou révocable place un sujet dans un rapport à la langue et à son écriture, dont Kafka, parlant des écrivains juifs de langue allemande, a marqué, et dans ses propres termes, l'impossibilité dans tous ses azimuts ?

Toujours est-il que, si la question doit rester à l'horizon de chaque analyse, elle ne s'est dans la psychanalyse jamais trouvée à l'œuvre véritablement, sauf l'exception récente qu'y a constituée Lacan. La « gallicisation » dont il est soudain question ouvertement depuis sa mort voit selon moi son thème dévoyé dans une direction usée. Où il ne fait que rejoindre les vaticinations anciennes sur les diverses sortes d'« esprit ». Le cartésien, voire le gaulois, y reprenant ses droits.

Combien plus important est, à mes yeux, le rapport à sa langue d'un homme dont les commentateurs ont très tôt mis en évidence un caractère présenté comme rare sinon unique et mystérieux. Rare, il a pu l'être comme toute singularité dès lors que sa nature en rend la révélation pertinente sur le marché des idées, de la culture. Mais unique seulement au sens où il fut unique (dans ses effets) à l'intérieur du champ ouvert par Freud, qui dans cette direction, en coupant les mots en quatre, fit lui-même les premiers pas. Car à la même époque, pour ce qui est de la culture, un autre homme pareillement ancré dans sa langue menait à un point atteint par nul autre avant lui une opération déjà amorcée bien avant lui dans la littérature anglaise. Cet homme, Joyce, a fasciné Lacan comme un cousin lointain et prestigieux. Et le texte infini, c'est inhérent à sa nature, qui s'appelle *Paradis*, n'est-il pas dû à la plume du commentateur avisé et lui-même fasciné du rapport de Lacan à Joyce, et similairement installé dans la langue qui est la sienne ?

Donner une suite écrite à cette tentation d'échapper à la reprise que l'écriture exerce sur la langue ramène inéluctablement une fantasmatique du mal, là où l'écriture qui, par une pente naturelle, devient si aisément sacrée, tend à enfermer un bien dans le Tabernacle qu'elle constitue comme telle. Entre écrire le mal et mal écrire, la distance peut s'annuler. La critique peut la franchir sans peine.

Ce dont témoigne la place si ambiguë de ces excursus remarqués, bien que de taille ordinairement réduite, de ceux que l'on nomme les grands écrivains, les grands poètes, dans la pornographie.

Où se côtoie la possibilité du Mal qui ne congédie pas le Bien. Et, lorsque cette conjoncture singulière reçoit une extension où elle revendique une systématisation dont le programme peut être divers, c'est aux confins de la littérature mystique que l'opération sera située. Comme avec Bataille, à la même époque encore et en français, dont la présence ne peut pas être effacée de l'horizon transgressif de Lacan.

Si l'ensemble de ces considérations, bien peu nouvelles en vérité (car même la cure d'une dysorthographie, pratique banale et quotidienne, est entièrement gagée sur l'implicite de cette problématique, même à l'insu de ses praticiens), recevait la seule nouveauté qui en serait une vraiment, c'est-à-dire leur prise en compte systématique, et plus particulièrement pour ce qui est de l'écrit analytique où tout commence et se constitue dans le texte freudien, la traduction d'un mot se trouverait facilitée. Un mot de Freud, un mot allemand, le fameux « Geistig » opposé au « Sinnlich », qui le pousse d'une force égale à celle dont il le contient. C'est avec une conscience apaisée (en français) qu'on le traduira alors par spirituel. Car le territoire qui hier s'offrait à la mystique est celui de la science de demain. Ce que nul n'a affirmé et argumenté avec autant de précision et de pertinence clinique que cet écrivain-là, Sigmund Freud.

Accords et désaccords
entre les langues *

La psychanalyse freudienne en anglais
et en français

Mesdames et Messieurs, permettez-moi tout d'abord de vous remercier pour l'invitation qui m'amène ici à Londres. Je vous dois des excuses anticipées, j'avais annoncé que je n'écrirais rien, que je préférerais répondre aux questions, à ce que vous voulez savoir de la scène psychanalytique française, et vous apporter des éclaircissements. Puis j'ai pris quelques notes pour mettre de l'ordre dans mes pensées et, une chose menant à une autre, j'ai finalement décidé de me comporter avec vous comme je le faisais pendant les années de séminaires et conférences dont le produit final est la raison de ma présence ici ce soir. Une conférence « ouverte » pourrait-on dire, mais écrite de A à Z.

Avant tout, je veux remercier l'Institut de psychanalyse britannique pour son hospitalité. Ma dernière visite ici a eu lieu il y a vingt ans, plus ou

* *Conférence prononcée en anglais à Londres le 25 mai 1984 à l'invitation du King's College de Cambridge, et parue, traduite par Nicole Chatelain-Bareau, dans* L'Inactuel, *n° 4, printemps 2000, Éditions Circé.*

moins ; il s'agissait d'un dîner pour fêter l'achève-
ment, couronné de succès, du travail monumental
de James Strachey. Mais la question de l'hospitalité
se pose ce soir d'une façon plutôt embarrassante, à
tout le moins pour moi. Il reste à savoir si elle vous
affectera de la même façon. En effet, un orateur pos-
sédant un minimum de manières et de sens des circonstances sait pertinemment que son devoir premier est de se comporter en hôte devant son public.
C'est exactement là que je risque d'échouer et d'offrir une piètre performance, si l'on compare avec vos
autres visiteurs d'outre-Manche. Je ne sais pas ce qui
a inspiré l'instance qui a suggéré mon nom à l'am-
bassade de France, je suppose qu'il doit s'agir d'une
ignorance assez naturelle de ce qui s'est passé dans ce
domaine au cours des vingt dernières années mais,
franchement, si j'avais été à la place de cette instance, je ne me serais pas choisi. Car parmi tous les
autres orateurs, et peut-être tous les analystes de
France, il se fait que je suis peut-être le seul à avoir
de bonnes raisons de me trouver ici et avec vous. Je
ne sais pas combien de fois j'ai essayé d'esquisser
mentalement les grandes lignes d'un discours adéquat. Fallait-il l'écrire, ou vous parler sans notes et
voir ce qui allait se passer ? Vous accabler de questions et refuser de continuer tant que vous n'auriez
pas répondu ? Mais qui êtes-vous ? Seulement des
analystes britanniques ? Ou mélangés avec des membres de l'intelligentsia britannique et, le cas échéant,
dans quelle proportion ? Quel est l'état présent, je
veux dire ce soir, de la délicate question de l'intérieur et de l'extérieur dans son rapport à la psycha-

nalyse ? Suis-je en train de m'adresser à l'extérieur ou à l'intérieur du monde psychanalytique ? Et est-ce de l'intérieur ou de l'extérieur ?

Cette question a couvé pendant un certain temps jusqu'à ce qu'un jeune (à l'époque) philosophe bien connu, Jacques Derrida, la mène à maturité. Néanmoins, sa difficulté demeure. Si vous n'êtes pas, tous parmi vous, analystes ou également avertis — et dans ce « également » résonne de nouveau et avec force la question critique de l'intérieur et de l'extérieur — alors nous avons, dans cette salle ce soir, un auditoire captif. Captif et innocent, puisque n'ayant joué aucun rôle dans toute l'histoire qui a engendré cette soirée, ou d'autres du même genre, passées ou à venir. Mais cet auditoire captif (s'il est effectivement présent ce soir) est-il à ce point innocent dans ce qui a eu lieu et qui finalement m'a amené ici — après une longue manifestation prolongée de furie et de rage ? Et si, au contraire, vous êtes tous analystes, et même analystes d'assez longue date pour avoir été nos partenaires dans des jeux dangereux il y a vingt ans, êtes-vous vraiment à ce point responsables du rôle que vous avez joué, attendu que vous étiez aussi des enfants de votre époque dans vos pays, votre environnement culturel et votre façon de penser, comme je l'étais, comme nous l'étions, enfants de notre époque, en France. Encore une fois cette question de l'extérieur et de l'intérieur du champ de la psychanalyse (étant, bien sûr, clairement entendu que nous ne sommes pas en train de parler de la véritable expérience de l'analyse, sur le divan ou derrière).

Bien sûr, certains d'entre vous, au moins les plus jeunes, peuvent très bien se demander : « De quoi s'agit-il ? À quoi donc ce fou fait-il allusion ? » Et je dois ici exprimer mon affliction devant l'absence, ce soir, de deux collègues qui auraient su. Mais, hélas, Paula Heimann nous a quittés et la mort prématurée du docteur Pierre Turquet nous prive d'un éventuel traducteur.

Je pense qu'il est temps maintenant que je me présente dans le cadre de ce programme. C'est probablement là que va commencer mon étalage de mauvaises manières, mauvaises manières continentales ou françaises. Cet avertissement me rappelle quelque chose. Après le premier congrès international auquel j'ai de nouveau participé en 1961, il est arrivé quelque chose. Le but était de retarder de deux ans notre acceptation en tant que société membre de l'Association internationale, et quelque chose se produisit dans les diverses tractations qui eurent lieu, un petit engagement de la part de ce que j'appellerai l'autre partie. Et lorsque nous avons pris la mesure de ce qui se passait et que Pierre Turquet et moi fûmes en mesure de deviner cette machination, Pierre me dit : « Eh bien, maintenant vous voici avec un fardeau encore plus lourd car vous allez devoir porter plainte contre Untel » (quelqu'un que je ne nommerai pas ce soir). Et je me suis contenté de rire avant de répondre : « Pierre, vous perdez l'esprit. Si je devais porter plainte pour cette attaque diffamatoire et calomnieuse, il me faudrait engager dix procès par jour en France. Voici comment sont nos mauvaises manières comparées aux vôtres. »

Enfin, quoi qu'il en soit, je reviens à ce que je m'apprêtais à vous dire.

La psychanalyse est comme une pâtisserie française qui s'appelle un mille-feuille. Elle est faite de plusieurs épaisseurs, y compris l'épaisseur soi-disant personnelle et l'épaisseur politique. Et, comme le mille-feuille, si vous voulez la goûter — ce qui est ce que vous êtes en train de faire ce soir, tout au moins le supposons-nous — vous devez mordre dans toutes ses épaisseurs. Il est impossible d'extraire une ou deux épaisseurs de cette structure stratifiée. Et, étrangement, c'est ce que nous essayons toujours de faire. Nous pouvons limiter la taille de notre bouchée, mais pas le nombre d'épaisseurs que nous aurons à traverser. Ainsi, quoi ou qui êtes-vous censés rencontrer à ces réunions du vendredi soir ? Avec quoi êtes-vous censés vous familiariser ? Le travail de celui qui parle ? S'il a été publié, alors il peut être lu, particulièrement s'il a été traduit — question d'importance que celle-ci, nous en reparlerons davantage plus tard si le temps le permet. S'il n'a pas été publié et si vous ne lisez pas le français, alors, que pourrait faire un orateur sinon déformer ou massacrer en quarante ou cinquante minutes ce qui demande tellement plus longtemps à lire et à comprendre ? Dans ce cas, s'agit-il de rencontrer la personne ? Jusqu'à quel point cela peut-il devenir personnel ? Nous en étions arrivés à ce stade de réflexion il y a quelques mois avec les organisateurs, lorsqu'ils m'ont demandé de participer à ce programme destiné à présenter ou montrer, expliquer des faits de la scène psychanalytique française. Mais cette scène en tant que telle est, pour moi, l'objet de

beaucoup de réflexion et de préoccupation. Les tentatives de théoriser cette réflexion, ainsi que bien
des sentiments, sont impliqués, qui ne peuvent pas
être supprimés. Donc, ma réponse a été : « D'accord,
je parlerai de la scène. » « D'accord pour la scène
mais de votre travail également », telle fut la
réponse de Mme Jojima. Mais traiter de la scène est
précisément ce en quoi consiste mon travail, parce
que traiter de la scène a des implications qui vont
bien au-delà de la scène géographique. Si l'on développe, cela s'alimente directement dans la scène psychanalytique en tant que telle — dogme, théorie et
pratique — et dans son histoire, du début jusqu'à
aujourd'hui.

Ne vous y trompez pas, je ne suis pas historien,
vous en avez déjà un, ou vous en aviez un. La scène,
et son enjeu, n'est pas sans influence sur le champ de
l'analyse en tant que telle. C'est ce que, en 1979,
dans l'*International Journal of Psychoanalysis*, vol. 60,
part. 1, Marie Moscovici a essayé d'exprimer dans la
critique de mes deux premiers livres, publiée grâce à
Masud Khan, fournissant ainsi le seul écho, pour le
lecteur anglo-saxon, de quelque chose qui est
devenu familier pour les collègues de pays d'influence latine. Et ici encore, il y a en jeu plus qu'une
simple question de deux zones linguistiques parfois
en désaccord. Mais il faut maintenant retourner au
cadre présent.

Donc, au milieu des années quatre-vingt, voici
que le monde anglo-saxon, là où cela importe encore,
c'est-à-dire le Royaume-Uni [rires] (ce n'était pas de
l'humour, je suis désolé [nouveaux rires]), veut,

semble-t-il, entendre parler de la scène qui a pris
forme de façon décisive au début des années
soixante. Une des particularités de la distribution
est que tous vos orateurs d'une part, et le présent
orateur d'autre part, se situent sur deux versants par
rapport à la ligne de crête de ces années cruciales.
Peu importent les actes de naissances : les « aînés »
au sein de l'Association internationale de psychanalyse, Laplanche et Green, que vous connaissez bien,
furent des associés dynamiques, témoins des événements politiques, et les autres, politiquement parlant du moins, ne se trouvaient nulle part, pas même
en gestation pour certains, ou bien ils allaient encore
au lycée, comme l'un d'entre eux dont la silhouette
se profile largement au-dessus de la scène aujour-
d'hui, à une époque où je traitais plutôt activement,
c'est le moins que l'on puisse dire, avec l'exécutif de
l'I.P.A. par l'intermédiaire du Comité consultatif, au
moyen de courriers presque quotidiens ou par téléphone avec le secrétaire de ce Comité, feu Pierre
Turquet. Et ma tâche au cours de ces tractations en
tant que secrétaire général de cette société-membre
nouvellement admise, à cette époque, trouvait sa
comparaison ou sa représentation (ou plus précisément ce qu'on appelle en allemand « Gleichnis »)
dans la fonction portant exactement le même nom
dans le parti communiste soviétique pendant l'ère
stalinienne... Pas de quoi s'en vanter, mais les faits
étaient ainsi. Il faut y ajouter également un autre
point, à la fois frappant et pertinent : la relation de
vos différents orateurs français avec Lacan. Elle va du
statut d'ex-analysant de celui-ci, élève direct aurait-

il dit lui-même, à celui d'analysants des analysants soi-disant historiques de Lacan, ou à celui d'élève considéré comme digne de devenir son gendre, pour couronner le tout. Seul Green, de l'« autre » société, se trouve en filiation directe ou indirecte avec Lacan. Et, bien sûr, il assistait alors de façon très assidue aux séminaires de Lacan, ce qui n'a pas fait grand bien à son curriculum à l'époque... (Cela n'a joué aucun rôle dans la constitution des événements.) Mais un certain côté de son riche et intéressant travail doit sa vigueur au besoin qu'il a éprouvé de montrer combien Lacan avait pu avoir tort dans un certain domaine, et cela fournit ce que l'on pourrait voir comme un titre caché à l'évoquer dans la présente entreprise. Le fait qu'il devint un représentant ou un ambassadeur de l'intelligentsia de cette société, ou peut-être même de l'intelligence elle-même pour dire les choses brutalement et sans détour, ne devrait pas être séparé des implications que nous abordons en examinant la mise en place du cadre.

En ce qui concerne mon analyse didactique ou ma supervision, elle a eu lieu dans le passé le plus lointain de la société qui, à l'époque, était la seule à Paris et en France. De Lacan je n'eus rien alors, hormis une intrusion coléreuse dans la petite pièce où j'étais en train de soigner un patient à l'hôpital, sans que je sache pourquoi. Incident suivi par le conseil que je reçus de mon contrôleur de l'époque, le docteur Pasche, qui était le chef de ce service où je travaillais dur, d'aller me glisser au séminaire de Lacan, privé à cette époque. « Parce que, me dit-il, ponctuant ainsi l'épisode d'une façon plutôt inattendue, Lacan a une position théorique très forte. » Ce fut suivi de discussions, encore une fois avec quelques collègues de mon âge, afin de décider si, pour découvrir ce qui arrivait concernant Lacan, il était nécessaire ou utile de suivre le conseil. S'élargir l'esprit, assurément c'était garanti, mais dans quel but ? Le verdict bien sûr fut : « Non, inutile. » Et ça l'était, sans aucun doute. Pour apprécier ce jugement en termes d'intelligence ou de sagesse, nous disposons de l'opinion, maintenant partout présente dans les publications de ces quelque trente dernières années, y compris dans l'*International Journal* et l'*International Review*.

Et je n'avais plus entendu parler de Lacan jusqu'à juin 1953, lorsque l'ancienne société éclata. Qu'est-il nécessaire ou utile de découvrir à son sujet ? Pour qui et pour quoi ? À n'en pas douter, certaines choses à propos de Lacan et de ses conséquences, si je puis dire, étaient inutiles en termes de temps passé ou perdu. Comme pour Miss Pearl King, je suppose, alors une très jeune et prometteuse analyste, que j'avais entraînée pour dîner au Savoy avec Lacan et moi. Inutile, sauf pour le plaisir de nouer des liens amicaux, qui sont encore présents aujourd'hui, je l'espère, même si elle n'est pas ici ce soir.

Donc, qu'est-ce qui est utile dans l'analyse ? Et quelle est l'utilité de l'analyse, pour commencer ? En tant que traitement, ainsi que le voyait Freud, son utilité est douteuse, selon sa propre plume. Douteuse ne serait-ce qu'en termes de chiffres, puisque la question de la santé ne peut pas être séparée de son contexte social. Et vous connaissez la chanson, plus on l'utilisera en termes sociaux, moins il y aura d'analyse dans un tel procédé thérapeutique. Mais laissons de côté l'aspect utilitaire des choses là où son illusion a montré sa futilité de façon optimale, c'est-à-dire aux États-Unis et, revenant en Europe, et à Vienne plus précisément, nous admettrons que l'analyse a eu au moins quelques raisons d'intéresser. Jusqu'à quel point et de quelle façon, là se trouve la seule question où la nécessité d'y regarder de plus près vaut qu'on en parle.

En mai 1984 on dirait, ici dans cette forteresse, qu'il y a de la crainte à y regarder de plus près. Pourquoi ? Instinct, intuition, intégrité intellectuelle, quelque autre sorte d'appréhension ? Oui et non, je suppose. Il y a, j'imagine, suffisamment de respect mutuel ici pour permettre ce minimum d'honnêteté sans lequel le discours d'un analyste devient une performance de clown (je n'éprouve pas le moindre dédain pour les clowns, mais ce n'est pas ce pour quoi vous êtes venus ce soir). Honnêteté de ne pas se dissimuler derrière un style et des exigences académiques et savantes, ou d'oser verbaliser ses sentiments à propos des motivations de l'autre partie. Nous ne sommes pas des héros. Nous n'aimons pas jouer le rôle de lanterne rouge dans un convoi, c'est-à-dire être le dernier wagon. Nous n'aimons pas que notre information soit dépassée. Peut-être, parfois, n'aimons-nous pas être laissés seuls. Il est héroïque d'être impliqué dans des situations qui ne sont pas acceptées, ou qui sont désapprouvées, comme l'analyse dans les pays derrière le rideau de fer. Cependant on bénéficie du soutien fourni par le sentiment d'avoir accès à une information de plus haut niveau. Et les héros, bientôt, seront nos collègues aux États-Unis où existe une baisse de l'intérêt pour l'analyse. Avec, d'une part, des ouvrages qui paraissent, et également des best-sellers, littéralement des guides sur comment lire... les traductions de Lacan. La répugnance à être dépassé est aussi une des raisons pour lesquelles nous sommes si corruptibles. Seul Freud n'avait pas peur d'être seul, ou presque. Mais il était sûr aussi d'être seul, car il était trop en avance.

Bref, certaines caractéristiques de cette scène, pour celui qui est informé ou qui a beaucoup lu, sont comme l'invité que vous raccompagnez à la porte, l'invité indésirable, et qui revient par la fenêtre. De ce point de vue, la position de vos autres orateurs ici est beaucoup plus simple que la mienne, et l'a toujours été. Lorsqu'ils sont arrivés, tout était déjà en place. Leur rôle était de foncer, à tout le moins d'effectuer les mouvements qui donnaient cette impression. Aller de l'avant dans un champ qui était clairement défini, à la fois par le leader Lacan et par l'interaction entre ce qui entourait le leader et son champ. Ce qui lui était étranger et ce qui lui était inamical. Ce qui avait été banni d'une communauté, anglo-saxonne par sa langue (Londres étant sa résidence pour des raisons pratiques même si, à l'époque, la réalité du pouvoir était partagée des deux côtés de l'océan), bannissait maintenant à son tour tout ce qui lui était étranger. Il ne fallait plus écouter, plus lire, plus se familiariser avec la littérature anglo-saxonne en dehors de quelques échantillons sélectionnés par Lacan pour illustrer ou renforcer son désaccord. Ces échantillons constituent une petite anthologie utilisée de temps en temps aujourd'hui par les ultra-orthodoxes, dont le leader est apparemment prévu pour clore ce programme, son gendre. Ils eurent leur part de problèmes plus tard, en chemin. Ce que cela a produit chez eux a trouvé son expression dans les écrits de quelques rares privilégiés. Roustang fut accablé par l'effroi qu'il éprouvait en voyant l'analyse déraper d'une façon incontrôlable en direction d'une mystique, avec les attitudes religieuses qui l'accompagnent. (Je dispose à ce sujet d'un témoin oculaire. Mon texte d'aujourd'hui a été écrit avant que j'aie la moindre information sur ce que Roustang a dit ici : il avait présenté une avant-première en français, mais ce texte était déjà rédigé.) Quant à Élisabeth Roudinesco, elle a plongé avec obstination dans l'histoire du mouvement français dont l'un des résultats fut le surgissement de l'école de pensée lacanienne — qui marqua d'ailleurs l'histoire de sa propre famille.

Il m'a fallu décrypter quelque chose de tout à fait différent : l'énigme de l'hospitalité, mutuelle, mais sans résultat. Comment se pouvait-il que Londres ne puisse pas, en dépit de maints efforts, accepter l'hospitalité de Paris au moment critique de l'évolution de ce que Paris représentait à l'époque ? Et pourquoi Paris ne pouvait-il trouver aucune utilité à l'hospitalité de Londres ? Pourquoi des années de dur labeur, éprouvantes à un point que je ne saurais décrire, détruisant le repos, la vie, la pensée et la créativité originale, devraient-elles aboutir à cette sorte de succès total représenté par une nouvelle société acceptée par l'Association psychanalytique internationale, dans un malentendu complet et mutuel ? Et cela, j'ai de bonnes raisons de penser que Pierre Turquet le ressentait aussi vivement que moi. En fait, je le sais. Parmi toutes les conséquences de cette situation, il faut que je mentionne mon retrait total de la scène sur laquelle j'avais mené mon troupeau, aînés compris, à tout le moins ceux qui ont suivi ce mouvement. C'est la première fois ce soir que je retrouve mes collègues anglophones. Nous avons également là une validation statistique de quelque chose : des membres de cette nouvelle société ont été presque totalement absents de tous les événements internationaux jusqu'à très récemment, de tous les événements européens également. Au mieux, y étaient présents deux ou trois membres ici, et un étudiant isolé là. Cette société, si elle faisait désormais l'objet de contrôles en fonction des critères de formation en vigueur à l'I.P.A. en ce moment et dans le passé — ces critères qui ont servi à définir la pierre de touche permettant la décision finale —, eh bien cette société n'aurait guère de chances d'être admise aujourd'hui. Les procédures de formation, en vigueur depuis plus de dix ans maintenant et qui seront présentées à la Conférence européenne sur la formation à Paris le mois prochain, sont totalement fantaisistes, sauf en ce qui concerne la durée des séances. Plus rien n'est en vigueur de ce qui avait été accepté afin d'obtenir le statut de société membre. Mais rien, ou pas grand-chose, n'était réellement en pratique dans l'« autre » société, l'ancienne, la société admise en 1926, la Société de Paris. Et cependant, issu de cette ancienne société, un membre connu pour ses libertés vis-à-vis des critères ou même de l'héritage de Freud a été président de l'Association internationale il n'y a pas si longtemps ; et le secrétaire européen, à l'époque et de nouveau maintenant, ancien président de la Fédération européenne est, une fois encore, un ex-analysant de Lacan et membre de cette société, la nôtre, qui demeure à une telle distance de l'I.P.A.

Comment se fait-il que l'union de deux équipes menées par des gens plutôt sérieux et également expérimentés, professionnellement parlant, n'ait pas eu lieu ? C'est-à-dire, qu'est-ce qui a rendu inévitable que, sur le lieu de leurs rencontres physiques, deux équipes et les groupes derrière eux se soient manqués si radicalement et si complètement. Si, par souci de brièveté, je laisse de côté la sorte d'intérêt provoqué dans notre groupe par l'objet I.P.A., ou Londres qui devint bientôt son métonyme, je devrais m'attarder un peu plus sur le genre d'intérêt que notre groupe à l'époque, c'est-à-dire la scène française en cours de création, pouvait susciter pour Londres. Ce que j'ai à dire maintenant, je ne peux pas le dire sur le ton de la confidence. Cela ne prendrait pas. Pis, cela sonnerait faux. Mais ce que j'ai à dire n'est pas plus désobligeant que si je disais — et ma liste est choisie avec soin — que Shakespeare est peut-être le plus grand dramaturge depuis l'Antiquité, que la poésie anglaise est probablement plus importante que la française et que la langue anglaise, comme l'allemand, se prête à la poésie avec peut-être plus de facilité que la française, que la tradition empirique de la philosophie anglaise a marqué de façon décisive l'orientation de la pensée anglaise en ce qui concerne la théorie et la théorisation lues précisément. Et ainsi que si l'influence de Hegel a été beaucoup plus faible qu'en France, l'influence de Heidegger en Angleterre et parmi les analystes fut pratiquement nulle à une époque où l'intelligentsia française et Lacan ne juraient que par lui. Ce que j'ai à dire est que l'intérêt de cette crise analytique dans le contexte du monde culturel français n'était, pour le groupe anglais, pas né. Ou plus précisément, le tas de quelque chose, ou le « paquet » de ce que je devais vendre à Londres, pour répéter une plaisanterie souvent entendue à Paris pendant ces années-là, que je devais vendre comme un représentant de commerce, n'avait pas le moindre intérêt pour les Anglais, *sauf sous un aspect*. Appelez-le l'aspect humain. Vous êtes tous, ici, trop au fait de la chose psychanalytique et de l'œuvre de Freud pour que j'insiste sur la situation problématique créée par ce genre d'intérêt pour un groupe brandissant comme une bannière, comme un slogan et un cri de guerre le « retour à Freud » assez connu de nos jours. Dont l'intérêt pour les humains, je parle de celui de Freud, était par lui-même présenté comme un intérêt pour une espèce, et réfuté en tant qu'intérêt pour les souffrances de l'humanité, vue comme une multitude d'individus. L'intérêt de Freud pour les gens et les individus était principalement dû à son intérêt pour les objets de culture. Son rapport direct avec les êtres vivants (à l'exception de son cercle le plus proche, et encore...) semblait souvent troublé par une apparente cruauté, quelques épisodes brutaux et une certaine indifférence. Et son œuvre peut être vue comme la rationalisation d'une telle indifférence, d'une telle attitude, en en faisant un « prérequis » pour une nouvelle pratique professionnelle.

Ce thème, vivement controversé ainsi que vous le savez, pourrait être développé et nous occuper jusqu'aux vacances d'été. Cependant, *care, C-A-R-E*, était le mot clé. *Care*, mot pour lequel il n'existe pas d'équivalent exact en français bien que ce mot puisse être traduit de nombreuses façons. Mais pour le fonctionnement de *care* dans le cadre de l'analyse, il n'existe pas de contrepartie adéquate en français. Il suffit de dire que le français « empathie » ne nous est pas venu tant que nous n'avions pas lu suffisamment de littérature anglo-saxonne pour nous familiariser avec « empathy ». Pas d'« empathie » pendant mes années d'école analytique. Et même « insight » est devenu un mot français, comme « week-end ». Mais je reçus une mise en garde personnelle de Pierre Turquet, qui était anglo-français, ou franco-anglais si l'on voit les choses depuis le Continent. Il me dit : « Vous devez vous faire connaître, et principalement Lacan, parmi les Britanniques. Ils ne voient en lui qu'un excentrique légèrement délinquant. Ils ne connaissent pas l'auteur et le théoricien. Traduisez vos travaux et les siens. »

Pendant près de trois ans, nous travaillâmes d'arrache-pied avec Smirnoff et Laplanche, tous deux élèves directs du maître, sur ses écrits et sur les nôtres. Que rien n'en sortît n'est pas la question aujourd'hui. Mais en discutant avec un collègue anglais qui était à la fois féru de littérature et très au fait des problèmes éditoriaux, et qui était une véritable autorité dans ces domaines, j'entendis une fois une remarque concernant ma modeste contribution à l'analyse publiée à l'époque. Elle disait ceci : « Le problème avec vous, Granoff, est que, dans votre écriture, vous utilisez des métaphores pour vous exprimer. La métaphore est une bonne chose pour la littérature, pas pour la science. En science, nous avons besoin d'explications et de concepts. » Comme ces mots étaient lucides, pertinents et prophétiques ! Deux directions différentes, radicalement opposées et divergentes étaient là indiquées avec la plus grande précision. Deux directions pour la lecture de Freud — l'une pointant déjà vers le stade naissant de quelque chose qui se développa lentement durant les vingt années suivantes et qui contribua à la mise en forme d'un des domaines de la scène française telle qu'elle était alors en train de se créer. Et mon travail aussi, ainsi jugé, était par conséquent impropre en toute logique à la publication. La publication dans le cadre de la littérature analytique. Point. C'est-à-dire l'analyse écrite en anglais.

Vous pouvez considérer que ce qui suit n'est rien d'autre qu'un navrant étalage de mauvais goût. Mais alors, vous manquerez l'écho vivant, la preuve qui témoigne encore aujourd'hui de la profondeur et de la texture, pour ainsi dire, d'un malentendu mutuel.

C'est-à-dire, l'analyse telle qu'elle est ou a été écrite en anglais ne pourrait pas cautionner ce type de littérature inappropriée. À la vérité, en français, ces articles avaient été publiés dans une revue psychanalytique, *La Psychanalyse*, qui maintenant n'existe plus, depuis 1965. Aujourd'hui, certains numéros atteignent des sommes astronomiques lorsqu'un collectionneur fanatique en déniche quelques exemplaires. Je suppose qu'on en vendra bientôt chez Christie's. En France, cette revue était très prisée, déjà à l'époque. Ses équivalents britanniques, même s'ils étaient loués à l'occasion pour leur valeur littéraire, étaient en même temps considérés comme relativement vides en tant que contribution à la théorie.

Donc, presque dès le départ, quelque chose devenait tangible, comme le noyau dur de quelque chose d'insurmontable, un fossé qui ne pouvait/pourrait pas être comblé. Il y avait deux lectures dans ce domaine. Étanches l'une par rapport à l'autre, avec une différence toutefois. L'une, aussi critique qu'elle ait pu être, ne contestait néanmoins pas la revendication de l'autre à porter l'étiquette de psychanalyse. L'autre prenait de facto une autre position. J'espère qu'il est clair pour vous que je ne fais référence à aucun individu en particulier, mais à ce qui est appelé une politique éditoriale. C'est une ambiance, et elle reflète toujours assez correctement les opinions et les états d'esprit dominants. Cependant parfois, elle se laisse dépasser par une évolution plus rapide des opinions et des états d'esprit. Les politiques éditoriales ont tendance à être apathiques dans leur évolution d'une manière générale.

La position prise par la politique éditoriale — lorsqu'une telle instance existait et valait qu'on en parle, c'est-à-dire seulement dans le monde anglo-saxon des deux côtés de l'océan — cette position était l'indifférence. Les travaux sélectionnés pour la traduction, la publication, par ce que j'appelle la scène française en crise, n'étaient pas jugés de façon inamicale d'un point de vue littéraire, il se fait simplement qu'ils étaient impropres à la publication dans le domaine de l'analyse parce qu'ils n'appartenaient pas à ce domaine... ! Je passe volontairement, parce que cela n'a rien à voir, sur quelque chose à quoi une politique éditoriale n'est jamais insensible, à savoir une dose variable de soumission à la tendance politique dominante à tout moment. Mais ceci est tout à fait normal étant donné que les éditeurs ne viennent pas d'une autre planète.

Bien sûr aujourd'hui cela peut paraître incroyable aux plus jeunes, mais il y a vingt ans, ou même moins, la seule évocation du nom de Lacan dans les écrits ou même dans un discours suffisait à fermer toutes les portes. Et même la liberté de mouvements dans un certain espace, physiquement j'entends, comme la participation à telle ou telle réunion ici, ou à un groupe de discussion là, était également strictement surveillée, pour utiliser un euphémisme. Même pour les gens qui n'étaient plus jeunes, loin de là. Un programme comme celui-ci dans, ou avec, l'Institut britannique aurait été impensable, je suppose, il n'y a pas si longtemps. L'Institut, après tout, n'est pas comme certains salons élisabéthains ou pompéiens comme il en abonde dans les grandes

villes, qui peuvent être loués si l'on peut se les offrir,
pour n'importe quelle cause dès lors qu'elle ne va pas
à l'encontre de la loi. Le verdict, dans un passé pas
trop lointain, aurait été, j'en suis tout à fait certain :
Non possumus. En effet, comment pouvons-nous fournir un hébergement même temporaire pour de tels
orateurs, sans reconnaître qu'ils y sont à leur place et
que donc leur travail appartient au domaine de l'analyse. Permettez-moi d'ajouter qu'un tel verdict est
entièrement légitime à mon avis. Et je n'essaierai
même pas de vous faire croire que je n'éprouve pas
certains doutes quant à la présente entreprise, et
précisément de ce point de vue. Ce qui suit maintenant va expliquer ce point de vue.

Car, avant de retourner à la question de la lecture,
je dois faire une brève halte au prochain arrêt sur
mon carnet de route. La position que j'ai tenue à
l'époque était d'une espèce qui me permettait, sans
sortir du rang, de lancer certaines mises en garde
dans plusieurs directions. J'écrivis à Pierre Turquet,
le secrétaire, et à un membre important du Comité
de l'I.P.A. qui avait délégué pour le monde anglo-
saxon un homme qui avait accès au matériel français, sans traduction, un homme très gentil qui
devait bientôt devenir président de l'I.P.A. Ce fut
comme une prophétie. Et j'ajouterai que ses conclusions ne furent pas complètement partagées même
parmi mes compagnons les plus proches. L'essentiel
de la question était clair : à cause des procédés utili-
sés par ces instances internationales pour prendre
une décision — c'est-à-dire une tentative de peser,
évaluer quelque chose du point de vue du *care* (souci

pour les êtres humains), au sens anglais du mot *care*
et sans réelle considération des conséquences poten-
tielles d'une négligence de la lecture de ce que, en
fait, ils ne savaient/pouvaient pas lire —, le résultat
serait capital. Et d'une sorte que ces instances n'attendaient pas ou ne souhaitaient pas. Et carrément
catastrophique d'un certain point de vue. En par-
courant de nouveau ces lettres après toutes ces
années, j'ai été frappé de les avoir écrites d'une
manière qui rappelait étrangement l'esprit de la
communication de Freud en 1921 à ses plus proches
disciples dans la forêt de Harz, communication
appelée *Vorbericht* en allemand et traduite en anglais
sous le titre totalement fabriqué de *Psychoanalysis
and Telepathy*. Il y a vingt ans, ce papier ne m'était
pas familier. Mais l'année dernière un livre est sorti
sur lequel j'avais beaucoup travaillé, avec un ami
philosophe, Jean-Michel Rey, pendant quelques
années. Il traite précisément de cette question, que,
par une étrange coïncidence, John Forrester avançait
comme une suite possible de quelques tendances
théoriques contemporaines. Le livre de John Forrester est sorti en 1980 et le nôtre en 1983. Mais je travaillais dessus depuis 79/78, donc, si nous avons
communiqué, cela a dû se faire entièrement par télépathie !... Permettez-moi de dire entre parenthèses
que, en dépit du fait que de nombreux livres sur
Freud ont paru au cours des dernières années, celui
qui n'a pas lu *Language and the Origin of Psychoanalysis*, écrit par John Forrester ici présent, doit vraiment se trouver dans un brouillard très dense en
écoutant ici mon sermon. Je parlerai de cela plus

tard, si le temps le permet, avec une nouvelle fois cette question de l'in- ou de l'extérieur.

Oui, ces lettres de mise en garde ressemblaient fort à certaines des premières lignes du papier de Freud en 1921, où l'annonce est faite de quelque chose de peut-être assez colossal. Mon travail avec Jean-Michel Rey sur ce court papier de Freud, traduction et commentaire de la traduction sur quelque deux cents pages, a projeté un certain éclairage sur cette étrange similitude. Ma lecture très lente de *Vorbericht*, c'est-à-dire *Psychoanalysis and Telepathy* a démontré, je pense, sans contestation possible que le trait frappant est, là, l'importance de la factualité, la « Tatsächlichkeit », que Freud doit affronter. Quelle est la position de Freud concernant cette question ? Tant de déclarations vagues et peu judicieuses ont été faites à ce sujet ! Peu importe comment l'homme Freud est censé avoir vécu la chose. Quelle importance ? Cette spéculation ne peut que gêner la lecture qui est, après tout, tout ce que nous avons et tout ce qui compte, à notre époque. La position est la suivante : nous ne pouvons pas méconnaître quelque chose d'assez capital qui se présente à nous en 1921. Il faudrait que nous soyons aveuglés. Dans notre champ tel qu'il a été jusqu'à présent, nous ne disposons d'aucun moyen pour examiner cette chose, aucun instrument pour effectuer sa désignation, la définir, en bref lui donner un nom adéquat.

D'où le vocabulaire d'une fantastique abondance produit par Freud. Si nous ne parvenons pas à lui donner un nom approprié dans notre domaine, créant peut-être ainsi un nouveau savoir dans *notre* champ, un savoir qui n'existe pas encore, alors, que se passera-t-il ? La réponse est que, alors, le savoir et les noms qui existent déjà pour cela, mais *en dehors* de notre champ, l'emporteront, et entreront dans notre champ. Mais étant donné ce que ceux qui ont et utilisent ce savoir, réel ou prétendu, sont capables de faire, et vu comment ils fonctionnent et ce qui semble être leur but, il est 100 % sûr que le savoir sera perverti.

C'est, comme vous vous en souvenez, la position de Freud en 1921 en ce qui concerne l'énigme de l'occulte. J'essayais de faire comprendre à mes partenaires anglophones de l'époque que l'impression qu'ils avaient d'essayer de maintenir quelque chose en dehors du champ les faisait se conduire comme des gardiens effectuant leurs rondes alors que les cambrioleurs avaient depuis longtemps sauté pardessus la barrière. Mais un gardien s'intéresse-t-il vraiment aux biens qu'il est censé protéger, ou à l'état de la clôture qu'il longe ?

Cela, dois-je dire, est exactement ce qui s'est passé dans des proportions que je n'aurais moi-même pas pu imaginer à l'époque. Et dans la dérive qui a été déclenchée au milieu des années soixante, tant de choses se sont produites que je laisserai à d'autres le soin d'en discuter, s'ils en ont envie.

Car je dois retourner à la question de la lecture, là où nous l'avons laissée, avec une question. Comment se fait-il que la lecture, au-delà de ses diverses conséquences immédiates comme le fait d'aimer ou de ne pas aimer, puisse être affectée par une différence si fondamentale, si essentielle dirait-on, une différence

résidant non seulement dans le résultat qu'elle produit, mais dans son essence même en tant que pratique ? Une telle différence n'est pas négligeable, si
l'on pense à l'énorme poids d'une expression quotidienne comme « littérature analytique ». J'imagine
qu'en anglais elle n'est pas aussi lourde de sens qu'en
français ou en allemand, ou en russe ; en anglais,
dans d'autres domaines également, comme la chimie, on peut dire : « Existe-t-il quelque chose dans
la littérature, etc. ? », faisant ainsi simplement allusion à la chose imprimée, dans des revues ou dans des
livres. Mais pour l'analyse, pouvons-nous vraiment
dire cela ? En ce qui concerne l'analyse, est-ce que le
livre écrit, le mot « littérature », doit être considéré
comme tendant vers son poids minimal ou vers son
poids maximal ? Tant de choses dans l'histoire des
entreprises humaines, dans l'histoire de la science,
ont débouché sur des résultats positifs comme un
nouvel objet, une substance, une formule, une équation ! Mais en analyse ? Quand tout commence par
des années d'expérience et de cogitation pour finir
par la publication d'un livre, la *Traumdeutung*, dont
la caractéristique la plus immédiate est qu'elle a difficilement trouvé plus de cinq cents lecteurs ! Le
seul honneur de véritable importance reçu par l'auteur fut, plus de trente ans plus tard, le prix Goethe.
Vous l'avez entendu cent fois, je le sais. Mais à propos de lecteurs, existe-t-il un champ (c'est une question sérieuse car on ne peut pas exclure ici une ignorance pure et simple de ma part), un autre champ où
un livre aura pour titre quelque chose d'équivalent à
The Psycho-Analytic Reader, le livre de Fliess ? Je sais

qu'en français et en allemand il n'existe rien de tel.
Ce serait comme dire « un livre de lecture » — ce
qu'on appelle en allemand « Lesebuch » étant bien
sûr grandement différent d'un « livre de lecture ».
Mais si, dans la seconde partie du xxᵉ siècle, les
lectures pouvaient être si différentes, il devait bien
y avoir un passé pour cela. La lecture devait déjà
avoir divergé auparavant. La lecture de Freud, j'entends.

Et alors, de façon inattendue, il m'arriva une expérience très forte. Elle me laissa une très forte impression. Elle contribua probablement à mon retrait des
congrès internationaux. Un jour, nous étions tranquillement en train de bavarder, Heinz Kohut et moi.
Heinz Kohut, à l'époque, n'avait pas encore atteint le
zénith de son influence. La conversation était légère et
agréable, agréable comme toujours avec lui, et, tout à
fait fortuitement, je mentionnai en allemand, langue
parfaitement familière à Kohut, le célèbre « Wo Es
war, soll Ich werden », rien de vraiment confidentiel
comme vous voyez, la phrase de Freud si horriblement rendue en anglais : « Where id was, there ego
shall be. » Je dis horriblement traduite, non parce
que Bruno Bettelheim m'a éclairé sur ce point, mais
parce que cela est, en fait, ou a été déploré par nombre
de gens avant lui, Michael Balint parmi d'autres.
Donc, en entendant une des deux dernières phrases
principales de la 31ᵉ des *Nouvelles conférences d'introduction à la psychanalyse*, Kohut dit : « Qu'est-ce que
c'est ? » [rires] Moi : « Vous plaisantez ? » Kohut :
« Allez, de qui est-ce ? » Moi : « Freud. » Kohut :
« Ah bon. » La même année, pour Noël, je reçus une

gentille carte : « En prévision de notre prochain entretien j'ai révisé mon Freud. » Réviser signifie « rafraîchir ses connaissances », comme des connaissances perdues qui existaient autrefois. Comme pour nous, docteurs en médecine, l'anatomie. Cela signifiait que ces fameuses lignes, d'une beauté tellement retentissante en allemand où la valeur littéraire, la littéralité comme nous disons en français, est tellement frappante, où le Zuydersee est l'image finale, avaient été lues de façon très différente — ou peut-être pas lues du tout. Mais là n'est pas l'important. Parce que cela serait revenu au même, à savoir à montrer la sorte de lecture à laquelle l'œuvre de Freud avait été soumise. La quantité de lecture ne compte pas. Ce qui importe est le genre de lecture que l'on fait. « En histoire comme en psychanalyse, on comprend ce qui vient avant, à partir de ce qui vient après », dit John Forrester dans la dernière ligne de son livre. C'est vrai. Mais en analyse cela va aussi dans l'autre sens. De sorte que, par opposition à l'histoire où l'on verra un cours, c'est-à-dire une direction, je dirai, divergeant ici de John Forrester sur ce point particulier, qu'en analyse il n'y a pas de direction ou de cours connu. Permettez-moi de clarifier ce que je veux dire. L'analyse dont parle M. Forrester, par l'intermédiaire du parallèle qu'il établit avec l'histoire, est de toute évidence ce que nous appelons déjà « littérature ». Et c'est le cas avec les écrits de Freud. L'ensemble des textes écrits, sa textualité si je peux me permettre ce gallicisme, je suggère que nous le considérions comme une surface plate, neutre en ce qui concerne les directions (haut ou bas, ce qui lui donnerait une signification et une organisation sans équivoque). Peut-être ne devrions-nous pas nous précipiter trop rapidement dans sa lecture car cela limiterait alors la liberté de nos mouvements. Si nous sommes capables de voir l'inconscient, pas nécessairement comme un sac mais comme de l'huile sur du buvard, nous pourrions utiliser profitablement cet exploit dans notre rapport à la textualité, particulièrement à une textualité aussi spéciale que celle de Freud, et si nous regardons l'index de ses œuvres écrites. Les index sont loin d'être exceptionnels dans les publications de nos jours. Mais, dites-moi, où trouvons-nous un index où les titres incluront : Index des annotations éditoriales, Termes et leurs utilisations, Liste des sujets, Index des œuvres d'art et de littérature, Noms propres, et *Index d'analogies* ? Celui-là, je l'ai gardé pour la fin bien que ce ne soit pas le dernier. Certes, cela, en anglais, est un peu rationalisé, si l'on compare avec l'allemand qui inscrit : « Sprachregister ». Allez-y, traduisez cela ! Index linguistique ? Index des discours ? Alors, index des citations, index géographique et ethnologique, index des anecdotes, des plaisanteries et des jeux de mots, et une nouvelle fois, index de ce que les Anglais appellent *analogies* et qu'en allemand on appelle *Gleichnisse, Metaphern* et *Vergleichen.*

Comment traduirons-nous cela ? Analogies ou paraboles ? Les deux sont corrects. Métaphores, comparaisons. Cependant, vous observez qu'en allemand le premier et le dernier terme sont construits autour de l'allemand *gleich*, qui signifie « égal », ou même « identique », illustrant ainsi pour ce soir un fait qu'un autre exemple à venir illustrera encore mieux. Je le mentionne en passant pour rendre hommage à Walter Benjamin dont l'article historique : « *The Task of the Translator* », sur lequel tout traducteur devrait méditer, affirme avec une force inégalée : deux langages différents, ou deux langues, peuvent viser le même objet, mais de façon totalement différente. Mais quand on y pense, dans « langue » et « langage » on a cette chose dans la bouche, *lingua*. Alors qu'en allemand, ce sera « Sprache » ou même « Redeart » qui est entièrement construit autour de l'action de parler, où il y a bien davantage que la langue, *Zunge* en allemand. Mais regardez dans un contexte biblique, vous trouverez cette *Zunge* pour langage. Seulement ici encore, le contexte en termes de langage est déplacé, une nouvelle fois, dans le temps et dans l'espace.

Dès les *Études sur l'hystérie* Freud a écrit quelque chose de révélateur d'un point de vue pragmatique. D'une étrange façon et entre parenthèses : « J'utilise ici une " Reihe von Gleichnissen ", une série d'analogies ou de métaphores [traduite par un " certain nombre " de comparaisons, ce qui n'est pas la même chose que " série "]. Elles ont toutes une ressemblance très limitée " mit meinem Thema " [traduit par " à mon sujet ", ce qui est également faux]. » « J'en suis conscient, ajoute-t-il, et je ne risque pas de surestimer leur valeur. » Néanmoins cela l'arrange bien, puisque son propos est de faire la lumière, de divers côtés, sur un « complicated topic » dit la traduction anglaise, ce qui est inexact : sur un *Denkobjekt* dit Freud, un objet de pensée. Mais l'expression importante ici est la qualification de cet « objet » : « noch niemals dargestelltest », jamais représenté jusqu'à présent. « Je prendrai par conséquent la liberté, dit Freud [ma traduction de " Freiheit " au lieu de " venture " en anglais] dans les pages qui vont suivre, de me servir de ces *Vergleichen*, ces comparaisons, d'une façon largement ouverte à la discussion. »

Tout est ici résumé : la progression de Freud dans le processus de théorisation, les « Gleichnisse », les analogies ou métaphores, la question de la « Darstellbarkeit », la représentabilité de ce qui n'a pas encore été représenté, et la controverse à propos de telles façons de faire freudiennes. Les métaphores, de plus, sont incompatibles entre elles : « sich untereinander nicht vertragen ».

Supportez-moi encore un peu. Je vous en prie, rassemblez les forces qu'il vous reste car le point capital de l'affaire arrive.

Admettre qu'une distance existe, qu'il y a une ressemblance très limitée entre les mots et l'objet dont ils parlent, et que *cette distance est créée* par l'objet, « höchst kompliziert, niemals dargestellt » (éminemment complexe, jamais totalement exposée), revient à attribuer une fonction plurielle à la métaphore. Aucune métaphore simple ne peut se prévaloir d'être singulière, unique, c'est-à-dire « bonne ». Et il y en a encore à dire.

Des séries de métaphores se présentent en raison de leur incompatibilité au moment même où elles sont censées représenter le même objet. C'est, par conséquent, comme si aucun contrat, aucun « Vertrag », ne pouvait réguler leur succession, organiser leur série : la seule sorte de contrat possible, ou d'entente entre elles, serait le concept. Exposer, ainsi qu'il (Freud) l'a fait, le pluriel des métaphores incompatibles était un geste d'une portée que, à l'époque, Freud ne pouvait pas évaluer. Cela impliquait qu'une métaphore ne peut pas se présenter comme suppléante d'objectivité ou de vérité à révéler, dans un horizon déjà présent. Cela rend impossible pour toute instance théorique de prétendre indiquer son objet de son propre chef. Une telle prétention serait comme le *fantasme prévalent du discours philosophique ou de la discursivité philosophique* : c'est-à-dire présenter ses objets dans la transparence de son discours en vue d'une « Aufhebung » conceptuelle, où la métaphore serait comme l'oisiveté, une concession temporaire à la rhétorique. Le fantasme dominant du discours de la philosophie favorise un type de lecture adéquate et nécessaire dans de nombreux domaines.

Mais il y avait encore une autre raison au fait de garder sa lecture au niveau et à la hauteur de la lecture littéraire. Cette raison se trouve dans la seule autorité que Freud appelait, invoquait oserais-je dire, chaque fois qu'un choix devait être fait : choix de métaphores, choix d'interprétations, choix d'orientations théoriques. Une autorité est toujours à même de dicter la loi en de telles occasions : le « Sprachgebrauch ». Combien de fois l'ais-je trouvé utilisé fort à propos par John Forrester dans son livre ? Je n'ai pas compté. Traduit en anglais bien sûr, « linguistic usage ». C'est la seule et unique autorité. J'ai remercié John Forrester de l'avoir de nouveau exposé avec une telle clarté. De plus, je suis entièrement d'accord avec lui lorsqu'il me corrige, p. 197-198 de son livre. Oui, ce que Freud redécouvrait et qu'il imaginait en tant que support scientifique était déjà là. *Où* ? Et parmi les endroits où il pouvait être, John Forrester l'expose avec pertinence, dans l'usage linguistique. Pour moi, en agissant ainsi il a, dirais-je, racheté toute la littérature anglaise sur la psychanalyse de son péché originel — un péché qui a contribué de façon si décisive au modelage de la scène française telle qu'elle est maintenant. Pourtant, je ne peux pas ignorer le fait que ce rachat vient de *l'extérieur* du cercle de psychanalystes. Sa traduction française, cependant, est sortie là où elle le devait, dans une de nos meilleures collections de littérature analytique. Mais en y réfléchissant de nouveau, je me sens poussé à faire une dernière remarque : l'usage linguistique, oui, mais pourquoi, M. Forrester, toujours entre guillemets ? Timidité ? Ou mal à l'aise avec une traduction qui semble pousser dans la direction où l'on retrouve la linguistique ? Le français « usage langagier » n'est que légèrement mieux. Dans les deux cas, en vérité, l'allemand *Sprache* est perdu ? Usage de la parole ? Façon de parler ?...

Mais je dois laisser à d'autres le soin de décider de cela et j'achèverai ma tâche pour ce soir. Je vous remercie beaucoup d'avoir eu la patience d'écouter si longtemps. Mon espoir est de n'avoir peut-être pas entièrement échoué à vous faire voir, entendre et peut-être sentir, en présentant cette « Erzählung », cette narration, comment le cours de l'histoire, la succession d'événements, le désaccord entre les cultures, ont fourni le carburant pour le voyage à travers l'enseignement et l'écriture de livres. Ce voyage même qui m'a finalement ramené à Londres après tant d'années. Si vous n'êtes pas découragés par toutes ces divagations, si certains points soulevés par moi ce soir semblent, à votre avis, mériter davantage qu'une discussion formelle et limitée comme elle l'a été jusqu'à présent, je suis ouvert à toutes les propositions. Merci, Mesdames et Messieurs.

François Perrier : le praticien *

... Bear with me.
My heart is in the coffin there with Coesar
And I must pause till it come back to me.

Vous avez bien sûr reconnu quelques vers essentiels du monologue d'Antoine dans *Jules César* de Shakespeare. Je vous les traduis librement : « Supportez ma peine. Mon cœur est là, dans le cercueil, avec César et je dois attendre qu'il me revienne. » Et puis ces vers aussi, plus haut, dans le début du monologue :

I come to bury Coesar not to praise him.
The evil that men do lives after them ;
The god is oft interred with their bones...

Je traduis encore : « Je viens pour enterrer César, pas pour faire son éloge. Le mal que les hommes font leur survit. Le bien est souvent enterré avec leurs os. » Et je pourrai m'en tenir là.

* *Paru dans un numéro hors-série (1993) de la revue* Topique *consacré à François Perrier.*

Ces vers de Shakespeare, c'est à l'enterrement de François Perrier que je les ai dits une première fois. C'est donc la seconde. Je vous prierai aussi de m'excuser, car lorsque je suis amené à parler de François Perrier, me viennent souvent les larmes. Et s'il devait en être ainsi une fois encore, ici, ne m'en veuillez pas. Il m'est donc très difficile d'en parler sur ce mode commémoratif, car je ne puis l'enterrer sans m'enterrer moi-même. Quant à le commémorer, il ne m'est — à moi — pas nécessaire que surgissent des occasions de cette sorte. Il y a quelques mois, je faisais à Bruxelles un exposé dont on me dit après coup : « Vous savez ce que vous nous avez dit à propos de cette correspondance Freud-Ferenczi, à propos de Ferenczi bien sûr, nous a beaucoup intéressés. Mais ce qui nous a le plus ému, c'est la part que vous en avez consacrée à François Perrier. »

J'en suis donc toujours là.

Les superpositions, les confluences entre nous sont telles que mon vœu a été, si faire se pouvait, de ne pas prendre part à cette réunion. Car les circonstances font que, parmi vous, si peu de visages me sont connus que, vu la seule manière dont il m'est possible de parler, je crois que cela ne m'est possible qu'en me soutenant du regard de tel ou tel que je connais, comme Jean-Paul Valabrega que je remercie de me rendre par sa présence un peu moins difficile de faire ce que j'ai à faire aujourd'hui. Ou, au contraire, plus difficile peut-être, car le peu que j'ai à dire aujourd'hui, il l'a dit déjà et de façon tellement plus claire, plus condensée, plus convaincante que je ne pourrai le faire.

Je tenterai de n'offenser personne ici et cependant je vais inévitablement être amené à le faire. D'emblée, je dirai, en campant François Perrier, que je crois que nous sommes tous — je ne parle que des médecins bien sûr, que les autres m'en excusent — nous sommes tous des *défroqués de la psychiatrie*, des *psychiatres défroqués*. Et lui, justement, ne l'était pas. Je dirais qu'il était probablement, avec un autre que je vais nommer tout de suite, le seul à n'être pas un *psychiatre défroqué*. Sa filiation était prise précisément dans cette lignée Clairambault, Lacan, Perrier. C'est-à-dire prise dans ce que la psychiatrie française a eu de plus beau. Je ne veux pas dire que la psychiatrie ait à être belle, ni que la psychiatrie française fut plus belle que d'autres, je n'en sais rien franchement. Mais il y a eu dans la psychiatrie française un épanouissement, une maturité dans son propre art qui était admirable et dont François Perrier a été le dernier porteur.

Ce que son écrit sur l'hypocondrie a de superbe, qui fait de cet écrit, à ma connaissance, peut-être le plus beau texte psychanalytique ou psychiatrique français, je crois que c'est dû au talent de psychiatre de François Perrier, talent non récusé. Vous savez, il suffit d'ouvrir ce qui s'écrivait au même moment, soit dans des revues de psychanalyse, soit dans l'*Évolution psychiatrique*, pour mesurer l'écart. Je parle là de deux langues distinctes, c'est-à-dire la psychiatrique et la psychanalytique. Elles peuvent se mélanger, mais elles restent distinctes comme les positions restent distinctes. Et comme cette distinction était toujours très vivante chez lui — je parle de François « praticien », dans les souvenirs, même les premiers souvenirs, dans le service de Delay, où il était à ce moment-là, je crois, interne, et où j'avais des consultations, lui était au service Hommes, et moi j'étais au service Femmes — alors qu'un chef de clinique, ou peut-être un assistant, insistait pour qu'il prenne en charge une psychothérapie d'un patient, je me souviendrai toujours de François lui disant : « Écoute, je suis ici à l'hôpital Sainte-Anne, je suis psychiatre et je suis par ailleurs en psychanalyse, alors, je t'en prie, fous-moi la paix avec tes questions de psychothérapie et de psychanalyse : ici, je suis interne en psychiatrie. » Et plus tard, bien des années plus tard, il me téléphone à propos d'une patiente, un cas grave, je crois que c'est moi qui la lui avais envoyée, et il me dit : « Écoute, voilà, c'est le week-end qui approche ; alors tu comprends, il y a quand même du danger... écoute, on est quand même psychiatres tous les deux, alors tu vois ce que je veux dire... » Je voyais très bien ce qu'il voulait dire.

François était français désespérément. Il était désespérément français, ça le désespérait lui-même. Il était français et polyglotte, parce qu'il parlait, je vous le rappelle, le psychanalytique, le psychiatrique, le politique et le musical. Et il parlait ces quatre langues tout le temps et tous les jours. Et le fait qu'il était français dans cette position-là, il était de tous les psychiatres et de tous les psychanalystes français le plus exotique. Il était plus exotique que ce Pakistanais illustre, Masud Khan, dans la psychanalyse anglaise. Il était fantastiquement exotique,

François Perrier, et c'est probablement cela qui a tissé entre nous des liens un peu particuliers. On était, l'un et l'autre, d'une certaine manière, étrangers au milieu. Bien sûr, je n'oublie pas le penchant de François pour l'étranger ; il ne parlait pas l'allemand, il le baragouinait un petit peu. Il ne parlait pas vraiment non plus l'anglais — enfin il pouvait lire l'un et l'autre — mais je me souviens de cartes postales que je recevais de lui, elles étaient écrites en russe (il ne parlait évidemment pas très bien russe non plus !).

Alors, nos liens, je ne sais comment les définir. Mais je dirai que si pour évoquer cette *troïka* dont l'existence *est historiquement avérée* et dont les restes, si je puis dire, sont là aujourd'hui, avec ça, nous avions, Serge Leclaire et moi, une sorte de tissu familial lâche, pas serré, mais enfin de cet ordre-là : notre enfance dans la même ville, dans le même lycée, etc. Dans cette sorte-là, dirai-je, de familiarité. Avec François, rien de tel, nous étions totalement étrangers l'un à l'autre, totalement. Il y avait ces fils-là qui passaient ailleurs et qui passaient plus loin et plus profondément que probablement à l'époque je ne le savais moi-même. Dans *La Chaussée d'Antin*, à un certain moment, il dit quelque chose que je n'ai trouvé que sous la plume de Freud parlant de Ferenczi. Ce n'est pas que nos positions étaient à comparer à celles de Freud et de Ferenczi, mais la phrase est la même. Freud, à un moment, dit : « Et telle chose, je ne sais pas si elle est de lui ou si elle est de moi », François le dit aussi : « Je ne sais pas si c'est de lui ou si c'est de moi. » En l'occurrence, c'était de moi.

Mais il y a autre chose, j'en parlais hier au téléphone à un proche et je disais : « Je vais le dire demain. » Alors je ne sais pas si je peux le dire ou pas, parce que d'une part, vous ne me connaissez pas, et je ne vous connais guère, et que d'autre part je me dis que tout de même, il y a entre François et moi cette double signature d'un article paru à l'époque dans *La Psychanalyse*, que Major a fait reparaître sous un titre : « Le désir et le féminin », et qui a été réédité chez Aubier. Cet article a eu son importance, il a joué son rôle, dont on a dit qu'une génération de psychanalystes s'y sont formés pour ce qui est du féminin. Il y avait à propos de cet article en moi un certain malaise, je vais vous dire pourquoi. C'était un article de commande, je l'ai dit, on nous l'avait commandé pour une raison que j'ai racontée dans la réédition. C'était pour le Congrès sur la sexualité féminine à Amsterdam, et quinze jours, trois semaines avant ce congrès, François me dit : « Écoute, il faut qu'on le fasse cet article, le congrès c'est bientôt ! » Je lui dis : « Mais enfin, François, cet article, non seulement il est fait depuis longtemps, mais sa traduction est faite et supervisée, c'est fini, c'est bouclé ! » Il dit : « Mais alors, qu'est-ce que je vais faire ? » Je lui dis : « Tu le présenteras à ce congrès. » Dans les textes qui existent aujourd'hui, sont parfaitement reconnaissables, la partie due à François, stylistiquement reconnaissable, et le corps de cet article, dont le manuscrit est chez moi, dans mes archives. Et alors je me disais : « Oui, mais enfin quand même, c'est toujours le problème de cette double signature. » Eh bien, voyez-vous, il m'a fallu tout ce temps, tout ce temps jusqu'à ces temps-ci pour que je réalise à quel point cet article, dont je me demandais finalement « Est-ce tellement juste qu'il ait été cosigné de nous deux ? », à quel point cet article, nous l'avions vraiment fait tous les deux ! C'est vraiment notre article à deux, je ne le savais pas. Je ne savais pas à quel point ça l'était ! C'est maintenant que je le sais ! Et maintenant que je le sais, lorsque je retrouve dans ma parole ou sous ma plume ce qui est non pas de lui, mais ce qui est à l'un et à l'autre, venait de la même source, et je ne pense pas que c'était Lacan, ça venait je ne sais pas d'où, mais ça venait à l'un et à l'autre, et cet article, oui, il est juste qu'il soit signé de tous les deux.

Les rapports du français et du psychanalytique vous disais-je sont malaisés ; ils sont malaisés parce que lorsqu'ils deviennent aisés (enfin, pour parler encore du malaise de ces rapports, il faut évoquer ce que Freud en disait, ce qu'il en écrivait même, c'est-à-dire qu'à l'époque où son œuvre était reçue, où elle était même déjà traduite, en Russie par exemple, paradoxe, en France, elle ne rencontrait que quolibets, refus, critiques), lorsqu'ils deviennent aisés, disais-je, les rapports du français et du psychanalytique, il se produit ce qui justement ne s'est jamais produit sous la plume de François : ils deviennent plats, ils deviennent ces clones parodiques du psychanalytisme professionnel post-freudien, germano-anglais, ou d'autres encore. Des clones de la littérature dont l'aspect le plus typique est l'œuvre de la *troïka* structuraliste américaine, Hartmann Kris et Loewenstein. Et ce ne sont pas des auteurs que je cite avec condescendance. Ils ont eu leur importance, leur mérite, leur valeur. Je dis que ce qu'ils ont laissé a fait qu'ailleurs c'est devenu ce que j'appelle comme ça, des clefs. Et cela arrive, sauf s'il y a miracle. Et le miracle, c'est évidemment le miracle du talent. De cette possibilité miraculeuse il y a probablement une sorte de signe avant-coureur. Quelqu'un qui peut-être n'en avait pas la stature — en tout cas qui est mort trop tôt pour qu'on ait pu vraiment savoir ce qui se serait passé s'il avait vécu — je parle de Pichon.

Le miracle est arrivé après. Je repense à la *troïka*, Serge, il ne faut pas m'en vouloir de ce que je vais dire, ce n'est pas une critique, ni de toi ni de moi, c'est une manière de poser les choses. Tu as fait, toi, quelque chose que, dans une métaphore, j'appellerais des « déjeuners de travail », très intéressants, des déjeuners de travail philosophico-littéraires et moi j'ai fait des thés, des stimulants et des récréatifs pour la lecture des textes talmudiques dans la *Yeshiva*.

Seulement voilà, Lacan et Perrier, c'était autre chose. C'est-à-dire de jour ou de nuit, c'était le feu d'artifice, c'était autre chose... Et franchement, qui, sauf eux, je vous le demande, qui sauf eux a su faire ce feu d'artifice ? Qui restera inoubliable comme ça ? Sauf peut-être un autre bilingue, un autre non-défroqué de la médecine, de la pédiatrie, à savoir Winnicott, lui aussi restera probablement inoubliable, comme ça. Inoubliable au sens où — cer-

tains ici la connaissent — ma femme me disait :
« Tu sais, je regrette vraiment beaucoup de ne pas
pouvoir venir ce matin à cette commémoration », et
moi, avec cet égocentrisme des hommes, je lui dis :
« C'est vraiment très gentil, je suis vraiment très
touché, etc. » ; elle me regarde avec des yeux ronds
et me dit : « Pas du tout, Wladimir, il ne s'agit pas
de toi ! Je suis gênée, je suis confuse, je suis presque
en larmes de ne pas être là, ce matin, parce que celui
que l'on commémore, c'est un homme qui a énormément apporté dans ma vie. » Elle n'a jamais été
sur son divan, elle n'a jamais été contrôlée par lui,
elle ne l'a jamais approché, pas plus que Lacan, elle
n'a fait qu'assister à son séminaire, mais dans la trajectoire de l'analyste qu'elle est, c'est un homme qui
a joué un rôle capital.

Alors, avoir été psychiatre, c'est l'un des affluents
qui a fait de lui un auteur si original, qui lui a fait
trouver à de vieilles questions, à des questions vieilles
pour l'analyse, des réponses que je ne dirais pas nouvelles, mais différentes, c'est-à-dire des réponses passant par d'autres voies. Tout le monde connaît la
question, la problématique polémique appelée le
« conflit Freud-Jones ». On le connaît sous ce nom, et
Lacan lui-même nous la proposait encore sous ce
nom, faute, dirai-je, de sources documentaires qui
nous manquaient à tous, à l'époque.

Ce n'est peut-être pas tellement ni la question
Freud-Jones, ni comme cela a été appelé ailleurs, et
même encore tout à fait récemment, la querelle
entre ceux de Londres et ceux de Vienne. Ça a été
peut-être une tout autre affaire, mais qu'importe.

C'est une affaire qui revient toujours, plutôt qui reste toujours à la surface des débats, des engagements que l'on peut dire idéologiques et dans la pratique et dans la théorisation. Et à cette question-là, François trouvait un autre mode d'abord. Qui ne lui faisait, je dirais, rien trouver, rien inventer de nouveau, sauf la voie. Et le mode d'abord, c'était de passer par la souffrance, par la douleur, par quelque chose d'initial à ce niveau-là, du féminin. C'est-à-dire que François avait un savoir en plus. Et un savoir en plus qu'il pouvait mettre en œuvre. Il avait un savoir en plus d'une infirmité de départ, qui lui permettait de passer derrière l'écran. Derrière le paravent des complexes cardinaux de la psychanalyse. C'est-à-dire derrière le traitement classique des complexes cardinaux de la psychanalyse. Il passait derrière, au sens pourrait-on dire littéral du terme, en allant en arrière, c'est-à-dire en renvoyant à la génération précédente, et à la scène primitive de la génération précédente. À ce qu'il appelle la scène primitive de la mère. Et c'est pour cela qu'il a pu être (bien sûr il n'était pas le seul, chacun a sa façon de l'être et ses possibilités de l'être), qu'il a pu être ce thérapeute-là, des cas difficiles.

Naturellement, être thérapeute des cas difficiles implique aussi quelque chose à quoi il a donné une grande extension dans son œuvre écrite et parlée et dans sa pratique. J'ai vécu, ces jours-ci, une expérience très *unheimlich* parce que *La Chaussée d'Antin*, je ne l'avais — je dirais peut-être — jamais lue, j'avais assisté au Séminaire. Mais je dirais que je ne l'avais jamais lue de la même manière que François, je crois, n'a jamais lu ce qui de moi a abouti à une forme publiée. C'est bête à dire, on n'en avait nul besoin. Donc je n'avais pas lu, ou en tout cas je ne l'avais pas lu suffisamment pour avoir remarqué quelque chose qui est à la source de l'expérience vraiment très étrange que j'ai vécue, il y a trois jours. J'ai fait d'ailleurs, dans un cycle de conférences, chez Roger Dorey — qui est là-bas, dans le fond — un exposé où j'ai fait une part très large au rapport de la pratique et du savoir et à la nécessité de pouvoir tenir d'une certaine façon le savoir en lisière. J'avais cru avoir, sur cette question, dit des choses fortement senties et bien amenées. Alors, quand j'ai lu *La Chaussée d'Antin*, ça a été vraiment pour moi une curieuse expérience parce que tout ça est dans *La Chaussée d'Antin*, et, à mon avis, dit tellement mieux que je ne l'ai fait jeudi soir. Parce que je ne sais pas qui, comme François Perrier, a su parler de ce qu'il en est de la collusion entre le savoir et le projet de l'analyste. Et le savoir et le projet de l'analysant.

Je fais une parenthèse sur la question de la demande d'analyse. Je pense être très original en disant que les notions, les considérations concernant l'indication de la psychanalyse (savoir si c'est un traitement indiqué ou pas), c'est une sorte de défaite, de déconfiture, de quelque chose dans la pensée des analystes, une sorte de déportation perverse et flasque, d'un horizon médical. Il n'y a pas d'indication, de contre-indication de la psychanalyse. Il y a une autre question. Chaque fois que quelqu'un fait une demande d'analyse, la seule question qui se pose à l'analyste, c'est de savoir jusqu'où il pense pouvoir être prêt à aller avec ce patient-là : qu'est-ce qu'il croit qu'il va, lui, être en état de tirer de lui-même ? Et si le sentiment est qu'il ne va pas pouvoir tirer grand-chose, évidemment il vaut mieux qu'il l'envoie à quelqu'un d'autre. Et non pas de dire que l'analyse n'est pas indiquée. Cela entraîne naturellement aussi la considération sur l'indication de l'analyse par rapport à ce qu'on a appelé les « cas-limites », dérive d'une nomenclature anglo-saxonne. Comme si Freud avait commencé par d'autres cas que ces cas-limites, comme si c'est avec d'autres patients que des cas-limites qu'il s'était fait analyste ! Alors, François disait les choses autrement, la demande de l'analyse, elle peut être la demande de la découverte de l'amour comme anti-savoir, ou le désir de savoir comme anti-vérité, comme mode d'échapper à l'amour. Et vous savez à quel point, cliniquement, c'est vrai ! Je pense à un de mes plus intelligents, je dirais d'une certaine façon plus agréables, plus considérables si j'ose ainsi m'exprimer, analysants d'aujourd'hui, qui est véritablement sur le divan pour trouver le savoir qui va le faire échapper à quoi ? À ce à quoi il est aux prises. Et il est aux prises avec quoi ? Avec le drame de l'amour ! Avec ces drames qui se succèdent dans son existence, qui ont une stature et un intérêt à quoi ne manque, dirais-je, que la reconnaissance qu'il pourrait leur apporter ou leur trouver s'il en était capable. Mais il y a que, pour le moment, il se sert de son analyse pour le but qu'il s'y est proposé, c'est-à-dire de trouver un savoir, et comme il est intelligent et manœuvrier intellectuellement, il a bon espoir d'y parvenir. Un savoir qui lui permettra de classer tout cela sous la rubrique de la pathologie, du malheur, du malentendu après quoi pourra, devant lui, s'ouvrir une vie agréable, « pénarde », plate naturellement... Alors, il y a concomitamment l'originalité de la position de François Perrier dans sa position par rapport à la perversion. Je vous cite cette phrase qui paraît excellente — enfin pour moi —, c'est : « Le recours à la sexualité pour régler un mythe de naissance incomplet ou un fantasme lacunaire. » L'on a produit sur la question de la perversion des choses admirables. Bien d'entre nous y ont coopéré, je ne m'exclus pas du nombre, mais, franchement, ça, ça ouvre sur une perspective à mon avis plus large que les vues rigoureuses sur ce point de Freud ou de Lacan.

Ça ouvre, grâce à eux, évidemment, Freud et Lacan. Mais ça ouvre rhétoriquement de façon très puissante. C'est-à-dire comme la remarque du fait que l'enfant au devenir pervers trouvera le signe qui le causera à son désir dans un champ d'extraterritorialité à son histoire œdipienne. Alors, il aurait fallu que je fasse une petite parenthèse pour situer le contraste entre ce que Perrier a pu apporter sous ce rapport avec ce que, précisément, les cas-limites ont suscité comme glose. C'est un débat un peu partout, de nos jours. L'évocation de François praticien n'était pas inutile dans le Quatrième Groupe aussi. Je ne vois pas pourquoi il serait épargné de ce débat sur les cas-limites. Que je vous donne tout de suite ce qui reste de ma position sous ce rapport. Je pense que la question des cas-limites a eu pour résultat principal de sécréter une glose, principalement celles de Kohut et Kernberg sur les états dits narcissiques avec les amendements de la psychanalyse auxquels cela a donné lieu, avec le congédiement du primat de la sexualité, de la différence de sexes, cette espèce de maternage parodique. Finalement, qu'est-ce que cette théorie a tenté de mettre en forme ? On essaie de faire une analyse, on essaie de donner des interprétations, ça ne marche pas, ça aggrave même, alors qu'est-ce qu'on va faire ? On va rester tranquille, on va rester silencieux. Alors, qui est-ce qui comme ça reste tranquille et silencieux à côté du patient ou à côté d'un lit, évidemment, c'est maman, surtout quand l'enfant est malade. C'est ce qu'elle peut faire de mieux d'ailleurs, alors. Donc, compte tenu de cela, il faut bien théoriser quelque chose. Alors voilà, ces auteurs-là ont théorisé, il faut donc attendre en « poupoutant » le Moi pour qu'il acquière la surface et la force nécessaires, de manière à ce qu'après une psychanalyse réelle puisse être appliquée. Il va être trapu, il va être musclé. On pourra y aller... Je ne me moque ni de Kohut ni de Kernberg, ce sont des gens charmants ! Et si vous le permettez, pour Kohut, je vais vous raconter une anecdote : c'était, je ne sais plus, en 1965, à Amsterdam, après la réussite de l'affiliation de la société à laquelle nous sommes ici, certains d'entre nous, ou à Copenhague, deux ans après. Je suis à un cocktail chez le regretté Van der Leeuw qui était alors président de l'Internationale. Je suis avec Kohut en train de bavarder, et je lui dis, sans que ce ne soit un reflet de quelque chose qui serait chez moi comme ça une nécessité de cuistrerie

innée, je lui dis « Wo es war soll Ich werden »,
quelque chose d'aussi confidentiel que ça, et il me
dit avec son charmant accent hungaro-germano-
anglais : « What is that ? » Je lui dis : « Ça, vous
savez c'est dans une des *Nouvelles conférences* » ; il dit :
« Oh ! Oh ! very interesting ! Je vais noter tout de
suite ! » et je reçois une carte postale à quelque
temps de là : « Pour la prochaine réunion de l'Internationale, je vais potasser mon Freud. » François,
non. Lui, il passait derrière lesdits ratés et restaurés,
non pas sur le mode de cette pitrerie anti-analy-
tique, mais en passant derrière une génération.
Reprenons cette phrase qui est de celles qu'à la suite
d'une rencontre comme celle d'aujourd'hui, il faudrait que nous gardions en mémoire. Il n'est pas
l'auteur de cette phrase, il est l'auteur de sa reprise :
« Je n'ai pas pu faire entrer l'homme dans la
chambre où ma mère m'a conçu. » C'est une phrase
de toute première importance. C'est pour cela aussi
que le travail sur l'hypocondrie est un travail
superbe. J'ai dit un des affluents du talent, c'est
l'être psychiatre de François. Le travail sur l'hypocondrie est comme il est, comme chaque fois qu'un
être d'exception fait un aveu. Faire des aveux n'a pas
de mérite particulier parce que les aveux peuvent
être des micro-aveux, de rien du tout : « J'ai crevé
les pneus du monsieur qui m'a empêché de trouver
ma place de parking. » Mais quand l'aveu est important et qu'il est fait par un être d'exception, alors
c'est autre chose. Et là il y a un aveu : l'hypocondrie
est une mauvaise mais la seule solution qui reste à
certains sujets qui ne sont pas faits pour être fous. Et

ce qui caractérise justement cette hypocondrie, c'est sa stabilité. François le croyait encore en 1959. Il se trompait hélas... L'analyse avec Lacan l'a prouvé.

Bien sûr, il n'est pas devenu fou puisqu'il a retrouvé Martial, son père, mais là, on entre dans un domaine où je n'ai pas le droit de pénétrer, au sens où je ne peux parler que de François-praticien. Je n'ai pas arrêté de faire cela depuis que vous m'entendez ce matin. Je peux parler de François-praticien dans le champ professionnel et social, mais évidemment je n'ai aucun droit de parler de François dans un champ plus restreint, plus intime et plus privé. Bien que la difficulté où je suis devant vous tient au fait que je suis quand même dans la position, presque dans la position, de quelques-uns ou de quelques-unes qui peuvent être ici et qui ne peuvent pas être interrogés sur François Perrier.

Cela nous mène à la question que pouvait poser son regard. Son regard, je pense que certains d'entre vous ici n'ont pas connu son regard, parce qu'ils ne l'ont pas connu. Il avait ceci de particulier que celui qui était regardé était regardé d'un regard dont il avait en même temps, en tout cas, moi, je l'avais, le sentiment que ce regard était tout autant tourné vers soi-même, à l'intérieur. Je pense que c'est à cela que tenait (« être psychiatre » a pu y contribuer aussi) qu'il pouvait ne pas être aveuglé, c'est-à-dire ne pas cesser d'être psychanalyste quand il regardait. Même lorsque manquait la protection de l'abolition du regard.

Vous savez que la pratique, et jusqu'à un certain point je dirais, la théorisation, si l'on réussit à suivre cela au niveau où cela s'est réellement engendré, dépend assez étroitement de la position respective fauteuil-divan. Vous savez que le fauteuil de Freud était placé de telle manière que, de son divan, lui ne voyait vraiment rien de son analysant. Et puis d'autres naturellement l'ont vu bien davantage. Quant aux kleiniens, qui s'asseyaient à côté, ils le voyaient de telle manière qu'il est, à mon avis, strictement coextensif de cela que Melanie Klein ait pris par rapport à la question du contre-transfert la position qu'elle avait. C'est-à-dire sa position par rapport au contre-transfert lorsque, en supervision, quelqu'un le lui amenait. C'était comme vous le savez : « Si vous êtes embêté par la question du contre-transfert, prenez de l'aspirine ! » Elle ne voulait rien en savoir. Alors, cette façon-là de n'être pas aveuglé, de pouvoir rester ouvert à l'inconscient devant quelqu'un, faisait aussi que la psychanalyse pour François était vraiment un mode de vie. Là encore j'insiste, je dis *un mode de vie...*

Je ne sais pas ce qu'il en était là où je n'ai pas le droit de pénétrer, mais c'était un mode de vie au sens où quelqu'un dans une autre réunion, dans un congrès, il y a un certain temps, a posé la question de savoir, en me citant en l'occurrence, qui est-ce qui considère, qui est-ce qui pense, qui est-ce qui sent, pour qui l'analyse est-elle encore un mode de vie ? Mode de vie, c'est une expression qu'il m'empruntait. Et, en effet, nous vivons depuis très longtemps sur le mode, autour de nous, des deux casquettes ou de la veste retournée.

Ordinairement, ces deux casquettes, ou ces deux

vestes, c'est la pratique clinique et l'institution. C'est un thème connu. Ou la pratique clinique et les relations sociales. Les relations sociales, où l'on dira : « Oh ! comme il est différent de ce que je pensais qu'il était !... » Eh bien François, justement non !

Il n'était absolument pas différent dans toutes ces circonstances. Il n'était absolument pas différent parce qu'il était différent au départ. Il était déjà complètement différent. Pour finir, je dirai un mot de François praticien en tant que praticien ferenczien. Je pense n'être pas en trop mauvaise position pour le dire dans la mesure où je crois que lui et moi avons été, jadis, je ne sais pas ce qu'il en est aujourd'hui, les seuls ferencziens décents. Décents, en quel sens j'entends cela ? Précisément, dans un axe qui prolonge l'œuvre de Ferenczi, non pas du sens du contre-transfert mis en œuvre dans le processus des libertés et des privautés, enfin tout cela... non. Dans l'axe qui prolonge, grâce à la mise en place de la question de l'amour comme tel. Avec cette aptitude sans cesse visée par Ferenczi, mais jamais clairement énoncée chez lui, ce n'est pas qu'il n'en a pas parlé, mais il ne l'a pas énoncée comme François. La perspective de l'analyse comme possibilité de retour à l'enfance, c'est-à-dire à la liberté créatrice qui donne ses sources à la poésie, à l'art, et à l'érotisme. Et grâce à l'évitement évident pour lui d'une mystagogie d'un non-savoir, si parisienne, si élégante, si tentante, mais grâce au rappel de la position du savoir comme meurtrier de l'enfance.

De la nécessité de faire en sorte que l'analyse soit

aussi une opération anti-savoir, de voir la régression comme une progression vers l'enfance. De l'immaturité comme conquête d'un bien retrouvé, comme réalisation et promesse d'une aptitude au transfert et à l'amour dans l'ambiguïté même, dans l'ambiguïté critique du transfert et de l'amour...

Serge Leclaire *

Non, Serge et moi nous n'étions pas amis. Les amitiés se font, se défont, s'entretiennent, se brisent. Je dirais plutôt que dans notre monde psychique nous étions inamovibles.

On se connaissait en quelque sorte depuis toujours. Et ceux qui se connaissent depuis longtemps cherchent aussi à ne pas trop se connaître.

Pour moi ça a commencé au lycée Fustel de Coulanges, en cinquième. Son frère aîné était en quatrième. Et lui arrivait en sixième. Et ça a commencé : premier prix de version latine *Liebschütz Serge*, premier prix de rédaction française *Liebschütz Serge*, premier prix de mathématiques *Liebschütz Serge*, etc. Peut-être même, premier prix de gymnastique, encore que, là, je n'en sois pas sûr.

Et ça a duré jusqu'à la fin. C'est-à-dire jusqu'en 1939. Nous étions là ; nous portions les uns les autres les mêmes petites casquettes de flanelle grise,

* *Hommage prononcé le 23 octobre 1994. Paru dans un recueil (hors commerce).*

les petits manteaux de flanelle grise, les vestes et les culottes de flanelle grise, de notre milieu, je dirais de notre famille.

Alors, on a fait des choses ensemble.

Je ne parlerai pas des moments familiaux, je ne parlerai pas de son mariage. Je ne parlerai pas de ses enfants. On a fait des choses ensemble, on a même essayé de jouer au train électrique ensemble. Un train que j'avais apporté, bien sûr c'était pour ses enfants. J'ai essayé de le monter... enfin... Puis nous avons fait ensemble des choses dans le milieu de l'analyse. Dont nous avons géré ensemble une institution. Il a même essayé de m'apprendre certaines choses. Quand par exemple il me disait : « Oui, bien sûr, Untel est schizo et Untel parano et Untel pervers, mais toi, tu n'as pas à les juger ! Tu as à les gérer ; tu dois essayer de faire en sorte qu'ils tiennent ensemble. » Eh bien ça a loupé. Ils ne pouvaient pas tenir ensemble ; ils n'ont pas tenu ensemble.

Alors nous avons fait des choses l'un *contre* l'autre. Et là, ce n'est pas qu'il me l'ait montré, mais j'ai appris quelque chose. Enfin, il me l'a quand même montré, il m'a appris quelque chose sur lui ; un jour je lui dis : « Serge, ça je vais t'empêcher de le faire. » Alors, d'une voix absolument calme, tranquille, sereine, il m'a dit : « Essaye. »

Et là, j'ai compris que c'était absolument *inutile* d'essayer ; parce que Serge était absolument *inintimidable*. Il était accessible aux sentiments, accessible à l'émotion, mais absolument inaccessible à la menace. Ça, c'est très important. Et il l'a prouvé en plus d'une circonstance. Certaines sont moins connues ici, où il a fait preuve d'un grand courage. Je ne parle pas du courage physique qu'on lui a connu face à la souffrance, face à la maladie. Non, je parle du courage *physique* de celui qui, par exemple, est pris dans une embuscade, devant des agresseurs armés, prêts à tirer, et qui sait comment faire. Eh bien ça lui est arrivé, d'ailleurs ils ont tiré, il a fait preuve d'un courage extraordinaire.

Ce par quoi j'aimerais finir, on le sait, ce n'est pas un secret, ni pour Serge, ni pour moi, la question n'était pas au centre de nos préoccupations. Je dois tout de même dire qu'en pensant à lui, je pense qu'il appartenait à cette élite, à cette catégorie particulière, minoritaire tout à fait, je dirais, à ces grands juifs, d'une catégorie supérieure. Qui n'échappent pas à un destin qui les fait s'engager dans des activités diverses, les plus diverses, mais qui ont un trait commun : ces activités sont toutes dirigées, dans le champ social où elles s'exercent, vers la transformation, le bien, le progrès. D'un groupe, d'une nation, ou de l'humanité entière. Pourquoi pas...

Dans cette élite, je pense à quelques individus, ils peuvent s'appeler Herzl, Léon Blum, Mendès France, Ben Gourion, pourquoi pas, Jabotinsky même, pour ceux que l'évocation pourrait amuser. Ils ont une vocation prophétique.

Je sais depuis peu de temps que Serge estimait qu'il valait mieux être prophète qu'apôtre.

Je suis fort heureux qu'il ait pensé cela. Alors, pour cette destinée prophétique, j'aime penser que l'un des hommes qui a le plus influé sur son existence, tout au début, à la charnière de l'enfance et du début de l'adolescence, était André Neher. Et de tous les ouvrages d'André Neher, celui que j'aime le plus a pour titre : *L'essence du prophétisme*.

Alors, Serge, mon petit prophète ! Après avoir pas mal souffert, tu nous as quittés, tu n'as pas pu faire autrement. Mais enfin, tu nous as quand même un peu laissés tomber...

POSTFACE

Je remercie Jean-Claude Lavie qui fut longtemps proche de Granoff d'avoir accepté, à ma demande, d'évoquer en guise de postface quelques souvenirs de leurs échanges.

J.-B. P.

UN DÉSACCORD PARFAIT

J'ai connu Wladimir Granoff aux premiers séminaires de Lacan à Sainte-Anne. Mais c'est au congrès de Rome, qui consacrait la naissance de la Société française de psychanalyse en 1953, qu'un lien de sympathie s'est instauré entre nous. Être venu entendre Lacan exposer l'importance de « La parole dans le champ de la psychanalyse » m'avait permis d'approcher nombre de ceux qui allaient devenir des collègues. Granoff avait activement participé à l'organisation de ce congrès, alors que c'était la première rencontre importante où, simple auditeur, je me faufilais discrètement. Granoff avait de longue date, la réputation d'être passionné de belles voitures. Chacun pouvait le voir arriver à Sainte-Anne le mercredi ou, en l'occurrence, circuler à Rome au volant de fabuleuses automobiles. Cette façon d'être et de faire m'avait vivement impressionné. Au-delà de sa tournure anecdotique, qui faisait sourire certains, je découvrais que Granoff était un des rares personnages à laisser apercevoir l'homme qu'il était, dans un milieu où c'était plutôt l'usage de se masquer derrière une apparence standard de psychanalyste bon teint. Je ressentais que, pour ce qui était du rapport à la clinique, cette faculté de pouvoir se montrer sans détour était une qualité appréciable au regard du conformisme ambiant.

J'étais venu à Rome dans une Lancia, à l'époque voiture exceptionnelle, acquise par moi un peu par hasard dans un état remarquable malgré ses quinze ans d'âge. Rien n'enchantait davantage Granoff que l'attrait pour la belle mécanique et ce que cela exigeait alors de précision et de compréhension dans sa maintenance, aussi nous sommes-nous vite accordés. De là nous est venu de passer des week-ends entiers à reconstruire un modèle rarissime de Bugatti qu'il avait découvert en piteux état et qui, sous la constance et la qualité de son expérience, est devenue peu à peu une véritable pièce de musée. Cette passionnante occupation nous faisait vivre côte à côte de nombreuses heures d'un travail manuel qui nous offrait une opportunité éminemment propice à des échanges sans fin sur l'autre de nos passions communes : la psychanalyse.

En ce début des années cinquante, la psychanalyse renaissait à peine du sommeil dans lequel en France l'Occupation allemande l'avait fait s'amortir. Loin d'avoir les innombrables retentissements médiatiques qu'elle a aujourd'hui, elle n'intéressait qu'une infime minorité de praticiens. La Société psychanalytique de Paris avait repris une certaine activité et proposait un cursus de formation. La première scission s'était faite justement autour de la résistance de ses élèves aux modalités de ce passage obligé. La Société française de psychanalyse s'en est trouvée conçue dans un esprit de liberté et d'enthousiasme qu'on aura du mal à imaginer de nos jours, où la psychanalyse semble plus être une pratique à transmettre qu'une aventure à poursuivre. Un véritable esprit fraternel animait ceux qui suivaient Lacan s'attachant à reprendre la découverte freudienne. La psy-

chanalyse sous cet égide favorable générait une curiosité renouvelée. Pour nombre d'entre nous, qui étions encore sur un divan, l'aventure était investie au plus vif d'un engagement personnel auréolé d'une certaine marginalité. Voilà le contexte dans lequel Granoff et moi confrontions nos expériences encore récentes, tant du divan que du fauteuil et des patients. En œuvrant tranquillement dans son garage, la clef à molette à la main, nous échangions sans esprit polémique une multitude de réflexions sur une multitude de sujets. Comme nous avions la même avidité pour ce qui, au-delà du champ de la psychiatrie, apparaissait concerner la vie psychique normale, nous confrontions souvent nos façons de comprendre la théorie freudienne et la difficile approche de sa pratique.

Quiconque avait l'occasion de débattre avec Granoff devait faire front, à travers la courtoisie et l'élégance de ses propos, à son talent rhétorique. Sur n'importe quel sujet, il savait m'entraîner vers des conclusions que je ne pouvais partager et qu'il m'était pourtant difficile de réfuter. Cela prenait la tournure d'un jeu que de partir à la découverte de nos désaccords. Quand, par un biais ou par un autre, nous en revenions à la psychanalyse, ceux-ci, à concerner notre travail quotidien, prenaient plus de relief. Cela nous incitait alors à remonter en amont. Quand nous réussissions à découvrir d'où le désaccord émanait, c'était souvent pour ne rencontrer qu'une assertion bien diffuse. Malgré cette insaisissabilité de ce qui fondait nos divergences, celles-ci incarnaient une distance parfois considérable. Le champ de nos différences se révélait des plus étendus parce que nous cherchions toujours à le repérer. Cela eut la conséquence surprenante de nous rapprocher en nous rappelant à quel point nos affirmations étaient marquées du parti *pris inconscient que nous prenions à leur constitution. Cette obscure évidence nous enseignait l'importance de la personne au regard de ce qu'elle semblait seulement décrire de la réalité. Notre besoin permanent d'avoir raison nous restait énigmatique, au-delà d'en déduire que chacun se profilait derrière des idées qu'il n'avait pas le pouvoir de modifier. Ce qui peut paraître oiseux et banal était pour nous une expérience encore traumatisante à nous faire apercevoir sans fard le poids décisif de l'exigence interne dans l'appréhension de l'objet externe et notamment dans la saisie de la clinique. Une cure nous apparaissait étonnamment à la merci de qui la concevait en croyant seulement la décrire. Nous confier certains moments des nôtres, en attestant à quel point nous ne les élaborions que par nos façons de voir, rendait nos dissemblances éminemment bienvenues, quand des façons de penser semblables en auraient masqué la racine subjective.*

Nous accorder sur l'assujettissement qui lie chacun à ses conceptions ne nous accordait pas pour autant sur ce que cela impliquait. Pour moi, le poids de la contrainte intérieure sur la formation des opinions suffisait à relativiser le contenu desdites opinions. Ainsi, je ressentais nos divergences comme le témoignage de la diversité de nos astreintes et non comme des logiques qui devaient s'exclure. Granoff au contraire soutenait avec force que, vivant dans un monde de valeurs, on ne pouvait éviter de soutenir des choix qui, pour être déterminés, n'en étaient pas moins déterminants. Cette remarque prenait un poids considérable quand nos façons de voir nous faisaient agir différemment. Il me faut préciser que, dans le registre de la psychanalyse, nos divergences survenaient sur le fond d'une commune adhésion à la théorie freudienne. Mais, si notre compréhension de celle-ci ne nous démarquait guère, celle des principes de sa pratique nous différenciait sensiblement.

En ces années, les publications autant que les exposés donnaient souvent une apparence objective à la description des cas. Il me dérangeait que cette description, fruit de la subjectivité de l'analyste, impute une visée inconsciente au patient sans souligner la nature hypothétique de cette attribution. Il m'apparaissait également abusif d'utiliser ce que pouvait se laisser aller à dire le patient en séance pour en déduire une représentation de son quotidien, de son enfance ou de ses parents. Pour moi, la parole du patient, obéissant à la consigne de dire tout ce qui se présentait à son esprit, ne pouvait en aucun cas fournir d'informations ou donner lieu à un jugement. À ce point de vue chez moi catégorique, Granoff opposait une argumentation dévastatrice. Il me faisait remarquer que ma position ne pouvait être qu'une simple pétition de principe parce que, disait-il, à entendre le patient je ne pouvais manquer de me faire un ensemble de représentations et d'opinions, même si je préférais artificiellement l'ignorer. L'argument avait du poids, l'analyste ne pouvant prétendre régir ce à quoi il est amené à donner du sens, pas plus que ce sens même. Néanmoins, l'instauration de la règle fondamentale m'interdisait d'accorder un statut de vérité aux pensées associatives, donc de prendre pour réel quelque dire que ce soit. Granoff, soutenant que ce ne pouvait être là qu'un vœu pieux, s'attachait au contraire à tenir compte de ce qu'il était amené à se représenter du patient et de son cadre de vie. Il pensait très précisément avoir, comme analyste, à y repérer des éléments sur lesquels il était indiqué d'intervenir. Il le justifiait par l'existence de la règle freudienne d'abstinence pouvant aller jusqu'au choix entre une maternité et la poursuite de l'analyse.

Interdire ou suggérer aux patients telle ou telle conduite n'avait pas mon assentiment. Au-delà d'y voir une source de résistance, je considérais que l'image qu'ils pouvaient donner d'eux ou de leur cadre de vie était contrefaite par sa finalité transférentielle. Ainsi, en affirmant pareillement que le discours analytique ne véhiculait qu'une vérité analytique, nous ne donnions pas à cette vérité le même statut, ni le même usage. Notre désaccord concernait le poids de la réalité dans ce que, comme analyste, nous avions à entendre du discours des patients. Nous reconnaissions évidemment tous les deux que la principale difficulté que rencontrait l'analyste résidait dans l'affinement de l'écoute de ce dont le discours manifeste était porteur.

L'attention portée au sens latent de la parole finit par nous révéler que nous étions voués nous-mêmes à nous exprimer à travers une projection transférentielle, où nos figures paternelles régnaient avec moins de similitudes que de contrastes. Cela nous rendait sensibles à ce que, pour chacun, parler à l'autre imposait comme contrainte imaginaire. Nous évoquions l'expérience vécue par Freud dans sa correspondance avec Fliess pour saisir cet inévitable gauchissement des rapports humains. Rien ne devait donc nous déranger de nos divergences, dès lors que nous pressentions que leur enjeu véritable ne se tenait pas dans le présent et cela jusque dans le choix de nos attitudes doctrinales. De la pratique de ce mode de nous éprouver, il résultait que, malgré tout ce qui nous différenciait, aucune tension ne surgissait jamais entre nous, même à l'occasion d'oppositions catégoriques sur bien des questions ou des attitudes. Nous n'étions non plus, à propos de ce que nous pressentions de l'autre, jamais tentés de nous formuler la moindre amorce d'interprétation. Ce n'était ni par grandeur d'âme, ni par un souci éthique, mais simplement parce que nous découvrions tout ce que la position de présumé interprète pouvait avoir de défensif à usage interne. Le besoin de nous convaincre mutuellement nous faisait pressentir que l'analyste est incité à intervenir pour répondre au désordre que fait surgir en lui l'écoute du patient. Mais, à partir de ce point d'accord, nous divergions totalement. Granoff estimait devoir prendre en compte toute incitation à intervenir, estimant que ladite incitation était une provocation inconsciente du patient à laquelle il était indiqué de répondre. J'étais, au contraire, convaincu de la nécessité pour l'analyste de ne pas se laisser prendre par ce que peut susciter en lui le patient. L'attention flottante, qui a la vertu de désolidariser des pensées les plus prégnantes, me semblait avoir été conceptualisée pour aider à ne pas répondre, alors que pour Granoff c'était un moyen de percevoir à quoi il convenait de répondre.

Ce n'était pas, en tout cas, par cette vertu de l'attention flottante que s'était instaurée entre nous l'acceptation que chacun ait une relation au monde qui pouvait être malvenue pour l'autre. La raison en était à la fois proche et lointaine. La liberté concédée à l'autre tenait à l'attention que nous apportions à ne pas nous laisser dominer par l'emprise de l'identification. Nous nous efforcions, jusqu'à ce que l'habitude ait rendu cette attitude naturelle, de ne pas nous sentir concernés par les procédés de l'autre. Nous acceptions que de ne pas avoir les mêmes antécédents ne nous prenne pas dans les mêmes exigences. Je dirais aujourd'hui qu'en plus nous n'étions pas mus par les mêmes fantasmes. Quoi qu'il en soit, de ne pas nous sentir solidaires des comportements de l'autre nous offrait la proximité d'une altérité amicale non anéantissante. Nous étions habitués et amusés de nous voir vivre différemment, quand ce n'était pas de façon totalement opposée, des situations auxquelles chacun faisait face à sa manière. Cela nous affrontait en permanence à l'influence déterminante des astreintes intérieures sur l'évaluation des valeurs manifestes. Cette attitude pouvait nous faire parfois entrevoir le côté contingent de nos propres contraintes jusqu'à provoquer l'angoisse devant l'éventualité de nous en affranchir. L'expérience que la vérité était plus à notre service que nous au sien nous permettait de nous offrir, à telle ou telle occasion, des séances de contrôle où chacun pouvait laisser libre cours à sa parole devant qui ne lui en renvoyait comme écho qu'un silence complice d'acceptation sans partage.

Granoff, dans ces lointaines années, venait de contribuer à mieux faire connaître en France les travaux de Ferenczi, notamment ce qui opposait celui-ci à Freud dans sa façon d'envisager les réponses concrètes à donner aux exigences archaïques des patients. Cette polémique posait le problème de l'effet de ces réponses sur l'extinction ou, au contraire, la pérennisation de la demande névrotique. Le caractère renaissant de cette demande avait engagé Ferenczi à des aménagements de la situation qui s'offraient davantage à la controverse que ne le fait la réponse interprétative. Nous estimions, ensemble, que l'interprétation est aussi une réponse effective, voire affective, qui témoigne comme un geste, même si c'est différemment, d'un intérêt de l'analyste envers le patient. La moindre intervention est lestée d'un poids mésestimé qui en dit beaucoup plus que son texte même. Une interprétation ne peut pas plus se réduire à son contenu explicatif que le discours du patient ne peut se limiter à son contenu manifeste. Lorsque l'analyste intervient, ce qu'il s'applique à communiquer importe par le rôle que son intervention lui confère. Nous étions d'accord sur ce constat, mais ce qui nous séparait était que, pour Granoff, il était indiqué d'intervenir par une réponse concrète à une provocation inconsciente du patient pour éviter de laisser monter l'enchère névrotique. C'était, disait-il, très précisément la survenue de ce qui n'était pas conscient que nous avions à faire endosser. À l'opposé, j'en étais venu à estimer que le discours du patient était porteur avant tout d'une demande fantasmatique qu'aucune réponse ne pouvait apaiser. Tenter d'y répondre ou seulement de l'interpréter allait forcément décevoir et en renforcer la répétition. Aujourd'hui, où sur la technique analytique tout semble avoir été dit, et sans doute aussi le contraire de tout, il pourra paraître banal que nous ayons pu, sur ce point important, discuter sans fin des effets positifs ou négatifs de ce que devait faire ou s'abstenir de faire l'analyste, c'est-à-dire notamment de ses raisons d'intervenir et plus encore de celles qu'il avait de soigneusement éviter de le faire. À l'époque, si le mutisme de l'analyste était, davantage que cela ne semble l'être maintenant, la caractéristique première qui était enseignée, cela ne concernait que les premiers temps de la cure. Ensuite, intervenir restait toujours aléatoire et voué à une appréciation subjective. Il ne pouvait y avoir, ainsi que l'avait souligné Freud en comparant la cure à une partie d'échecs, une fois la période d'« ouverture » dépassée, aucune règle sur l'opportunité d'intervenir. Je pensais devoir ne pas tenir compte des symptômes rapportés ni de ce dont le patient se plaignait et attendre que symptômes et plaintes concernent la situation analytique pour élucider ce déplacement transférentiel. Granoff trouvait ce point de vue sommaire et estimait pour

*sa part que, le patient s'adressant en permanence à l'ana-
lyste, il amenait également en permanence son symptôme
dans la situation. Pour lui, toute interprétation touchait
donc directement ou indirectement la névrose de transfert.
Dès lors, il penchait pour l'idée qu'on risquait, en n'intervenant pas, de rater le moment fécond d'une interprétation
et de perdre ainsi une occasion qui pouvait ne plus se représenter. Sur ce dernier point, j'estimais à l'inverse que, la
névrose étant essentiellement répétitive, une telle occasion se
représenterait forcément. En tout cas, se préoccuper de la
névrose de transfert, attitude à ne pas confondre avec l'interprétation des symptômes, nous semblait à tous deux être
ce qui différenciait une psychanalyse d'une psychothérapie,
qu'on commençait à qualifier « de soutien ».*

*Nous découvrions grâce à notre disparité que les façons
de se comporter de l'analyste, même dans le cadre le plus
rigoureux, laissaient inévitablement transparaître beaucoup plus de lui qu'il n'avait la possibilité de le saisir. La
mesure de ce qu'avait d'immaîtrisable cette présence de
l'analyste nous séparait en ceci que Granoff ne pensait pas
que la réserve dont j'étais partisan était à même d'atténuer
l'impact de cette présence. Il m'opposait que ce qui était
inconscient à l'analyste n'était pas moins actif pour
autant, donc qu'une supposée position d'abstention n'était
guère destinée qu'à satisfaire l'ego de l'analyste. Et pan
sur le bec ! Donner cet ascendant à ce qui échappait à
l'analyste ne pouvait que me laisser sans réponse. Si l'analyste oppose au patient une attitude inconsciente, d'où tire-
rait-il le pouvoir de la rendre consciente ? D'ailleurs,
depuis cette lointaine époque, je n'ai jamais davantage
compris ce que signifie pour l'analyste d'analyser son
contre-transfert au-delà d'en supposer l'existence, à moins*

de considérer comme contre-transfert les simples états d'âme qui peuvent le traverser. La notion lacanienne du « désir de l'analyste », avec ce que cela impliquait de ce qui en restait forcément inconscient, nous avait fait conclure, de façon conjointe, que l'analyste est parfois opérant par sa pathologie, c'est-à-dire sa surdité. Celle-ci aboutit à ce que le patient finît un jour ou l'autre par prendre conscience de l'existence chez son analyste d'un mur d'incompréhension, et par cette expérience douloureuse découvre l'existence de l'objet externe. Ces réflexions sont malaisées à rapporter, mais elles nous procuraient de façon inattendue un senti-ment de liberté au regard des règles qui laissaient leur registre de côté. Le livre de Glover sur La technique psy-chanalytique venait de faire clairement apparaître la variété quelque peu affolante des réponses que donnaient les analystes anglais à un ensemble de questions précises sur leur pratique. Que des réponses totalement opposées aient pu être pareillement rationalisées révélait la vanité de leurs justifications. Ainsi, autant à certains de ces analystes, il pouvait sembler nécessaire que les interprétations soient longues pour être bien comprises du patient, autant exi-geaient-elles d'être brèves à ceux qui estimaient que leur concision en facilitait la mémorisation. De façon tout aussi arbitraire, il pouvait se légitimer qu'elles se situent en début de séance pour que le patient puisse éventuellement y réagir ou qu'elles ne soient données qu'en fin de séance pour que le patient garde sans réplique possible la parole de l'analyste. L'aspect souvent simpliste de questions maté-rielles données pour importantes, dont ce questionnaire était fait, et leur soigneux recensement, nous apparaissaient se situer à distance autant de l'esprit que de la finalité du surgissement de l'acte interprétatif, même si nous divergions

*sur ce qui devait faire intervenir l'analyste. Ce livre repré-
sentait à nos yeux la quintessence de ce qui justifiait le
renouveau qu'apportait Lacan par une tout autre dimension donnée au contre-transfert. Cet ouvrage de Glover,
dont la lecture reste irremplaçable, vient fort opportuné-
ment d'être réédité en français.*

*Quiconque rencontrait Granoff pouvait être surpris, si
ce n'est sidéré, par l'étendue d'une culture aussi variée
qu'inattendue. Dans le domaine de l'automobile où pourtant je le savais expert, je suis resté coi devant sa réponse à
une question qu'on lui posait à l'improviste sur la course
Pékin-Paris du début du siècle. Je l'entendis alors donner
mille détails sur la composition de quasiment tous les équi-
pages, conducteurs et mécaniciens, leurs noms à l'appui,
puis rapporter non seulement leur classement, mais de nombreuses anecdotes sur les différents ennuis rencontrés lors de
telle ou telle péripétie. Ce n'est qu'ensuite qu'il partit à la
recherche de documents photographiques pour illustrer ses
dires. Dans ce même domaine, Granoff pouvait donner,
tout à trac, la cylindrée exacte ou des détails sur le système
d'alimentation des dernières Ferrari aussi bien que d'une
Duisenberg de 1905. Mais il savait pareillement intéresser jusqu'aux spécialistes dans bien d'autres domaines, je
l'ai vu, par exemple, surprendre des cuisiniers japonais par
sa connaissance des variantes régionales de tel ou tel plat de
l'art culinaire nippon. Il faut dire que sa mémoire était
prodigieuse. Il lui arrivait de me rapporter avec de menus
détails le contenu de réunions ou de conférences récentes ou
anciennes où je n'avais pas été, mais cela m'impressionnait
bien davantage quand j'y avais moi-même assisté. Granoff pouvait rédiger mentalement un article et le peaufiner*

de tête au fil des jours. Puis, le moment venu, il prenait papier et plume et en écrivait d'une seule traite le texte, clairement présent à son esprit, se donnant la possibilité de l'envoyer directement à l'éditeur sans même le relire. Cette mémoire trouvait évidemment un champ privilégié dans le domaine de la littérature psychanalytique et celui de ses auteurs. Là, il se promenait totalement à l'aise, comme s'il avait les textes sous les yeux, et aussi bien dans la langue allemande que l'anglaise et évidemment la française, chacune de ces langues lui étant aussi familière que la russe.

Granoff me donnait souvent l'impression, par l'ensemble de ses dons et par la maîtrise qu'il avait dans bien des domaines, que j'étais son portrait inversé. Ainsi était-il, contrairement à moi, doué pour le dessin, avec la particularité que s'il écrivait généralement de la main droite, il dessinait de la gauche. En fait, il était aussi adroit de chaque main, ce qui était une qualité fort précieuse dans l'abord parfois tortueux de la mécanique. Si, pour ma part, j'étais de longue date familier de tout ce qui touche la radio et l'électronique, il disait que pour lui c'était du charabia. Sur les aspects les plus courants de la vie quotidienne, il n'était pas exagéré de dire que le point fort de l'un était le point faible de l'autre, ni abusif d'en déduire, en poussant un peu nos contrastes, que ce qui rassurait l'un pouvait angoisser l'autre et vice versa. Granoff, dans toutes les circonstances, se sentait capable de naviguer à l'aise, grâce à des repères astronomiques ou à de secrets calculs, alors que je ne pouvais que naviguer à vue. La confiance qu'il portait à l'ampleur de ses connaissances lui donnait le sentiment de pouvoir s'orienter dans n'importe quelle situation, dont il s'empressait d'ordonner l'agencement mentalement ou parfois de l'imposer de façon péremptoire, provoquant souvent ma gêne parce que je ressentais les choses bien diffé-remment.

Granoff aimait ce qui était beau et se plaisait à toujours posséder ce qu'il y avait de mieux. Il en résultait que ce qu'il possédait était facilement haussé par lui à ce niveau supérieur, jusqu'à être parfois surestimé. Ainsi, être son ami m'exposait à être perçu par lui et souvent présenté avec des qualités que je ne me reconnaissais guère. Dans la vie de tous les jours, il attachait une grande importance à l'apparence, sous l'angle d'un respect de lui-même et de l'autre, autant que comme révérence à une appartenance dont les signes devaient être patents. Pour ma part, je tenais cela pour une attitude à laquelle il m'arrivait de consentir, mais généralement à contrecœur. De tous les traits ostensibles qui nous différenciaient, certains n'étaient évidemment pas sans conséquences notables dans la vie collective. En public comme en privé, Granoff ne mâchait pas ses mots ou plutôt, s'il les choisissait avec le soin d'un homme policé et courtois, il ne déguisait pas ses idées, ni ne les affadissait jamais. Son ambition consistait à être Wladimir Granoff, ce qui n'était pas donné à tout le monde. Cela entraînait chez lui des attitudes allant de pair avec ses qualités et qu'on ne lui pardonnait pas, parce qu'il ne s'en cachait guère. Granoff avait, d'ailleurs, la particularité de ne pas s'employer à donner de lui une image édulcorée. Sans provocation, mais sans hypocrisie, l'analyste qu'il était ne se cachait pas d'être aussi l'homme qu'il était. Il ne le montrait pas, il ne le masquait pas. Ce qu'on a l'habitude d'appeler la neutralité bienveillante de l'analyste n'avait pas, selon lui, à se présenter comme une attitude oblative qui proposerait l'image d'un bon parent retrouvé. Granoff ne camouflait pas le crocodile derrière

*l'analyste, pas plus que Lacan, dont on n'attendait guère
la miséricorde ou l'apitoiement, même si certains se sont
brûlés les ailes à chercher à l'obtenir. Lacan mettait moins
sa pratique au service du patient qu'au service de ses théories, attitude somme toute assez freudienne. Être en analyse
avec Granoff menait à être pris dans son univers, c'est-à-
dire son univers libidinal, présent dans son mode d'être, à
l'opposé des analystes qui s'efforcent au retrait, dont je suis
évidemment, et qui, pour être tentés de jouer les Ferenczi,
n'en tiennent pas moins à maintenir une apparence plus
conventionnellement freudienne.*

*S'attacher en toute occasion à défendre son point de vue
poussait Granoff à radicaliser des conflits, qui ont pris
parfois dans le microcosme de notre milieu des dimensions
irréductibles jusqu'à cliver notre groupe de collègues en fac-
tions ennemies. Contrairement à moi, il croyait à la vertu
des conflits d'idées. Lorsque, des années plus tard, j'eus
l'occasion de lui faire remarquer que mon passage à la présidence de notre association avait fait disparaître nombre
de tensions internes, il m'opposa qu'une société de psychanalyse sans conflits se dissolvait dans un consensus stérile.
Néanmoins, sa tendance à vouloir emporter la conviction
m'apparaissait plus souvent vouée à accentuer les surdités
en jeu qu'à les réduire. Aussi la façon de vivre notre
judéité était-elle totalement opposée. Bien que nous n'ayons
ni l'un ni l'autre la moindre pratique religieuse, pour
Granoff c'était un emblème à déployer, jusqu'à me sembler
quelque peu ostentatoire. Promouvoir ses propres origines
comme éminemment glorieuses me semblait être le travers de
tous les camps et la source de l'ostracisme déploré par ceux-
là mêmes qui l'entretenaient. Dieu et le Droit étant toujours du côté de celui qui parle, il me semblait aberrant de*

mener un combat stérile quand il était sans autre enjeu que celui de l'instant. Si Granoff estimait que c'était démentir ses attaches que de s'abstenir de les proclamer, il acceptait chez moi cette dérobade, sans doute parce qu'il savait comment, dans le passé, j'y avais fait face d'une façon dont il avait plaisir à se penser solidaire. Cette disposition de Granoff à soutenir en toute occasion ses propres couleurs se retrouvait évidemment dans sa façon de défendre ses conceptions psychanalytiques auxquelles il pouvait consacrer beaucoup de son énergie. Il savait faire preuve d'une ardeur inentamable à prôner ce qui, à ses yeux, représentait l'essence de la psychanalyse, jusque dans ses modes de transmission. Même sur ce point nous divergions, parce que défendre une certaine idée de la psychanalyse m'apparaissait toujours équivaloir, comme par hasard, à se défendre soi-même, donc sa formation, donc sa filiation, c'est-à-dire s'employer à se montrer soumis à un choix subi. Pour ce qu'il en est de la filiation personne ne pouvait prétendre en remontrer à Granoff, mais il me gênait qu'il se sente fier à ce point de la sienne. À mes yeux, ce que nous impose le profil de nos géniteurs n'a rien de particulièrement méritant, pas plus celui de notre analyse. Discuter de cela avec lui était loin de me donner le sentiment d'avoir raison, seulement celui de tenter de prendre un peu de recul par rapport à ce qui me liait à mon destin et à mes certitudes analytiques. À cela il pouvait répondre que, pour aussi souhaitable que cela puisse paraître, il n'y avait pas de choix possible et qu'il fallait de toute façon combattre pour ce à quoi on était assujetti et pour ce qu'on incarnait.

Granoff et moi ne faisions pas montre en public de nos divergences. Il était difficile de les mentionner sans nous opposer et abolir notre insolite connivence. Celle-ci nous *était précieuse à se nourrir de nos dissemblances plus que de nos similitudes. Le contraste entre nos façons de voir, que nous n'étions jamais tentés d'atténuer, nous offrait le recours éclairant d'un point de vue différent jamais hostile. Ce qui anime les psychanalystes entre eux, parfois avec une incroyable causticité, révèle que d'autres certitudes que celles qu'ils professent menacent les leurs. Quant à ceux qui croient se rapprocher autour de certitudes communes, c'est souvent qu'ils se gardent d'en comparer la formulation. Glover ne finira jamais de faire entendre son éclairante leçon. L'acceptation implicite et complice par Granoff et moi de ce qui séparait nos façons de pratiquer la psychanalyse nous donnait le sentiment que cette pratique ne pouvait se régenter en dehors de ce qui fonde sa situation. Point crucial que ce constat. Au-delà, chacun agence du mieux qu'il peut ce à quoi il est arrimé. Si « Gott mit uns » a cours dans la diversité des armées avec le profit que l'on sait, chez nous, les noms de Freud, Lacan et d'autres sont semblablement pris comme justification d'attitudes assez variées. D'accord sur cela, nous divergions cependant sur ce qui pousse à citer ces éminentes références. Pour moi c'était se protéger à bon compte, tandis que pour lui c'était faire preuve de modestie envers ses prédécesseurs.*

Que deux amis ne pensent pas pareillement est banal. Que leur antinomie les rapproche est moins courant, aussi avions-nous qualifié notre relation de désaccord parfait. À exclure toute discorde, nos contrastes démontraient sans défi la relativité des certitudes. Cette joute avec une pensée dissemblable était d'autant mieux venue que l'écart n'y était pas systématique. Chacun de nous y rencontrait un entendement des choses qui lui révélait la tyrannie du sien. Nos dispositions contraires attestaient la domination de la conviction sur le raisonnement. Quant à la conviction, elle laissait souvent deviner une affiliation tutélaire. Saisissante révélation ! Le plus curieux de cette pratique renouvelée était que de la partager ne nous accordait pas. Alors que pour moi elle minait la validité de toute conviction, y compris les miennes sans aller jusqu'à m'en délier, pour Granoff la tolérance qu'elle lui distillait n'atténuait pas le sentiment d'une vérité à servir. Puisse cet aperçu du temps de notre engagement dans la psychanalyse communiquer un peu de ce vécu déconcertant !

Le rôle de Wladimir Granoff dans la partition du monde psychanalytique tend à s'estomper dans le temps même où il s'affirme par l'essaimage qui en procède. Sa disparition est l'occasion de rappeler son empreinte décisive sur notre milieu, où il laisse le souvenir d'une personnalité peu courante. La mort met fin à un singulier jeu de rôles. Le disparu, dessaisi de la faculté d'intervenir, perd la maîtrise de son importance. Il est fatal que son image transite alors par ceux qui restent et la réduisent à leur mesure. Les textes qui composent le présent recueil ont l'avantage de reprendre en propre la parole que Wladimir Granoff vouait au service de l'œuvre freudienne.

Jean-Claude Lavie

Table

DU MÊME AUTEUR

Aux éditions Gallimard :

FILIATIONS, coll. Tel, 2001 (1ʳᵉ édition, 1975, éd. de Minuit).

Chez d'autres éditeurs :

LA PENSÉE ET LE FÉMININ, éd. de Minuit, 1976.

L'OCCULTE, OBJET DE LA PENSÉE FREUDIENNE (avec Jean-Michel Rey), P.U.F., 1983.

LE DÉSIR ET LE FÉMININ (avec François Perrier), éd. Aubier-Montaigne, 1991 (1ʳᵉ édition 1979).

TRACÉS

Composition Graphic-Hainaut
et impression Bussière Camedan Imprimeries
à Saint-Amand (Cher), le 19 mars 2001.
Dépôt légal : mars 2001.
Numéro d'imprimeur : 011408/1.
ISBN 2-07-076114-2./Imprimé en France.